ŒUVRES COMPLÈTES

DE M. LE VICOMTE

DE CHATEAUBRIAND.

TOME XXVIII.

PARIS. — IMPRIMERIE DE BOURGOGNE ET MARTINET,
RUE JACOB, 30.

OEUVRES COMPLÈTES
DE M. LE VICOMTE
DE CHATEAUBRIAND,
MEMBRE DE L'ACADÉMIE FRANÇOISE.

TOME VINGT-HUITIÈME.

MÉLANGES POLITIQUES.

TOME III.

POLÉMIQUE.

PARIS.

POURRAT FRÈRES, ÉDITEURS.

M. DCCC. XXXVIII.

MÉLANGES POLITIQUES.

OPINION

SUR LE PROJET DE LOI

RELATIF

A LA POLICE DE LA PRESSE.

PRÉFACE
DE LA SECONDE ÉDITION.

Paris, ce 7 mai 1827.

Le public a bien voulu recevoir avec quelque faveur le Discours que je devois prononcer à la Chambre des pairs, sur la loi relative à la police de la presse. Les vérités contenues dans les trois dernières parties de ce Discours sont encore applicables à notre position politique.

J'ose me flatter que tout homme de bonne foi, après avoir lu la seconde partie de cette espèce de traité sur la presse, ne croira plus au crime de cette presse.

Néanmoins je n'ai pas tout dit sur les siècles où la presse étoit inconnue et sur les temps où elle étoit opprimée [1].

Dans le détail de la Jacquerie et des troubles sous Charles VI, j'ai passé sous silence bien des atrocités. Je n'ai point fouillé les chroniques de Louis XI; j'ai parlé des crimes des catholiques à la Saint-Barthélemy et sous la Ligue; j'aurois pu mettre en contre-poids les crimes des protestants, qui n'étoient pas plus éclairés que leurs persécuteurs. Cinq ans avant la Saint-Barthélemy, les protestants de Nîmes précipitèrent quatre-vingts catholiques notables de cette ville dans le puits de l'archevêché. Ils renouvelèrent de semblables assassinats en 1569.

On a voulu nous persuader que le suicide et l'infanticide

---

[1] Dans ma revue de la liberté de la presse sous le Directoire, je ne suis pas encore allé assez loin. Avant même le 18 fructidor, l'imprimerie de Dupont (de Nemours) fut détruite, et bientôt M. Barbé de Marbois, qui avoit donné quelques articles à la feuille publiée par Dupont, fut déporté à la Guiane.

étoient plus communs de nos jours qu'autrefois. Qu'on ouvre le journal de Pierre de l'*Étoile*, et l'on y trouvera à toutes les pages le suicide, même parmi les enfants.

Quant à l'infanticide, nous citerons ce passage de Guy-Patin : « Les vicaires généraux et les pénitenciers se sont «allés plaindre à M. le premier président que depuis un «an (1660) six cents femmes, de compte fait, se sont con-«fessées d'avoir tué et étouffé leur fruit. »

Remarquons que la science administrative étoit ignorée dans les siècles barbares; presque personne ne savoit lire, très peu d'hommes savoient écrire ; il n'y avoit point de journaux, point de chemins, point de communications : combien de forfaits devoient donc rester ensevelis dans l'oubli ! Nous connoissons maintenant, heure par heure, tous les délits qui se commettent sur la surface de la France. Malgré cette différence de renseignements, nous trouvons dans les chroniques et les mémoires, année par année, des crimes plus fréquents et d'un caractère infiniment plus horrible que ceux qui se commettent aujourd'hui.

Il y a un fait que je n'ai pu dire, et qui étoit l'objet de la douleur et de la consternation de tous les curés de campagne, dans les parties de l'Europe les plus ignorantes et les plus sauvages.

Quant à la troisième et surtout à la quatrième partie de mon Discours, le retrait du projet de loi ne lui a rien ôté ; notre mal présent vient de la résistance d'une poignée d'hommes aux changements produits par les siècles. Des calculs fournis dernièrement par M. le baron Dupin viennent à l'appui de mon assertion et sont comme les éloquentes pièces justificatives de mon Discours. « Hâtons-«nous, dit-il, d'indiquer les vastes changements survenus «dans la population françoise, dans ses mœurs, ses idées «et ses intérêts, depuis la fin de l'empire. Durant treize

«années seulement, douze millions quatre cent mille Fran-
«çois sont venus au monde, et neuf millions sept cent mille
«sont descendus dans la tombe... Déjà près du quart de la
«population qui vivoit sous l'empire n'existe plus. Les deux
«tiers de la population actuelle n'étoient pas nés en 1789,
«à l'époque où fut convoquée l'assemblée constituante ;
«les hommes qui comptoient alors l'âge de vingt ans ne
«forment plus aujourd'hui qu'un neuvième de la popula-
«tion totale; ils représentent les grands-pères et grand'-
«mères de nos familles; enfin la totalité des hommes qui
«comptoient vingt ans lors de la mort de Louis XV ne
«forme plus que la quarante-neuvième partie de cette po-
«pulation ; ils représentent les bisaïeuls et les bisaïeules de
«nos familles..................................
«...

«Une révolution plus grande encore s'est opérée sur le
«continent européen.

«En Europe, depuis 1814, la génération nouvelle est
«fortifiée par quatre-vingts millions d'hommes venus au
«monde, et l'ancienne est affoiblie par soixante millions
«d'hommes descendus dans la tombe. Sur deux cent vingt
«millions d'individus, l'ancienne génération n'en compte
«plus que vingt-trois subsistant encore, ou plutôt qui
«meurent chaque jour. Quelle moisson terrible de peuples
«et de rois! Ainsi les hommes qui comptoient vingt ans
«lors de la mort de Louis XV ne forment plus que la
«quarante-neuvième partie de la population totale de la
«France; ceux qui comptoient vingt ans en 1789 n'en for-
«ment plus que le neuvième, et les deux tiers de la popu-
«lation actuelle n'étoient pas nés au commencement de la
«révolution.»

Maintenant, si vous retranchez du petit nombre d'hommes
qui ont connu l'ancien régime ceux qui ont embrassé le
régime nouveau, à combien peu se réduiront *ces hommes*

d'autrefois qui, toujours les yeux attachés sur le passé, le dos tourné à l'avenir, marchent à reculons vers cet avenir!

C'est pourtant ces *demeurants d'un autre âge* qu'on écoute: les passions ministérielles s'emparent de cette raison décrépite; ou plutôt, lorsque ces passions agissent, le radotage d'une sagesse surannée se charge de prouver que les passions n'ont pas tort. Chaque jour nous fournit une preuve nouvelle des anachronismes où tombe, relativement à la société, la faction du passé qui nous tourmente. Sur quel motif a-t-on fondé, par exemple, l'ordonnance qui licencie la garde nationale? sur des cris inconvenants, lesquels auroient été poussés au Champ-de-Mars.

Voilà bien les personnages que je signale! la monarchie représentative est toujours pour eux la monarchie absolue; les faits sont toujours pour eux non avenus; rien n'a changé depuis 1789 dans les choses et dans les hommes; personne n'est mort; une révolution qui a bouleversé le monde ancien et émancipé le nouveau monde, trente-huit années écoulées ne sont rien! La garde nationale en 1827 est toujours la garde nationale de la première fédération; le roi est toujours en présence du peuple; il n'y a entre lui et ce peuple ni deux Chambres législatives, ni une Charte constitutionnelle; *à bas les ministres* est un cri répréhensible dans un pays où les ministres sont responsables et où la liberté de parler et d'écrire est établie par la loi.

En Angleterre, non-seulement on crie *à bas les ministres,* mais on casse leurs vitres; ils les font tranquillement remettre : le roi n'est pour rien dans tout cela, pas plus qu'en France le roi n'entre pour quelque chose dans les inimitiés soulevées par les dépositaires de son pouvoir. On s'obstine à voir sédition et révolution là où il n'y a qu'antipathie pour les ministres. Ceux-ci violent l'esprit de la constitution en demeurant au pouvoir lorsque l'opinion les repousse; il en résulte que cette opinion saisit les occasions favorables d'éclater : c'est l'effet qui sort de la cause; la couronne est parfaitement étrangère à cette position.

Autre méprise : les partisans des ministres applaudissent surtout au coup porté, parce qu'il n'en est resulté aucun mouvement; ils attribuent à la fermeté de ce coup l'immobilité du public.

« Voilà ce que c'est, s'écrient-ils, que d'agir avec vi-« gueur ! encore quelques mesures de cette espèce, et tout « rentrera dans l'ordre ! »

Dans l'ordre! qui songe à sortir de l'ordre? N'allez-vous pas vous persuader que la mesure ministérielle a répandu la terreur? Elle a excité la pitié des indifférents, elle a réjoui les ennemis, elle a profondément affligé les amis de la royauté; elle n'a fait peur à personne.

Pourquoi cette folle mesure n'a-t-elle été suivie d'aucun mouvement? Par une raison simple qui tient à la nature même de ce gouvernement représentatif que vous détestez, alors même qu'il vous sauve de vos propres erreurs.

Le pouvoir de la couronne, employé par les ministres, n'est pas sorti de son droit légitime en licenciant la garde nationale. Le coup a été violent, mais il n'a pas été inconstitutionnel; aucune partie du pacte fondamental n'a été lésée, aucune liberté n'a péri, aucun intérêt politique ni même municipal n'a succombé. Il importe peu à nos institutions prises dans leur ensemble qu'un citoyen de Paris soit vêtu d'un uniforme ou d'un habit bourgeois; une garde paisible et fidèle, qui a rendu tant de services à la restauration, peut sans doute s'attrister d'en être si étrangement récompensée par des ministres, mais elle ne se révolte pas contre son roi. Changez la question; supposez qu'une mesure ministérielle viole ouvertement un article de la Charte, et vous verrez alors l'impression produite par cette mesure.

Ainsi, ces hommes qui sont tout étonnés de leur courage, qui pensent devoir à leur héroïsme de bureau le repos dont ils jouissent, ne s'aperçoivent pas qu'ils sont redevables de ce repos aux institutions même dont la forme les irrite, à ce gouvernement représentatif qui donne de la modération et de la raison à tous, à cet esprit constitutionnel que l'attaque aux principes pourroit seule pousser à la sédition. Tant que l'on ne portera pas la main sur les Chambres et sur les libertés publiques, il n'y aura point de mouvement dangereux en France. Les libertés publiques sont patientes; elles attendent très bien la fin des générations, et les nations qui en jouissent n'ont rien d'essentiel à demander.

Dans les gouvernements absolus, au contraire, le peuple, comme les flots de la mer, se soulève au moindre vent : le premier ambitieux le trouble; quelques pièces d'argent le remuent; une taxe nouvelle le précipite dans les crimes; il se jette sur les ministres, massacre les favoris, et renverse quelquefois les trônes.

Dans les gouvernements représentatifs, le peuple n'a jamais ni ces passions, ni cette allure; rien ne l'émeut profondément quand la loi fondamentale est respectée. Pourquoi se soulèveroit-il? Pour ses libertés? il les a; pour l'établissement d'un impôt? cet impôt est voté par ses mandataires. Vient-on chez le pauvre lui enlever arbitrairement son dernier fils pour l'armée, son dernier écu pour le trésor? Nul ne peut être arrêté que d'après la loi; chacun est libre de parler et d'écrire; tous peuvent, selon leur bon plaisir, faire ce qu'ils veulent, aller où il leur plait, user et abuser de leur propriété. La monarchie représentative fait ainsi disparoître les principales causes des commotions populaires; il n'en reste qu'une seule pour cette monarchie : c'est, on ne sauroit trop le répéter, l'atteinte aux libertés publiques.

Et alors même ce gouvernement est-il sans défense? Non. L'histoire de l'Angleterre nous apprend avec quelle simplicité se résout encore cette difficulté : les Chambres repoussent la loi de finances; et si, cette loi n'étant pas votée, le gouvernement veut lever irrégulièrement l'impôt, le peuple refuse de le payer.

Heureusement nous n'en viendrons jamais là en France; mais ces explications font sentir combien seroit vain et téméraire le projet de procéder de violences en violences à la suppression de la liberté; elles font voir combien sont dénuées de justesse les raisons par lesquelles on a voulu faire de quelques cris isolés une sédition commune, digne d'être punie d'un licenciement général. Laissons des médiocrités colériques applaudir à l'emportement de l'impuissance comme à la preuve de la force; les vrais amis du roi en gémissent. Quant à moi, depuis le jour où je vis, à Saint-Denis, passer un homme trop fameux pour aller mettre ses mains entre les mains du frère de Louis XVI, je n'ai jamais été si profondément affligé.

Eh ! comment les conseillers de la couronne ne se sont-ils pas souvenus qu'un monarque paternel vivoit au milieu de ses peuples, que le temps étoit passé où les princes se renfermoient dans le donjon de Vincennes ou dans les galeries de Versailles? Comment n'ont-ils pas compris que cette mesure précipitée porteroit le deuil au fond des cœurs? que la fidélité et l'amour, craignant de devenir suspects, oseroient à peine faire entendre, sur le passage d'un prince chéri, d'un prince si long-temps éprouvé par la fortune, le cri du salut de la France? N'y avoit-il pas d'autres moyens de punir quelques exclamations inconvenantes? Le mode même du licenciement général étoit-il raisonnable? Licencie-t-on trente mille hommes qui restent de fait réunis dans la même ville, presque sous le même toit, avec leurs armes? En Angleterre, d'après l'ordonnance du licenciement, on s'est figuré que de grands troubles avoient éclaté parmi nous; le reste de l'Europe le croira de même. N'est-ce rien que d'avoir fait naître dans l'esprit des étrangers une telle idée de la situation de la France?

Si l'on pouvoit croire à un dessein suivi, à un enchaînement de principes dans un système qui jusqu'à présent n'a marché que par bonds, et n'a su donner que des saccades, on devroit s'attendre à une série de mesures corrélatives au licenciement de la garde nationale de Paris. Conséquents ou inconséquents, les agents du pouvoir ne peuvent faire sortir que des maux de cette mesure déplorable. L'humeur de ceux qui approuvent cette mesure prouve qu'intérieurement ils en sentent les graves inconvénients.

Il seroit à désirer toutefois qu'ils modérassent leur zèle. Qui pensent-ils imposer en parlant de casser la Chambre des pairs? comme si on pouvoit casser la Chambre des pairs! En attendant le jour où ces fanfarons de fidélité qui s'étouffoient dans les salles des Tuileries le 16 mars 1815, et qui disparurent le 20; en attendant le jour où ils se cacheroient de nouveau, le jour où ils nous laisseroient défendre encore la monarchie, si la monarchie étoit attaquée, qu'ils cessent d'animer le soldat contre le citoyen, de vouloir tripler la garnison de Paris, de faire marcher en pensée des troupes sur la capitale. Il seroit curieux de rassembler l'armée, de compromettre la tranquillité de la France pour assurer le portefeuille de deux ou trois ministres et la pitance des familiers de ces ministres! Cette petite agitation d'antichambre dans le grand repos du royaume seroit risible, si elle n'avoit un côté dangereux. Les rodomontades amènent quelquefois des rixes. Dieu sait ce que pourroit produire une goutte de sang répandue sur une terre également disposée à porter des moissons ou des soldats. Lorsque dans les troubles des empires on en est venu à l'emploi de la force, il ne s'agit plus de la première attaque, mais de la dernière victoire.

La police prendroit-elle pour une conspiration contre le trône les propos qu'elle peut entendre contre une administration brouillonne et sauvage? Ses rapports seroient-ils dans ce sens? Voudroit-elle qu'on fit parader des gendarmes, qu'on doublât les postes? Contre qui? contre des *complaintes?* Il ne manqueroit plus que de couronner la violence par le ridicule.

La retraite d'un ministre estimé est venue mettre le sceau de la réprobation à un acte d'amour-propre en démence. Ce ministre honorable et honoré n'a pas cru pouvoir s'asseoir plus long-temps auprès des hommes qui font de leur intérêt personnel la cause de la monarchie. Mais au milieu des consciences muettes, une conscience qui parle est séditieuse; la vertu qui se réveille importune le devoir qui dort; une bonne action est une leçon insolente pour ceux qui n'ont pas le courage de la faire : je ne serois donc pas étonné qu'un La Rochefoucauld, qu'un royaliste dévoué, qu'un esprit aussi conciliant que modéré, qu'un chrétien pieux et sincère, ne passât aujourd'hui parmi la tourbe servile pour un démocrate, un révolutionnaire, un furibond, un impie.

N'en sommes-nous pas là, tous tant que nous sommes? Qui n'a dans sa poche son brevet de Jacobin, expédié en bonne forme par des royalistes de métier? Ne viens-je pas d'ajouter à tous mes crimes celui d'avoir publié (à l'exemple de nombre de pairs et de députés) un discours qui n'a pas été prononcé? Si on ne le lit pas, quel mal fait-il? Si on le lit, on y trouve donc autre chose que le projet de loi retiré? La vérité est que plus l'administration commet de fautes, plus elle désire le silence. Il faudroit renoncer à la parole, afin que l'incapacité perpétuée au pouvoir se vantât d'avoir subjugué ses adversaires par la force de son génie. Ne nous laissons pas prendre à ce grossier artifice; nous ne sauverions rien en nous taisant. Toute alliance est impossible entre le mal et le bien : on ne se réunit pas à l'abîme ; on s'y engloutit.

OPINION

SUR LE PROJET DE LOI

RELATIF A LA POLICE DE LA PRESSE [1].

NOBLES PAIRS,

DANS les longues recherches auxquelles je me suis livré, et dont j'ai l'honneur de soumettre aujourd'hui le résultat à la Chambre, j'ai nécessairement isolé ma pensée du travail de votre commission. Je savois tout ce que l'on devoit attendre de la conscience et du talent des

[1] Dans la lettre que j'adressai le 3 janvier de cette année à M. le rédacteur du *Journal des Débats*, sur le projet de loi relatif à la police de la presse, je disois :

« Lorsque, à la Chambre des pairs, je parlerai du rapport
« moral du projet de loi, je montrerai que ce projet décèle une
« horreur profonde des lumières, de la raison et de la liberté,
« qu'il manifeste une violente antipathie contre l'ordre de choses
« établi par la Charte; je prouverai qu'il est en opposition di-
« recte avec les mœurs, les progrès de la civilisation, l'esprit du
« temps et la franchise du caractère national; qu'il respire la
« haine contre l'intelligence humaine; que toutes ses dispositions
« tendent à considérer la pensée comme un mal, comme une
« plaie, comme un fléau. »

Le roi, en augmentant sa gloire ainsi que l'amour et la vénération dont les peuples environnent sa personne auguste, vient, par un acte éclatant de sa justice, de nous délivrer une seconde fois. La mesure salutaire qui attire tant de bénédictions sur la tête de notre monarque m'a mis dans l'heureuse impossibilité nobles pairs chargés de vous faire un rapport sur le projet de loi ; mais je devois raisonner dans l'hypothèse que ce projet restoit tel que vous l'avoient présenté les ministres.

En effet, messieurs, des amendements proposés ne sont pas des amendements votés; et quand j'aurois eu, comme je l'ai, la conviction morale de leur adoption, cela ne dérangeroit rien au plan que je m'étois tracé. Mon discours, dans la supposition d'une suite d'amendements capitaux, deviendroit un double plaidoyer : plaidoyer contre l'ouvrage des ministres, partout où cet ouvrage ne

de prononcer le discours que j'avois préparé pour satisfaire à ma conscience et pour remplir les devoirs de la pairie. Cependant, après le retrait même du projet de loi, on m'avoit pressé de publier ce discours : j'hésitois à prendre ce parti, lorsque l'adoption d'une proposition qui sembloit un corollaire de l'ancien projet a mis fin à mes incertitudes. Cette affaire d'arrière-garde, dans laquelle un ministre a combattu trois fois au premier rang, prouve que les agents du pouvoir n'ont ni abandonné leur doctrine ni leurs projets sur la liberté de la presse : je publie donc mon discours.

Au surplus, ce discours ne répète qu'un très petit nombre des arguments dont on s'est servi. Comme je réservois les objections de détail pour la discussion des articles, il en résulte que mon discours général, traitant des principes de la matière, embrasse une sphère d'idées indépendantes du sort avenu au projet de loi. Ce discours frappe peu sur le *cadavre* du projet, mais beaucoup sur son *esprit* tout vivant encore dans les ennemis de la liberté et de la presse.

J'aurois pu à la rigueur retrancher aujourd'hui de mon travail ce que je dis de la multitude de nos lois, du nombre des jugements des tribunaux, de la quantité des ouvrages imprimés; une raison majeure m'a déterminé à conserver ces calculs. D'abord ils n'ont jamais été présentés dans leur ensemble, quelques-uns même n'avoient pas encore été faits; ensuite il y a des seroit pas amendé; plaidoyer pour l'ouvrage de votre commission, partout où elle auroit porté ses lumières. Ce point éclairci, j'aborde le sujet.

Voici, messieurs, ce que l'on trouve dans l'ouvrage posthume du quatorzième siècle :

Censure avant publication, et jugement après publication, comme s'il n'y avoit pas eu censure; rétroactivité, annulation ou violation des contrats; atteinte au droit commun; proscription de la presse non périodique; accaparement ou destruction de la presse périodique; voies ouvertes à la fraude, amorces offertes à la cupidité, invitation aux tra-

---

personnes timides qui s'imaginent que le retrait du projet de loi nous laisse sans moyens de répression, et d'autres qui se figurent que les tribunaux n'ont pas employé ces moyens : en lisant mon discours, si elles le lisent, elles se pourront rassurer. Ces calculs subsisteront en outre comme le témoignage d'une respectueuse reconnoissance pour une magistrature qui défend avec tant de gravité les droits du trône et les intérêts des citoyens.

Dans tout ce qui concerne la partie historique de la presse et de la liberté de la presse, dans l'examen des rapports de cette liberté avec le christianisme en général, et l'église gallicane en particulier, dans la déduction des affinités de cette même liberté avec l'état social moderne, je touche à des sujets que les débats législatifs sont loin d'avoir épuisés. Heureux si en éclairant quelques points restés obscurs, si en complétant les vérités sorties d'une discussion mémorable, je pouvois contribuer à prévenir toute nouvelle tentative contre nos institutions politiques! Plus heureux si l'on trouvoit dans les faits que j'expose de nouvelles sources de gratitude pour l'ordonnance du 17 avril, de nouvelles raisons d'admirer un monarque qui juge si bien des besoins de ses peuples, de nouveaux motifs de chérir un prince digne en tout de l'illustre race à qui nous devons la gloire de l'ancienne monarchie et la liberté de la monarchie nouvelle!

hisons particulières, appel et encouragement à la chicane, intervention de l'arbitraire, haine des lumières, antipathie des libertés publiques, embrouillements, entortillements, ténèbres.

Mais, chose déplorable! Messieurs, plus vous démontrez à certains esprits que cet instrument de mort pour l'intelligence humaine détruit non-seulement la liberté de la presse, mais la presse elle-même, plus vous les persuadez de l'excellence de l'ouvrage.

« Comment! vous nous dites que tout périra, « livres, brochures, journaux? A merveille! nous « ne croyions pas le projet si bon; vos objections « nous démontrent ce qu'il a d'admirable. »

Suit un débordement d'injures contre les lettres, et surtout contre les gens de lettres, contre les folliculaires, les pamphlétaires, les chiffonniers et les académiciens.

C'est être en vérité fort libéral de mépris. Il faut en avoir beaucoup recueilli pour en avoir tant à donner. Ces enfants prodigues feroient mieux d'être plus économes de leur bien.

Hélas! messieurs, ces diatribes contre la presse n'ont pas même le mérite de la nouveauté; renouvelées des temps révolutionnaires, elles auroient dû rester dans l'oubli. Il est triste sous la légitimité de s'approprier un pareil langage, surtout lorsqu'il se peut appliquer à ces mêmes publicistes justement soupçonnés sous le Directoire de travailler au rétablissement de la royauté, et qui continuent d'écrire pour elle.

Quelques personnes trouvent un motif de sécurité dans l'excès même du mal : « Le projet de loi « est si vicieux, disent-elles, qu'on ne pourra l'exé- « cuter. » Ne nous fions, messieurs, ni à l'espérance du mal, ni à l'impuissance de l'incapacité : elles nous tromperoient toutes deux. Maintes fois les gouvernements ont laissé périr les bonnes lois, et ont fait un long usage des mauvaises. C'est cette même foiblesse des hommes qui les asservit souvent à une tyrannie vulgaire, et qui les porte à briser une autorité éclatante : les parlementaires souffrirent Buckingham et tuèrent Strafford; on pardonne à la puissance, rarement au génie.

La meilleure manière de vous occuper du projet de loi, ce n'est pas, selon moi, de vous en énumérer à présent les vices particuliers (ils se présenteront assez d'eux-mêmes dans la discussion des articles); il me paroît plus utile de vous faire remarquer d'où le projet est sorti, ce qu'il veut dire, quelle lumière il jette à la fois sur le passé et sur l'avenir.

Oui, nobles pairs, le projet de loi est un phare élevé aux limites d'un monde qui finit et d'un monde qui commence; il vous éclaire sur la plus importante des vérités politiques; il vous indique le point juste où la société est parvenue, et conséquemment il vous apprend ce que demande cette société : d'un côté, il vous montre des ruines irréparables; de l'autre, un nouvel univers qui se dégage peu à peu du chaos d'une révolution.

Permettez-moi de développer mes idées : la matière est grave, le sujet immense. Si je mets votre patience à l'épreuve, vous me le voudrez bien pardonner, en songeant que j'abuse rarement de votre temps à cette tribune. J'y parois aujourd'hui appelé par des devoirs sacrés, devoirs que je n'hésiterai jamais à remplir, mais dont le temps commence néanmoins à me faire sentir le poids ; les vétérans souffrent quelquefois de leurs vieilles blessures.

En sortant du chemin battu, en plaçant la question où je la placerai, surtout dans la dernière partie de ce discours, j'ai plus compté sur la haute intelligence de cette assemblée que sur mes propres forces.

Voici, messieurs, les quatre vérités que je vais essayer de démontrer :

1° La loi n'est pas nécessaire, parce que nous avons surabondance de lois répressives des abus de la presse : les tribunaux ont fait leur devoir.

2° Les crimes et les délits que l'on impute à l'usage de la presse et à la liberté de la presse n'ont point été commis par la presse, et sous le régime de la liberté de la presse.

3° La religion n'est point intéressée au projet de loi ; elle n'y trouve aucun secours : l'esprit du christianisme et le caractère de l'Église gallicane sont en opposition directe avec l'esprit du projet de loi.

4° La loi n'est point de ce siècle ; elle n'est point applicable à l'état actuel de la société.

J'entre dans l'examen de la première question.

Nous avons, messieurs, depuis la restauration,

six ordonnances et quinze lois et fragments de lois concernant la librairie, la presse périodique et la presse non périodique.

A ces lois viennent se réunir l'arrêt du conseil d'État sur la librairie du 28 février 1723, le décret de l'Assemblée nationale du 27 août 1789, celui du 17 mars 1791, le décret de la Convention du 19 juillet 1793, la loi du 25 décembre 1796, les décrets du 22 mars 1805, du 28 mars 1805, du 5 juin 1806, du 5 février 1810, du 14 octobre 1811, enfin une partie du livre III du Code pénal; tous arrêts, lois et décrets dont divers articles sont encore en vigueur.

Le *maximum* des amendes pour les délits et les crimes de la presse non périodique est, dans le cas le plus grave, de 10,000 fr., et dans le cas le moins grave, de 500 fr.

Le *maximum* de la prison pour les mêmes délits et crimes de la presse non périodique est de cinq ans pour le cas le plus grave, et d'un an pour le cas le moins grave.

La récidive entraîne l'application des articles LVI, LVII et LVIII du Code pénal, c'est-à-dire qu'il peut y avoir carcan, travaux forcés, et mort; que la peine peut être élevée au double, savoir : dix ans d'emprisonnement, suivis de cinq à dix années sous la surveillance de la police.

Le *maximum* de la prison et des amendes pour les délits et les crimes de la presse périodique est le même que pour les délits et les crimes de la presse non périodique; mais les amendes peuvent être élevées au double, et, en cas de récidive, au quadruple (40,000 fr. d'amende, vingt ans de prison), sans préjudice des peines de la récidive, prononcées par le Code pénal.

Si un libraire a été convaincu de contravention aux lois et règlements, il est loisible de lui retirer son brevet, c'est-à-dire que l'administration peut intervenir dans les jugements des tribunaux, qu'elle peut, autorité suprême, altérer l'arrêt de ces tribunaux, non comme la couronne, en faisant grâce, mais en aggravant la peine.

La contravention d'un libraire n'aura pas paru aux magistrats mériter une amende au-dessus de quelques centaines de francs, et l'administration ajoutera à cette amende la suppression du brevet; ce qui n'est rien moins que la ruine d'une famille entière. Je ne dirai pas, pour achever de caractériser ces rigueurs, qu'elles ont lieu malgré plusieurs arrêts des cours, qui ont déclaré que la loi de 1791 conservoit sa force, et que la librairie n'étoit pas plus assujettie à exister par brevet que toute autre profession.

Les journaux politiques sont obligés de fournir un cautionnement de 200,000 francs, sans préjudice de la solidarité des propriétaires ou actionnaires.

Un journal peut être suspendu par une première et par une seconde condamnation en tendance; après une troisième condamnation, il peut être supprimé.

Les Chambres, pendant les sessions, sont investies du pouvoir de se faire elles-mêmes justice de la presse périodique.

Dans l'intervalle des sessions, le ministère est maître d'établir la censure.

Enfin, la liberté de la presse périodique n'existe que par privilége, tout en faveur des ministres, puisque aucun nouveau journal ne sauroit s'établir sans une autorisation du gouvernement.

Êtes-vous satisfaits, messieurs, et trouvez-vous que nous manquions de lois répressives? J'ai négligé de mentionner, parmi toutes ces peines, celle que le chef de la magistrature a rappelée, et que prononce l'article XXI du Code pénal. Il y a dans cette Chambre plusieurs nobles pairs qui ont le malheur d'aimer les lettres, et le plus grand malheur de faire jouir quelquefois le public du fruit de leurs veilles. Si jamais ils tomboient dans quelques-unes de ces erreurs où nous entraîne la fragilité humaine; si l'on trouvoit que leur dignité ne les place pas dans ce cas en dehors des tribunaux communs, je sollicite d'avance, pour eux et pour moi, l'indulgence de l'administration. Je désirerois que mon compagnon de chaînes fût au moins exempt de maladies contagieuses, et je suis bien vieux pour apprendre un métier.

Ici se présente l'imprudente accusation hasardée contre les tribunaux; ici se découvre la cause de cet esprit rancunier contre ces mêmes tribunaux, lequel domine dans le texte du nouveau projet de loi, projet qui tend à transporter à la police tout ce qu'il peut ôter à la justice.

Il y a des lois, dit-on ; mais les tribunaux ne font point ou font très peu usage de ces lois.

D'abord, quand vous entasseriez sans fin peines sur peines, est-il un moyen d'obliger le magistrat à appliquer ces peines, lorsque l'écrivain ne lui semblera pas coupable de ce dont il est accusé ? A quoi donc vous servira la nouvelle loi ?

Une réponse plus tranchante, et plus nette encore, peut être faite à l'accusation.

Les calculs que je vais mettre sous vos yeux ont été recueillis non sans quelques difficultés. Les sources de ces calculs, qui devroient être accessibles à tout le monde, ne le sont pas toujours ; les jugements des tribunaux, qui pourroient être publiés aussitôt qu'ils sont rendus, ne paroissent quelquefois dans le *Moniteur* qu'assez long-temps après leur date. La presse a surtout été malheureuse sous ce rapport, et il est arrivé que ce qu'on aimeroit le mieux à connoître est le plus difficile à trouver. Néanmoins, je crois pouvoir dire que si quelque erreur s'est glissée dans mes calculs, elle est peu considérable, et qu'elle n'altère en rien le fond de la vérité, résultat de ces calculs.

J'ai renfermé mes recherches dans les arrêts rendus par la cour royale de Paris dans l'espace de cinq années. Si l'on étoit curieux de connoître les jugements en première instance, un document irrécusable en fourniroit le total approximatif.

M. le garde des sceaux a publié le compte général de la justice criminelle pour l'année 1825. On y remarque deux accusations pour délits littéraires dans les départements, et vingt-cinq devant le tribunal de police correctionnelle de la Seine. Si l'on en suppose un nombre égal chaque année depuis le commencement de l'année 1822, époque du rétablissement de la liberté de la presse, jusqu'à l'année 1827, vingt-sept actions en police correctionnelle, multipliées par cinq années, nous donneroient cent trente-cinq actions. Vous allez voir que je trouve quatre-vingt-trois procès portés devant la cour royale de Paris; il y auroit donc cent trente-cinq causes de plus pour les tribunaux correctionnels de toute la France à ajouter aux quatre-vingt-trois causes jugées par la cour royale de Paris.

Mais dans ce cas, ma concession est infiniment trop large, puisque j'admettrois qu'il n'y a pas eu un seul appel à des juridictions supérieures, ce qui est tout l'opposé de la vérité; compter à la fois les jugements en première instance et les jugements aux cours royales, c'est compter presque double. Il est singulier qu'on ait eu le temps de nous donner en 1827 pour 1825, les jugements du tribunal correctionnel de la Seine, et qu'on n'ait pas eu le temps de nous donner les jugements de la cour royale de Paris dans la même année 1825.

Qu'importe? nous aurons tout cela en temps utile, après le vote du projet de loi.

Je dis donc, messieurs, que depuis le 27 avril 1822 jusqu'au 6 mars 1827, quatre-vingt-trois causes pour délits de la presse ont été portées devant la cour royale de Paris. Sur ces quatre-vingt-trois causes, on trouve trois causes non jugées, onze acquittements, et soixante-neuf condamnations.

Peut-on soutenir que sur quatre-vingts causes jugées, lorsqu'il y a eu soixante-neuf condamnations, et seulement onze acquittements, peut-on soutenir que les tribunaux n'ont pas fait usage des lois, qu'ils ont manqué d'une salutaire sévérité?

Répondra-t-on que les peines prononcées ont été trop légères?

Mais voulez-vous donc substituer votre conscience à celle du juge? Voulez-vous qu'il voie absolument comme vous, qu'il pèse les délits au même poids que vous; ou que ne trouvant pas ces délits aussi graves qu'ils vous le paroissent, il n'en applique pas moins des châtiments disproportionnés, selon lui, à l'offense? Est-ce comme cela que vous entendez la justice? D'ailleurs, messieurs, il y a ici nouvelle erreur.

Dans l'énumération des peines prononcées par la cour royale, en ne s'arrêtant qu'aux condamnations qui stipulent plus d'un mois d'emprisonnement, je note une condamnation à quarante jours de prison, onze à trois mois, une à quatre mois, sept à six mois, trois à neuf mois, deux à treize mois, et une à dix-huit mois.

Quant aux amendes, en négligeant celles au-dessous de 500 fr., j'en compte quatorze à 500 fr.; sept à 1,000 fr., cinq à 2,000 fr., et deux à 3,000 fr.

Il faut remarquer que l'amende est presque toujours unie à l'incarcération, de sorte que le châtiment est double. On n'est donc pas plus fondé à soutenir que les peines prononcées ont été trop légères, qu'on ne l'étoit à dire que les condamnations n'avoient pas été assez fréquentes. Il ne faut pas croire qu'une détention de trois mois à dix-huit mois, qu'une amende de 500 fr. à 3,000 fr. ne soient pas des répressions très graves en France. En Angleterre on a l'habitude des longues reclusions pour dettes, et les fortunes permettent de supporter de gros prélèvements pécuniaires : 500 fr. sont plus pesants pour telle fortune françoise que 1,000 livres sterling pour telle fortune angloise. La mobilité et l'indépendance de notre caractère, jointes au souvenir des temps révolutionnaires, nous rendent la prison odieuse. Nos magistrats, dans la pondération de leurs sentences, ont donc montré une connoissance profonde de nos mœurs.

Ainsi, messieurs, disparoissent devant des calculs positifs les accusations vagues des ennemis de la presse. Les peines portées par les anciennes lois sont considérables, et les magistrats ont accompli leur devoir. Nous verrons plus loin la nature des délits compris dans ces causes littéraires portées dans l'espace de cinq années devant la cour royale de Paris, causes qui ont produit tant de condamnations.

A ceux qui désireroient des arrêts encore plus sévères, je dirai qu'il y a moyen d'obtenir ces jugements : c'est de mettre les magistrats à l'aise, en rendant la liberté complète à la presse. Si un nouveau journal n'avoit pas besoin d'autorisation pour paroître, s'il étoit tenu seulement à remplir les conditions très onéreuses de son existence, il est certain que les juges se pourroient montrer plus rigoureux. Mais quand ils voient l'opinion réduite à n'avoir pour organe à Paris que cinq ou six feuilles indépendantes, dont l'existence est sans cesse menacée, ils craignent d'aller au-delà du but : placés entre la loi civile et la loi politique, si d'un côté leur sentence peut atteindre un délit particulier, de l'autre elle peut tuer une liberté publique; entre deux dangers, on choisit le moindre.

Voyez, messieurs, s'il vous convient d'ajouter à tant de lois une loi qui consommeroit la ruine de la presse non périodique, une loi dont la tendance secrète est d'amener les auteurs, les imprimeurs et les libraires, par corruption ou terreur, à ne plus rien publier.

Quant à la presse périodique, elle est évidemment l'objet principal de l'animadversion du projet de loi. Il est impossible qu'au moyen des conditions mises à la propriété le pouvoir administratif n'arrive pas à s'emparer du peu de journaux qui restent libres. Il s'en emparera, soit en intervenant comme acheteur aux enchères consenties ou forcées, soit en produisant, à l'aide de mille chicanes cachées dans le projet de loi, la dissolution des sociétés de propriétaires. Et alors, comme on ne peut établir un nouveau journal sans une autorisation, il est évident que l'administration obtiendra le monopole complet de la presse périodique.

La censure, messieurs, est infiniment moins dangereuse que ce système-là. La censure est une mesure odieuse, mais transitoire, une mesure qui par son nom même annonce l'état de servitude dans lequel est plongée l'opinion : le bruit de la chaîne avertit la présence de l'esclave. Mais où trouver le remède, lorsque le pouvoir deviendra à perpétuité possesseur légal des feuilles périodiques; lorsqu'on pourra s'écrier que la presse est libre, au moment même où elle ne sera plus que la vassale d'un ministère? Se représente-t-on bien ou la France muette, privée des organes libres qui lui restent, ou la police écrivant, sous différents noms, dans *les Débats* et *la Quotidienne*, dans *le Constitutionnel* et *le Courrier*, dans le *Journal du Commerce* et dans *la France chrétienne, politique et littéraire*?

Que les amis du ministère actuel y songent sérieusement. Les ministres ne sont pas inamovibles : cette Chambre hospitalière doit être particulièrement convaincue de cette vérité. Aujourd'hui vous seriez charmés que la presse périodique fût entre les mains de quelques hommes favorables à vos opinions; demain, à l'arrivée d'un ministère dans d'autres principes, tels d'entre vous éprouveroient d'amers regrets d'avoir remis à l'autorité le monopole de la pensée.

Portons notre vue plus haut : ne peut-il pas se rencontrer dans l'avenir un ministère coupable, un ministère conspirateur contre le souverain légitime? Eh bien! en lui livrant d'avance tous les journaux, vous lui donneriez le moyen le plus actif de corrompre l'opinion, le moyen le plus prompt de se créer sur toute la surface de la France des adhérents et des complices. Vous seriez vous-mêmes complices d'avance des crimes qui pourroient être commis, des révolutions qui pourroient survenir. Dans ce sens, messieurs, la loi qu'on vous propose est une loi véritablement conspiratrice. Voilà pourtant où l'on se précipite, lorsqu'on n'écoute que l'irritation de l'amour-propre : il est difficile que l'équité et la prudence se rencontrent avec la colère.

Si l'on répliquoit que le projet de loi a été fait pour les circonstances actuelles, que si ce projet devient loi, un jour on pourra rapporter cette loi, je dirois que je ne vois rien dans les circonstances qui réclame cette mesure; qu'après treize années de restauration, on n'est plus admis à plaider le provisoire, et qu'enfin il n'y a jamais lieu à faire, même provisoirement, une mauvaise loi. Mais n'allons pas nous laisser leurrer au provisoire; ne croyons pas naïvement que des ministres quelconques, successeurs des présents ministres, trouvant une loi qui les rendroit seigneurs suzerains des journaux, fussent très empressés de nous débarrasser de cette loi; ne croyons pas qu'ils eussent fort à cœur de rendre la liberté à la presse périodique, pour se procurer la satisfaction de voir censurer leurs actes et d'entendre la voix rude de la critique succéder à l'hymne sans fin de leurs bureaux. Ils n'auroient pas fait la loi, ils n'en auroient pas la honte : ils en auroient le profit. Par dévouement aux ministres présents, ne prostituons pas aux ministres futurs la première des libertés constitutionnelles. Les agents de l'autorité suprême, qui pourroient un jour nous ôter les chaînes que nous aurions nous-mêmes forgées, seroient des anges ; or on ne voit plus guère ici-bas que des hommes. S'il seroit plus beau d'attendre son salut de la vertu, il est plus sûr de la placer dans la loi. Nous sommes avertis du péril : l'écueil est connu ; rien de plus facile que de l'éviter : pourquoi donc accomplir volontairement le naufrage, dans l'espoir de nous sauver sur un débris ?

Et quand vient-on nous demander un pareil sacrifice ? Quand la loi sur la responsabilité des ministres n'est pas faite ! Les ministres échappent aujourd'hui à toute responsabilité ; il n'existe aucun moyen de les atteindre, excepté pour les faits grossiers de concussion et de trahison ; ils peuvent à leur gré refuser toute espèce de renseignements aux pairs et aux députés, se débarrasser des amendements faits par les Chambres, en les inscrivant en dehors des projets de loi ; ils peuvent fausser nos institutions, ensevelir dans leurs bureaux les pétitions de la France, et il faudroit leur livrer la liberté de la presse, seule garantie qui nous reste, seul supplément moral à la loi sur la responsabilité des ministres !

Quelque malheur inouï, soudain, imprévu, exige-t-il qu'on immole immédiatement cette liberté à la sûreté publique ? Non, messieurs, la France est souffrante [1], mais paisible ; elle atten-

[1] L'ordonnance royale vient de guérir une de ses principales plaies.

doit avec patience l'amélioration de son sort. Pour un impôt d'un milliard ponctuellement payé, elle se contentoit du droit de faire entendre quelques plaintes; plaintes que d'ailleurs les ministres n'écoutoient pas, et qu'elle n'avoit plus même la prétention de leur faire écouter; et voici qu'on veut punir jusqu'à ses inutiles paroles! Voici que du sein de la plus profonde paix sort une loi de discorde et de destruction, une loi qui ressemble à ces lois nommées d'*urgence* dans nos temps de calamités, alors que les passions prenoient le prétexte des périls pour créer des malheurs.

Ce qu'il y avoit à faire, nobles pairs, c'étoit de refondre dans une seule loi toutes nos lois relatives à la presse, d'établir dans cette loi unique la liberté pleine et entière, conformément à l'esprit et à la lettre de la Charte : plus de brevet obligé pour le libraire, plus d'autorisation nécessaire pour établir un journal, plus de poursuites en tendance, plus de censure facultative, plus de responsabilité générale de l'imprimeur, plus de gêne pour la propriété littéraire. Cette large base posée, élevez votre édifice : punissez avec la dernière sévérité les abus, les délits et les crimes qui pourroient être commis par la presse. Je ne reculerai devant aucune des conditions et des menaces de cette loi; je suis prêt à voter tout ce qui mettra à l'abri la légitimité et la monarchie, la religion et la morale, tout ce qui s'accordera d'une part avec la liberté, de l'autre avec la justice.

L'*immanis lex*, que j'ai demandée avec la liberté

complète de la presse, je la demande encore; car je ne suis pas de ceux qui abandonneroient sans crainte la société sans défense à la licence des passions. Mais, si j'admets une loi forte pour les délits et les crimes susceptibles d'être commis par la voie de la presse, je ne veux pas une loi inique, *iniqua lex, injusta lex;* je repousse une loi qui détruit la liberté, en affectant de frapper le violateur de cette liberté; une loi bien moins dirigée contre l'écrivain coupable que contre les moyens dont il se servit pour le devenir; une loi qui ne cherche dans le délinquant que l'objet pour lequel il a délinqué; une loi qui poursuit non le crime, mais ce qui donne matière au crime, c'est-à-dire l'innocence elle-même, victime de l'attentat commis sur elle.

Je n'insiste pas davantage pour vous prouver, messieurs, ce fait avéré, que nous avons suffisance de lois répressives des abus de la liberté de la presse, et que les tribunaux ont fait un équitable et sévère usage de ces lois. Loin de manquer, elles surabondent : par elles il y a possibilité de ruine des écrivains, et longues années de prison; l'arbitraire, venant joindre sa tyrannie à la puissance du juge, peut à son gré imposer la censure, refuser l'autorisation pour établir un journal, et retirer à un libraire le brevet qui le fait vivre. Voilà l'inventaire de nos armes contre la liberté de penser et d'écrire; l'arsenal est assez plein.

Je passe à la seconde question que je me propose d'examiner.

Les crimes et les délits que l'on impute à l'usage de la presse et à la liberté de la presse ont-ils été commis par la presse, et sous le régime de la liberté de la presse?

Tout retentit de déclamations contre la presse: la presse a produit tous les forfaits de la révolution; la presse a causé tous les malheurs de la monarchie, la presse a gangréné les esprits, corrompu les mœurs, ruiné la religion. Si on la laissoit faire, elle nous replongeroit dans le chaos dont nous sommes à peine sortis. Avant la liberté de la presse tout étoit paisible et heureux en France; on n'entendoit presque jamais parler d'un crime; les autels étoient respectés, les familles présentoient le spectacle touchant de la fidélité conjugale: l'enfance, protégée par une éducation chrétienne, conservoit toute sa pureté; enfin, messieurs, voulez-vous connoître les maux qui vous travaillent, lisez ces monitoires avant-coureurs du projet de loi sur lequel vous délibérez, feuilletez ces *factum* intitulés *crimes de la presse*, et osez soutenir qu'il ne soit pas temps de conjurer un fléau.

Je descends dans l'arène historique, puisqu'on nous y veut bien appeler, je relève le gant que l'innocente oppression de la presse jette à la presse criminelle.

La monarchie françoise a commencé sous Clovis, comme chacun sait, vers l'an 486, en vous faisant grâce, messieurs, du règne de Pharamond, si Pharamond il y a, et de ses trois premiers successeurs.

Depuis la première année du règne de Clovis jusqu'à l'année 1438, qui vit, sous Charles VII, la découverte de l'imprimerie, posons neuf cent cinquante-deux ans.

De l'année 1438 à l'année 1789, sous le règne de Louis XVI, dans un espace de trois cent cinquante-un ans, la presse n'a jamais cessé d'être contenue ou par la terrible loi romaine, ou par les violents édits de nos rois, ou par la censure.

Le 27 août 1789 la presse devint libre pour la première fois en France : elle perdit bientôt de fait, sinon de droit, cette liberté. Le 17 août 1792 amena l'établissement d'un premier tribunal criminel extra-légal, remplacé en 1793 par le tribunal révolutionnaire. Sous le Directoire, la presse retrouva pendant trois ans sa liberté pour la perdre après dans une nouvelle proscription; l'esclavage de la presse fut continué sous le consulat et sous l'empire.

Louis XVIII, en 1814, mit le principe de la liberté de la presse dans la Charte: divers ministères crurent devoir demander la censure. Celle-ci fut abolie en 1819, rétablie en 1820, prolongée jusqu'en 1822, et enfin levée à cette époque, bien qu'elle conserve dans la loi une existence facultative.

De compte fait, nous trouvons donc dans la monarchie neuf cent cinquante-deux années de temps barbares avant la découverte de l'imprimerie, trois cent cinquante-une années depuis cette découverte, sous le régime varié de l'oppression ou de la censure de la presse, trois années de la liberté de cette presse, depuis le 27 août 1789 jusqu'au 17 août 1792, trois ans de cette même liberté sous le Directoire, jusqu'au 18 fructidor; six ans sous la restauration; somme totale, à peu près douze années de liberté de la presse dans une monarchie de près de quatorze siècles : sommes-nous déjà fatigués de cette liberté?

Cela posé, on est forcé de convenir que tous les crimes, que toutes les corruptions dont on accuse la liberté de la presse, ne sont point le fait de cette liberté. Rien n'est mortel aux déclamations comme les chiffres : de ces chiffres il résulte que la liberté de la presse est l'exception à la règle dans nos lois. Et quelle exception! une exception de douze années dans des institutions qui embrassent une période historique de 1431 ans!

Parcourons maintenant les époques. Lorsqu'en 1358 les paysans brûloient les châteaux des gentilshommes, comme en 1789; lorsqu'ils faisoient rôtir ces gentilshommes et s'asseyoient à un festin de cannibales, en contraignant des épouses et des filles outragées à le partager avec eux, étoit-ce l'imprimerie non encore découverte qui avoit endoctriné ces vassaux félons?

Lorsque, le 12 juillet 1418, le peuple de Paris donna dans les prisons la première représentation des 2, 4 et 6 septembre 1792; lorsque, obligeant les prisonniers de sortir un à un, il les massacroit à mesure qu'ils sortoient; lorsqu'il éventroit les femmes, pendoit les grands seigneurs et les évêques, l'imprimerie étoit inconnue, l'esprit humain reposoit encore dans une vertueuse ignorance.

Recueillie à sa naissance par la Sorbonne et ensuite par Louis XI, qui la mit apparemment dans une cage de fer, l'imprimerie étoit trop foible à la fin du seizième siècle et au commencement du dix-septième, pour être accusée de toutes les calamités avenues sous les règnes qui précédèrent ceux de la maison de Valois.

Les massacres de la Saint-Barthélemi vouloient-ils l'indépendance de l'opinion ? Ce nommé Thomas qui se vantoit d'avoir tué de sa main quatre-vingts huguenots dans un seul jour ; cet autre assassin qui, par son récit, épouvanta Charles IX lui-même ; ce Coconnas qui racheta des mains du peuple trente huguenots pour les tuer à petits coups de poignard, après leur avoir fait abjurer leur foi, sous promesse de la vie ; ces brigands de 1572 ne ressembloient-ils pas assez bien aux septembriseurs de 1792 ? Je ne sache pas néanmoins qu'ils fussent grands partisans de la liberté de la presse.

Jacques Clément, Ravaillac, Damiens, avoient été régicides avant les régicides de 1793, et le parlement de Paris avoit commencé à instruire le procès d'Henri III avant que la Convention mît Louis XVI en jugement.

Eh ! messieurs, les horreurs mêmes de la révolution ont-elles eu lieu en face de la liberté de la presse? La presse, devenue libre en 1789, cessa de l'être le 17 août 1792 ; alors s'établit, je l'ai déjà dit, un tribunal prévôtal. Quelles furent les premières victimes immolées? des gens de lettres, défenseurs du monarque et de la monarchie. Durosoy, jugé à cinq heures du soir, et conduit au supplice à huit heures et demie, remit au président du tribunal un billet qui ne contenoit que ces mots : *Un royaliste comme moi devoit mourir un jour de Saint-Louis.* Il précéda son roi que tant d'autres devoient suivre : il eut la tête tranchée le 25 août 1792.

Les *écrivassiers*, les vils *folliculaires* que poursuit le présent projet de loi ne se découragèrent point ; ils ne s'effrayèrent point de marcher dans un peu de sang sorti de leurs veines : tous les royalistes prirent la plume; les journaux devinrent un périlleux champ de bataille; l'intelligence humaine eut ses grenadiers et ses gardes d'honneur, qui se faisoient tuer au pied du trône. Et que faisoient alors les prédicateurs de l'ignorance? Plusieurs se cachoient devant les échafauds, et quelques-uns jusque dans les crimes révolutionnaires, afin sans doute d'être plus à l'abri.

Au moment du procès de Louis XVI, les écrivains mêlèrent leur voix à celle des trois défenseurs de la grande victime; mais elles étoient étouffées par la faction régicide. A cette faction seule étoit laissée la liberté entière de tout exprimer : la mort, qui présidoit à ce tribunal de sang, retiroit la parole à quiconque vouloit défendre l'innocence et la vertu; témoin ce grand citoyen, ce magistrat courageux, l'immortel Malesherbes.

Et vous, mon illustre collègue [1], vous qui avez

[1] M. Desèze.

l'insigne honneur d'être nommé dans l'Évangile de la royauté, j'en appelle à votre déposition : appuyé par la liberté complète de la presse, votre triomphe n'auroit-il pas été assuré? Si la France avoit pu hautement se faire entendre, vous auriez brisé les fers du martyr, et nous pourrions aujourd'hui vous féliciter de votre gloire, sans répandre des larmes. Mais votre éloquence fut un baume inutile appliqué sur les blessures du juste; votre auguste maître auroit pu dire de vous ce que le Christ dit de la femme charitable : *En répandant ce parfum sur mon corps, elle l'a fait en vue de ma sépulture;* AD SEPELIENDUM ME FECIT.

Un nouveau tribunal criminel extraordinaire avec jurés fut érigé le 10 mars 1793, et mis en activité le 27 du même mois ; le 29, on prononça la peine de mort contre ceux qui provoquoient le rétablissement de la royauté, c'est-à-dire contre les écrivains.

Le 17 septembre de la même année, vint le décret contre les suspects : la reine périt le 16 octobre. Le 28 du même mois, le tribunal criminel extraordinaire prit le nom fameux de tribunal révolutionnaire.

Le premier numéro du Bulletin de ces lois, où sera inscrite la loi actuelle, si vous l'adoptez, contient la loi qui réprima les abus de la liberté de la presse pendant le règne de la terreur. Cette loi portoit :

« Article 1er. Il y aura un tribunal révolution-
« naire.

« Art. IV. Le tribunal révolutionnaire est institué
« pour punir les ennemis du peuple.

« Art. V. Les ennemis du peuple sont (suit la ca-
« tégorie des ennemis du peuple : on y trouve)
« ceux qui auront provoqué le rétablissement de
« la royauté................ ; ceux qui auront cherché
« à égarer l'opinion, à altérer l'énergie et la pureté
« des principes révolutionnaires et républicains,
« ou à en arrêter les progrès par *des écrits contre-*
« *révolutionnaires ou insidieux.*

« Art. VII. La peine portée contre tous les délits
« dont la connoissance appartient au tribunal révo-
« lutionnaire est *la mort.*

« Art. IX. Tout citoyen a le droit de saisir et de
« conduire devant les magistrats les conspirateurs
« et les contre-révolutionnaires. »

L'article XIII dispense de la preuve testimoniale,
et l'article XVI prive de défenseur les *conspirateurs.*

Voilà, messieurs, de la haine contre la liberté
de la presse sur une grande échelle. Couthon s'entendoit à réprimer les abus de cette liberté. Au
moins on ne soumettoit pas les gens de lettres à
une loi d'exception ; la justice et l'égalité de ces
temps promenoient sur eux le niveau révolutionnaire : la mort étoit alors le droit commun françois. Les écrivains, frappés avec tous les gens d'honneur, étoient attachés, en allant au supplice, non
avec des galériens, mais avec Malesherbes, avec
Mme Élisabeth. Pour comité de censure on avoit le
club des Jacobins ; pour gazette du matin le pro-
cès-verbal des exécutions de la veille ; le bourreau

étoit le seul journaliste quotidien qui fût en pleine possession de la liberté de la presse. On n'exigeoit pas des autres écrivains le dépôt de leurs ouvrages, mais celui de leurs têtes : c'étoit plus logique; car s'il est vrai que les morts ne reviennent pas, il est aussi certain qu'ils n'écrivent plus.

Cependant, messieurs, sous la terreur on se plaignoit aussi de la liberté de la presse; on arrêtoit les journaux à la poste comme rendant un compte infidèle des séances de la Convention. Thuriot assuroit que *l'esprit public étoit corrompu par des écrits pernicieux; il demandoit que l'on empêchât la circulation de ces journaux qui infectoient tous les jours la France entière de leur poison* : ce sont ses propres paroles. Les rédacteurs du *Moniteur* se virent dans le plus grand péril pour avoir cité un discours prononcé à la Société des Jacobins, et inséré dans le journal de cette horde. Le comité de Salut Public envoyoit chercher les épreuves du *Moniteur* et effaçoit apparemment les calomnies contre les crimes. Robespierre s'élevoit contre la licence des écrits; il donnoit à entendre qu'il étoit impossible de gouverner avec la liberté de la presse; il incriminoit quelques numéros du *Vieux Cordelier*, journal de Camille Desmoulins; il vouloit qu'on le brûlât, et Camille Desmoulins lui disoit fort bien que *brûler n'étoit pas répondre*.

Vous jugez facilement, messieurs, de l'état de la liberté de la presse en France à l'époque où *le Vieux Cordelier* passoit pour le journal de l'opposition, pour le journal royaliste. Dans la solitude du Temple, lorsque le roi-orphelin étoit déjà appelé au ciel par son père, on n'entendoit que le bruit de la machine de mort et les acclamations des furies révolutionnaires. Qui dans la France désolée chantoit encore un *Domine salvum fac Regem* pour le royal enfant délaissé? Quelques écrivains cachés au fond des forêts, des cavernes et des tombeaux.

Après la terreur, la liberté de la presse reparut : son effet fut tel qu'on se crut au moment de voir rentrer le roi. Il fallut du canon et le génie de Buonaparte pour réduire la liberté de la presse. Celui qui devoit remporter de plus nobles victoires foudroya les écrivains. A la tête d'une des sections de Paris, il rencontra un homme d'honneur et de talent armé pour les chefs de cette vieille monarchie dont il devoit écrire l'histoire; personnages illustres auxquels il est trop heureux d'avoir pu donner dernièrement un nouveau gage de sa fidélité [1].

A cette même époque du 13 vendémiaire, un autre homme fut arrêté à Chartres et amené à Paris par des gendarmes, lesquels avoient ordre de l'attacher à la queue de leurs chevaux. L'enceinte où l'Académie tient aujourd'hui ses séances étoit alors une prison : on y renferma l'homme arrêté à Chartres. Les gendarmes venoient le prendre chaque matin; ils le conduisoient à une commission militaire. Au bout de cinq jours, on le condamna à être fusillé. De quel crime fut-il atteint et convaincu?

[1] Ch. Lacretelle.

D'avoir usé dans son journal de la liberté de la presse en faveur du roi légitime. Cet homme, aujourd'hui membre de l'Académie, a été frappé avec deux de ses confrères, frappé dans le lieu même qui fut jadis son cachot, frappé pour avoir réclamé une seconde fois cette liberté de la presse dont il avoit fait un si loyal emploi[1]. Convenons, messieurs, que ce sont là de bizarres destinées, de singuliers rapprochements et d'utiles leçons.

Dispersés un moment par le canon du 13 vendémiaire, quand ce censeur eut fini de gronder, les amis de la liberté de la presse revinrent à la charge pour la famille exilée. Le Directoire proposa de les déporter en masse. Les propriétaires, entrepreneurs, directeurs, auteurs, rédacteurs et collaborateurs de cinquante-quatre journaux furent proscrits. Quelques orateurs voulurent les défendre dans le conseil des Cinq-Cents ; ils firent observer que par le vague de la rédaction, les innocents couroient le danger d'être confondus avec les coupables ; on cria : *Tant mieux !* Le représentant du peuple soutint que *les écrivains étoient des conspirateurs, que leur existence accusoit la nature et compromettoit l'espèce humaine., qu'ils corrompoient la morale publique, qu'ils flétrissoient les réputations les mieux méritées.* L'assemblée déclara que tous les journalistes étoient des *coquins*, et en répétant *aux voix ! aux voix !* on proscrivit quatre-vingts citoyens en haine de la liberté de la presse et de la légitimité.

[1] M. Michaud.

Et quels étoient ces vils folliculaires, ces méprisables journalistes? C'étoient les hommes les plus distingués par leurs talents, les Fontanes, les Suard, les Bertin, les Fiévée, les Michaud, les Royou, les Lacretelle, et tant d'autres. Ici, messieurs, une remarque importante doit être faite.

La liberté de la presse a commencé en France en 1789, précisément avec la révolution : de là il est arrivé que les premiers rédacteurs des premiers journaux libres n'ont été que des citoyens de tous les rangs, de toutes les conditions, de toutes les fortunes, qui s'emparèrent de cette nouvelle arme pour défendre, chacun selon son opinion, les intérêts de leur pays. Le noble et le plébéien, l'homme de cour et l'habitant de la ville, le prêtre et le laïque, le ministre et le député, le juge et le soldat, déposèrent leur pensée dans les feuilles périodiques. Au moment où les plus grandes questions étoient soulevées, au moment où l'ancien ordre de choses disparoissoit, on ne s'occupa pas *théoriquement* de la liberté de la presse; on se hâta de la mettre en *pratique;* on n'usa pas de la liberté de la presse dans son intérêt propre, mais dans l'intérêt des existences personnelles en péril. Ainsi les journalistes politiques, à leur naissance, n'ont point été chez nous, comme partout ailleurs, de simples raconteurs de nouvelles. Voilà pourquoi il est si injuste d'oublier leur noble origine, de les insulter d'un ton superbe. Vous leur demandez des garanties de leurs principes, ils vous exhiberont les arrêts d'emprisonnement, d'exil, de déportation et de mort dont ils ont été frappés. Contesterez-vous la validité de leurs titres ? N'accepterez-vous pas ces cautionnements qui sont bien à eux, et qu'ils n'ont pas empruntés ?

Le consulat et l'usurpation impériale ne purent s'établir par la servitude de la presse, mais du moins Buonaparte donna la gloire pour censeur à la liberté : c'étoit l'esclavage, moins la honte.

Sous le poids de ces chaînes brillantes, les écrivains conservèrent seuls le souvenir des Bourbons : on étoit distrait et enivré dans les camps par la victoire : les gens de lettres en fouillant dans les caveaux de Saint-Denis, en rappelant l'antique religion, réveilloient des regrets, faisoient naître des espérances; jamais race de rois n'a tant eu à se louer de la presse que la race de saint Louis. Je le dirai sans crainte d'être démenti, c'est principalement aux gens de lettres que nous sommes redevables du retour de la légitimité : ils la cachèrent dans le sanctuaire des muses aux jours de la persécution, comme les Lévites conservèrent dans le temple la dernière goutte du sang de David. Leur fidélité et leur dévouement au malheur ne méritoient pas le projet de loi qui les menace.

Sur les treize années de la monarchie constitutionnelle, on compte sept années de censure : dans ces sept années se trouvent placés le retour de Buonaparte et cinq ou six conspirations. Nous n'avons, messieurs, été tranquilles; les conspirations n'ont cessé que depuis qu'on nous a rendu la liberté de la presse. Singulière inadvertance! on met sur le compte de la liberté de la presse, à peine établie depuis quelques années, tous les désordres, tous les malheurs qui appartiennent à des temps où la presse a été opprimée par la violence des édits, le joug de la censure, et la terreur de la révolution.

Si, m'abandonnant les crimes pour ainsi dire politiques, on se rabattoit sur les crimes de l'ordre moral et civil, on n'auroit pas meilleur marché de l'histoire.

On nous épouvante de la monomanie cruelle d'une servante, et nous voyons, en 1555, un misérable, appartenant à une profession sacrée, se jeter, par amour du sang, sur une petite fille âgée de six ans et l'égorger! Aux empoisonnements tentés de nos jours j'opposerai ceux de la veuve Merle, en 1782; de Desrues, en 1776; de la Brinvilliers, en 1674; enfin du parfumeur de Catherine de Médicis, en 1572: « Homme confit en toutes sortes « de cruautés et de méchancetés, dit Pierre de l'Es- « toile, qui alloit aux prisons poignarder les hu- « guenots, et ne vivoit que de meurtres, brigan- « dages et empoisonnements. »

Le crime de Léger est un des plus affreux de notre époque, et un de ceux qui ont le plus prêté aux déclamations contre les effets *immoraux* de la presse : il se reproduit néanmoins plusieurs fois dans l'histoire de la monarchie absolue. On le retrouve sous le règne de Charles VII, dans le maréchal de Retz : ses débauches et ses cruautés sont trop connues. En 1610 fut roué et brûlé à Paris un scélérat, pour violences envers ses trois filles en bas âge : les détails du crime étoient si affreux, que le parlement condamna la procédure à être brûlée avec le criminel; *afin, *dit l'historien, *que ce fait tant énorme fût enseveli et éteint à jamais dans les cendres d'oubliance.* Enfin, en 1782, Blaise Ferage Seyé, maçon, âgé de vingt-deux ans, se retira dans un antre sur le sommet d'une des montagnes d'Aure. Vers le déclin du jour, il sortoit de sa caverne, enlevoit les femmes, poursuivoit à coups de fusil celles qui fuyoient, et exerçoit sur ces victimes expirantes toutes les fureurs de Léger. Il ne vivoit plus de pain, il étoit devenu anthropophage. Il fut saisi par la justice, et rompu vif le 13 décembre 1782.

La plupart de ces criminels ne savoient ni lire ni écrire.

Mais voici quelque chose de plus concluant : M. le garde des sceaux a fait publier le compte général de l'administration de la justice criminelle en France pendant l'année 1825. Il résulte des tableaux synoptiques de ce compte que les cours d'assises ont jugé cinq mille six cent cinquante-trois accusations.

Eh bien ! messieurs, dans les plus beaux temps du règne de Louis XIV, en 1665, on trouve que douze mille plaintes pour crimes de toutes les espèces furent portées devant les commissaires royaux à ce qu'on appeloit *les grands jours d'Auvergne,* c'est-à-dire qu'en 1665 on jugea, dans une seule province de la France, deux fois plus de crimes que l'on n'en a jugé en 1825 dans toute l'étendue de la France. L'historien qui raconte le fait des douze mille plaintes n'est pas suspect de philosophie, c'est Fléchier : il entre dans les détails. Il nous apprend que l'accusateur et les témoins se trouvoient quelquefois plus criminels que l'accusé. « Un de ces terribles châtelains, dit-il, entre-« tenoit dans des tours à Pont-du-Château douze « scélérats dévoués à toutes sortes de crimes, qu'il « appeloit ses douze apôtres. » L'abbé Ducreux, éditeur des ouvrages de Fléchier, rapporte à cette occasion l'exécution d'un curé condamné pour des crimes affreux, et il déplore l'état où l'ignorance et la corruption des mœurs avoient fait tomber la société à cette époque : il y eut dans un seul jour plus de trente exécutions en effigie.

Trente-quatre ans plus tard, en 1699, toujours sous le règne du grand roi, une femme appelée Tiquet, eut la tête tranchée pour tentative d'assassinat sur son mari. Louis XIV, sollicité par le mari même de cette femme, alloit accorder des lettres de grâce, lorsque l'archevêque de Paris représenta au roi que les confesseurs avoient *les oreilles rebattues* de projets contre la vie des maris. L'arrêt fut exécuté.

Certes, on ne dira pas que la religion fût sans force, le clergé sans puissance, l'instruction chrétienne sans vigueur sous le règne de Louis XIV, et pourtant les forfaits que je viens de rappeler n'étoient ni prévenus par l'esprit d'un siècle que l'on nous cite comme modèle, ni fomentés par la liberté de la presse qui n'existoit pas.

Il m'en a coûté, messieurs, de vous présenter ce triste inventaire des dépravations humaines. C'est bien malgré moi que j'en suis venu à ces affligeantes représailles; mais tous les jours les détracteurs de nos institutions nous poursuivoient de leurs mensonges : le tableau des prétendus crimes de la presse, incessamment ravivé, fascinoit la foule, troubloit les esprits foibles, rendoit perplexes les caractères les plus fermes. Il falloit en finir; il falloit faire remonter le mal à sa source en confondant la mauvaise foi; il étoit urgent de prouver que les forfaits attribués à la liberté de la presse, afin d'avoir un prétexte de l'étouffer, ne sont point d'elle; que ces forfaits se retrouvent avec plus d'abondance, avec des circonstances plus atroces aux diverses époques de la monarchie absolue. Ignorance et censure, reprenez vos crimes! En maxime de droit, les coupables ne sont reçus ni comme témoins, ni comme accusateurs.

Si l'on me disoit que des attentats peuvent être commis sous la liberté de la presse, je ne suis pas assez absurde pour le contester. Mais est-ce la question? Il s'agit de savoir si l'asservissement de la presse prévient les actions coupables : or, c'est ce que je nie. Par les exemples que j'ai cités, j'ai le droit de soutenir que les crimes sont plus nombreux, plus faciles à exécuter dans l'absence de la liberté de la presse qu'en présence de cette liberté.

Reste à examiner l'article des mœurs. J'en suis fâché pour les partisans du projet de loi, pour les admirateurs du bon vieux temps auquel ce projet ne manquera pas de nous ramener : les abominables jours de la liberté de la presse, ces jours où nous avons le malheur de vivre, vont encore gagner leur procès.

A quelle époque de la monarchie absolue veut-on que je me place? sous la première ou sous la seconde race? Ouvrirons-nous Grégoire de Tours, Frédégaire, Éginhart, les Annales de Fuldes ou les Chroniques des Normands? Nous y verrions de bien belles choses sur les bonnes mœurs de ces temps où l'invention de l'imprimerie n'étoit point encore sortie de l'enfer. Passerons-nous tout de suite aux Croisades? Les chevaliers, sans doute, étoient des héros; mais étoient-ils des saints? Qu'on lise les sermons de saint Bernard; on verra ce qu'il reprochoit à son siècle. Après le règne de saint Louis, nous ne rencontrons guère que des cours corrompues, le brigandage des guerres civiles se mêle à des dévotions déshonorées par tous les genres d'excès.

Il est affreux de le dire, mais il ne faut rien laisser d'inconnu sur ces temps dont on a le courage de regretter l'ignorance : la religion, messieurs, subissoit les outrages de cette ignorance. C'étoit l'hostie sur les lèvres, c'étoit après avoir juré à la sainte table l'oubli de toute inimitié qu'on enfonçoit le poignard dans le sein de celui avec lequel on venoit de se réconcilier. On ne se servoit de l'absolution du prêtre que pour commettre le crime avec innocence. La conscience retrouvoit la paix dans le sacrilége, et Louis XI expiroit sans remords, sinon sans terreur.

Isabelle de Bavière mourut en 1435, trois années seulement avant la découverte de l'imprimerie : apparemment que l'approche de ce fléau se fit sentir dans le règne de cette reine, à en juger par la dépravation des mœurs.

A la cour de ces ducs de Bourgogne, qu'un de nos nobles collègues [1] a peinte avec le charme des anciennes chroniques et la raison de l'histoire moderne, les grands seigneurs se *gaudissoient* à table dans des contes trop naïfs, qui sont devenus *les Cent Nouvelles-Nouvelles*. Qu'on ne dise pas que ces déviations morales n'avoient lieu que dans le cercle des grands : elles se faisoient remarquer partout. Les plaintes contre la dissolution des religieux et des prélats étoient générales. Le peuple se laissoit emporter à des débordements effroyables : qui n'a entendu parler de la *vaudoisie* d'Arras? Les hommes et les femmes se retiroient la nuit dans les bois, où, après avoir trouvé un certain démon, ils se livroient pêle-mêle à une prostitution générale.

Les lois voulurent réprimer ces excès ; elles furent atroces : elles punirent par une espèce de débauche de barbarie la débauche des mœurs.

Regretterons-nous ces temps où des populations entières étoient ainsi abruties ? D'un côté l'ignorance des lettres humaines, de l'autre côté l'ensei-

[1] M. de Barante.

gnement de la religion et l'exercice du pouvoir absolu, n'étoient-ils pas impuissants contre ces horreurs? Aujourd'hui de pareilles choses seroient-elles possibles? N'est-ce pas le progrès de la civilisation et des lumières, n'est-ce pas l'usage que les hommes ont fait de la faculté de penser et d'écrire, n'est-ce pas l'accroissement des libertés publiques qui a délivré le monde de ces prodigieuses corruptions?

Je ne m'imagine pas que le règne de François I*er* fût précisément un règne de vertu, bien que ce grand roi eût eu l'intention, pendant quelques mois, de faire briser toutes les presses de son royaume. Rabelais et Brantôme ne manquent ni de saletés, ni d'impiétés : on brûloit cependant de leur temps les hérétiques. Il est probable que Charles IX n'eût pas permis qu'on volât la vaisselle d'argent de son hôte, le sieur de Nantouillet, chez lequel il avoit dîné, si l'on avoit joui d'un peu plus de liberté de la presse. Henri III, habillé en femme, un collier de perles au cou, ne fait pas beaucoup d'honneur aux mœurs de ces temps, où l'on défendoit d'écrire *à peine de la hart*. Villequier tue sa femme parce qu'elle ne veut pas se prostituer à Henri III; Cimier tue son frère, chevalier de Malte, parce que ce frère avoit entretenu un commerce criminel avec sa belle-sœur; Vermandet est décapité pour inceste; Dadon, régent de classe, est brûlé comme corrupteur de l'enfance; la duchesse de Guise se livre à un moine pour obtenir l'assassinat d'un roi; et Marguerite de

Valois va cacher dans le château d'Usson les désordres de sa vie.

Le sentiment religieux n'étoit pas moins altéré que le sentiment moral. Ceux-ci, catholiques sincères, le chapelet à la main, s'enfonçoient dans tous les vices; ceux-là, abandonnés aux mêmes vices, tuoient les réformés sans être persuadés de la religion au nom de laquelle ils les persécutoient. Maugiron et Saint-Mégrin moururent le blasphème à la bouche. Les athées étoient fort communs. Il y avoit des hommes, disent plaisamment les Mémoires du temps, *qui ne croyoient à Dieu que sous bénéfice d'inventaire* [1].

En nous rapprochant de notre siècle, serons-nous plus édifiés des mœurs de la Fronde? Le cardinal de Retz nous les a trop fait connoître.

Par respect, admiration et reconnoissance, jetons un voile sur certaine partie du règne de Louis-le-Grand.

Enfin, à l'abri de la censure, fleurirent dans toute leur innocence l'âge d'or de la régence et les jours purs qui l'ont suivie. Ces temps sont trop près de nous pour descendre à des particularités qui deviendroient des satires. Il suffira de noter quelques faits généraux à l'appui de la thèse que je soutiens.

A cette époque, messieurs, les diverses classes de la société se ressembloient: les Mémoires de Lauzun et de Bezenval ne contiennent pas plus de turpitudes que les Mémoires de Grimm et de ma-

[1] Voyez, pour le complément de ce tableau, la préface de la deuxième édition, pag. 261 du volume précédent.

dame d'Épinay, que les Confessions de Rousseau et les Mémoires des secrétaires de Voltaire.

Par une dérision dont l'histoire offre plusieurs exemples, on ne croyoit pas en Dieu, et l'on fulminoit des arrêts contre l'impiété; les hommes les moins chastes prononçoient des châtiments contre les publications obscènes; les Édits de 1728 et de 1757 condamnoient au bannissement, aux galères, au pilori, à la marque, à la potence, les auteurs, imprimeurs et distributeurs des livres contre l'ordre religieux, moral et politique. Le gouvernement n'avoit plus l'air d'être celui du peuple sur lequel il dominoit. On remarquoit, entre les lois et les mœurs, ces contradictions qui annoncent une altération radicale dans le fond des choses, et un prochain changement dans la société.

N'est-ce pas lorsque les colléges étoient gouvernés par des ecclésiastiques que se sont échappés de ces mêmes colléges les destructeurs du trône et de l'autel? Je n'accuse point la science et la piété de ces anciens maîtres, je désire que l'éducation soit fortement chrétienne; je ne fais point la guerre au passé, mais je défends le présent qu'on calomnie : je dis qu'on n'empêche point les générations d'être ce qu'elles doivent être; je dis qu'on n'est pas reçu à charger la liberté de la presse des désordres que l'on croit apercevoir aujourd'hui, lorsque le dix-huitième siècle avec son impiété et sa dépravation s'est écoulé sous la censure, s'est élancé, du sein même de l'enseignement religieux, dans le gouffre de la révolution.

Me dira-t-on que c'est précisément la licence des écrits qui a engendré les malheurs et la corruption du dernier siècle ? Alors je demande à quoi bon les mesures que vous proposez, puisque le gibet, le carcan, les galères, le donjon de Vincennes, la Bastille, la censure et le pouvoir absolu n'ont pu arrêter l'essor de la pensée; puisqu'en condamnant au feu le chevalier de la Barre vous n'avez point épouvanté l'impiété? Essayez donc de la liberté de la presse, ne fût-ce que comme un remède, l'inefficacité de l'oppression pour étouffer l'indépendance de l'esprit de l'homme étant reconnue.

Cessons, messieurs, de flétrir le siècle qui commence : nos enfants valent mieux que nous. On s'écrie que la France est impie et corrompue, et, quand on jette les yeux autour de soi, on n'aperçoit que des familles plus régulières dans leurs mœurs qu'elles ne l'ont jamais été; on ne voit que des temples où se presse une multitude attentive, qui écoute avec respect les instructions de son pasteur. Une jeunesse pleine de talent et de savoir, une jeunesse sérieuse, trop sérieuse peut-être, n'affiche ni l'irréligion ni la débauche. Son penchant l'entraîne aux études graves et à la recherche des choses positives. Les déclamations ne la touchent point; elle demande qu'on l'entretienne de la raison, comme l'ancienne jeunesse vouloit qu'on lui parlât de plaisirs. On l'accuseroit injustement de se nourrir d'ouvrages qu'elle méprise, ou qui sont si loin de ses idées qu'elle ne les comprend même plus. Il y a très peu d'hommes de mon âge et au delà qui n'aient la mémoire souillée d'un poëme doublement coupable : vous ne trouveriez pas dix jeunes gens qui sussent aujourd'hui dix vers de ce poëme que nous savions tous par cœur au collége.

Que prétendez-vous donc ? Vous vous créez des chimères, et, pour les combattre, vous imaginez de rétablir précisément la législation qui a produit les mauvais livres dont vous vous plaignez. Voulez-vous faire des impies et des hypocrites, montrez-vous fanatiques et intolérants. La morale n'admet point de lois somptuaires : ce n'est que par les bons exemples et par la charité que l'on peut diminuer le luxe des vices.

Mais observez, je vous prie, messieurs, que cette jeunesse, si tranquille maintenant avec la liberté de la presse, étoit tumultueuse au temps de la censure. Elle s'agitoit sous les chaînes dont on chargeoit la pensée. Par une réaction naturelle, plus on la refouloit vers l'arbitraire, plus elle devenoit républicaine; elle nous poussoit hors de la scène, nous autres générations vieillissantes, et dans son exaspération elle nous eût peut-être écrasés tous. Bannie du présent, étrangère au passé, elle se croyoit permis de disposer de l'avenir : ne pouvant écrire, elle s'insurgeoit; son instinct la portoit à chercher à travers le péril quelque chose de grand, fait pour elle, et qui lui étoit inconnu : on ne la contenoit qu'avec des gendarmes. Aujourd'hui, docile jusque dans l'exaltation de la douleur, si elle fait quelque résistance, ce n'est que pour accomplir un pieux devoir, que pour obtenir l'honneur de porter un cercueil : un regard, un signe l'arrête. Sous la menace d'une nouvelle loi de servitude, cette jeunesse donne un rare exemple de modération; à la voix d'un maître qu'elle aime, elle comprime ces sentiments que la candeur de l'âge ne sait ni repousser ni taire : plus de mille disciples (délicatesse toute françoise !) cachent dans leur admiration leur reconnoissance : ils remplacent par des applaudissements dus au plus beau talent ceux qu'ils brûloient de prodiguer à la noblesse d'un sacrifice [1].

Je ne sépare point, messieurs, de ces éloges donnés à la jeunesse, les fils des guerriers renommés, des savants illustres, des administrateurs habiles, des grands citoyens, qui représentent au milieu de cette noble Chambre les différentes gloires de leurs pères. Instruits aux libertés publiques sans les avoir achetées par des malheurs, ils apprendront de vous, nobles pairs, l'art difficile de ces discussions où la connoissance de la matière se joint à la clarté des idées et à l'éloquence du langage, de ces discussions où toutes les convenances sont gardées, où les passions ne viennent jamais obscurcir les vérités, où l'on parle avec sincérité, où l'on écoute avec conscience. Pénétrés de la plus profonde reconnoissance pour la mémoire d'un roi magnanime qui voulut bien donner à leur sang une portion de souveraineté héréditaire, nos enfants seront prêts, comme nous, à verser pour nos

---

[1] M. Villemain.

princes légitimes la dernière goutte de ce sang : ils leur feront, s'il le faut, un sacrifice plus pénible : ils oseront signaler les erreurs échappées peut-être aux conseillers de la couronne, et par qui la France auroit à souffrir dans son repos, sa dignité ou son honneur. Ils se souviendront des belles paroles de l'ordonnance qui institue l'hérédité de la pairie : « Voulant donner à nos peuples, dit « Louis XVIII, un nouveau gage du prix que nous « mettons à fonder de la manière la plus stable les « institutions sur lesquelles repose le gouverne- « ment que nous leur avons donné, ET QUE NOUS « REGARDONS COMME LE SEUL PROPRE A FAIRE LEUR « BONHEUR. »

Telles sont, messieurs, les générations qui vivent sous la liberté de la presse, et telles furent celles qui ont passé sous l'asservissement de la presse. C'est un fait incontestable que partout où la liberté de la presse s'est établie, elle a adouci et épuré les mœurs, en éclairant les esprits. Quand a cessé ce long massacre de rois, ces atroces guerres civiles qui ont désolé l'Angleterre ? Quand la liberté de la presse a été fixée. Deux fois l'incrédulité a voulu se montrer dans la Grande-Bretagne sous la bannière de Toland et de Hume, deux fois la liberté de la presse l'a repoussée. Jetez les yeux sur le reste de l'Europe, vous reconnoîtrez que la corruption des mœurs est précisément en raison du plus ou moins d'entraves que les gouvernements mettent à l'expression de la pensée. Un écrivain qui consacre ses veilles à des travaux utiles vous a prouvé que jusque dans Paris les quartiers où il y a plus d'instruction sont ceux où il y a moins de désordre [1]. On vous a parlé de la multitude des mauvais livres : un de vos savants collègues, à la fois homme d'État et homme de lettres supérieur [2], a démontré, par des calculs sans réplique, que les ouvrages sur la religion, l'histoire et les sciences, c'est-à-dire tous les ouvrages sérieux, ont augmenté depuis les années de la liberté de la presse dans une proportion qui fait honneur à l'esprit public.

La véritable censure, messieurs, est celle que la liberté de la presse exerce sur les mœurs. Il y a des choses honteuses qu'on se permettroit avec le silence des journaux, et qu'on n'oseroit hasarder sous la surveillance de la presse. Les grands scandales, les grands forfaits dont notre histoire est remplie dans les plus hauts rangs de la société, seroient aujourd'hui impossibles avec la liberté de la presse. N'est-ce donc rien qu'une liberté qui peut prévenir l'accomplissement d'un crime, ou qui force les chefs des empires à joindre la décence à leurs autres vertus?

Tel est, messieurs, le tableau complet des mœurs de ces siècles, où la presse et la liberté de la presse étoient ignorées. Écrasé par les faits, accablé par les preuves historiques, on est obligé de reconnoître que toutes les accusations contre la liberté de la presse n'ont pas le plus léger fondement; on

---

[1] M. Dupin.   [2] M. Daru.

reste convaincu qu'il faut chercher non dans des intérêts généraux, mais dans de misérables intérêts particuliers, la cause d'un déchaînement qui autrement seroit inexplicable. Il est en effet facile d'établir les catégories des ennemis de la liberté de la presse, et c'est par-là que je vais terminer cette seconde partie de mon discours.

Les ennemis (je ne dis pas les adversaires) de la liberté de la presse sont d'abord les hommes qui ont quelque chose à cacher dans leur vie, ensuite ceux qui désirent dérober au public leurs œuvres et leurs manœuvres, les hypocrites, les administrateurs incapables, les auteurs sifflés, les provinciaux dont on rit, les niais dont on se moque, les intrigants et les valets de toutes les espèces.

La foule des médiocrités est en révolte contre la liberté de la presse : comment, un sot ne sera pas en sûreté ! Cette Charte est véritablement un fléau ! Les petites tyrannies qui ne peuvent s'exercer à l'aise, les abus qui n'ont pas les coudées franches, les sociétés secrètes qui ne peuvent parler sans qu'on les entende, la police qui n'a plus rien à faire, jettent les hauts cris contre cette maudite liberté de la presse. Enfin, les censeurs en espérance s'indignent contre un ordre de choses qui les affame ; ils battent des mains à un projet de loi qui leur promet des ouvrages à mettre au pilon, comme les entrepreneurs de funérailles se réjouissent à l'approche d'une grande mortalité.

Restent après tous ceux-ci quelques hommes extrêmement honorables que des préventions, des théories, peut-être le souvenir de quelques outrages non mérités, rendent antipathiques à la liberté de la presse. Je vous parlerai bientôt, messieurs, d'une classe d'hommes qui ne veut pas non plus de cette liberté, parce qu'elle ne veut pas de la monarchie constitutionnelle.

Mais, dira-t-on, vous ne nierez pas l'existence des petites biographies? Non! je rappellerai seulement à votre mémoire que ces espèces de pamphlets ont existé de tout temps. Si la monarchie avoit pu être renversée par des chansons et des satires, il y a long-temps qu'elle n'existeroit plus. Allons-nous rendre des arrêts contre la conspiration des épigrammes, et ajouter gravement au code criminel le titre *des bons mots et des quolibets?* Ce seroit une grande misère que de voir l'irréligion dans un calembour, et la calomnie dans un logogriphe.

Chez nos pères, les *sirventes* n'étoient, messieurs, que des satires personnelles les plus amères. Qui ignore les écrits de la Ligue? La satire *Ménippée* est la biographie des députés aux états-généraux de Paris de 1593. La Fronde eut ses *Mazarinades*; les épouvantables *Philippiques* furent noblement méprisées par le régent.

Enfin n'avions-nous pas avant la révolution, sous la protection de la censure, ces noëls scandaleux, ces chansons calomnieuses, que répétoit toute la France? N'avions-nous pas les gazettes à la main; cette *Gazette ecclésiastique* qui déjouoit toutes les recherches de la police? N'avions-nous

pas ces *Mémoires secrets de Bachaumont*, « amas
« d'absurdités, dit La Harpe, ramassées dans les ruis-
« seaux, où les plus honnêtes gens et les hommes
« les plus célèbres en tous genres sont outragés et
« calomniés avec l'impudence et la grossièreté des
« beaux-esprits d'antichambre ? »

N'est-ce pas là, messieurs, ces biographies dont
on a voulu faire tant de bruit, et qui auroient été
oubliées vingt-quatre heures après leur publication,
si les tribunaux n'en avoient prolongé l'existence
par leur justice?

De pareils libelles sont coupables; on les doit
poursuivre avec rigueur; mais il ne faut pas confondre l'ordre politique et l'ordre civil, il ne faut
pas détruire une liberté publique pour venger l'injure d'un particulier. Je pourrois, messieurs, déposer sur ce bureau cinq ou six gros volumes imprimés contre moi, sans compter autant de volumes
d'articles de journaux. Viendrai-je, moi chétif,
pour l'amour de ma petite personne, vous demander en larmoyant la proscription de la première
de nos libertés? On m'aura dit que je suis un mé-
chant écrivain, et que j'étois un mauvais ministre :
si cela est vrai, quel droit aurois-je de me plaindre?
Le public est-il obligé de partager la bonne opinion
que je puis avoir de moi? Arrière ces susceptibili-
tés d'amour-propre! fi de toutes ces vanités! Autrement, tous les personnages de Molière viendroient
nous présenter des pétitions contre la liberté de la
presse, depuis Trissotin jusqu'à Pourceaugnac, depuis
le bon M. Tartufe jusqu'au pauvre Georges Dandin.

Messieurs, vous n'êtes point des guérisseurs d'amour-propre en souffrance, des emmaillotteurs de vanités blessées, des Pères de la Merci, des Frères de la Miséricorde; vous êtes des législateurs. Pour quelques plaintes d'une gloriole choquée, pour quelques intérêts de coterie, vous ne sacrifierez point les droits de l'intelligence humaine; pour venger quelques hommes attaqués dans de méprisables biographies, vous ne violerez pas la Charte, vous ne briserez pas le grand ressort du gouvernement représentatif.

Ce n'est jamais au profit de la société tout entière qu'on nous présente des lois, c'est toujours au profit de quelques individus. On nous parle toujours des intérêts de la religion et du trône; et quand on va au fond de la question, on trouve toujours que la religion et le trône n'y sont pour rien.

Messieurs, quand nos arrière-neveux compteront quatorze cents ans de lumières et de liberté de la presse avec douze années de censure, comme nous comptons aujourd'hui quatorze siècles d'ignorance et de censure, avec douze années de liberté de la presse, le procès se pourra juger. En attendant, il est bon d'essayer si, avec la liberté de la presse, nos enfants pourront éviter la Jacquerie, les meurtres des Armagnacs et des Bourguignons; les massacres de la Saint-Barthélemi, les assassinats de Henri III, de Henri IV et de Louis XV, la corruption de la régence et du siècle qui l'a suivie, enfin les crimes révolutionnaires, crimes qui auroient été prévenus ou arrêtés si les écrivains n'eussent été condamnés à l'échafaud, ou déportés à la Guiane.

Je n'aurois jamais osé, messieurs, entrer dans d'aussi longs développements, si je n'avois espéré de vous en abréger un peu l'ennui par l'intérêt historique. Il est plus que temps d'en venir aux autres vérités importantes dont j'ai réservé la démonstration pour la troisième partie de ce discours.

Les vérités dont je me propose maintenant, messieurs, de vous entretenir, sont celles-ci :

La religion n'est point intéressée au projet de loi ; elle n'y trouve aucun secours. L'esprit du christianisme et le caractère de l'Église gallicane sont en opposition directe avec la loi.

J'entre avec une sorte de regret dans l'examen d'un sujet religieux. Nous autres hommes du siècle, nous pouvons faire tort à une cause sainte en la mêlant à nos discours : trop souvent les foiblesses de notre vie exposent à la risée la force de nos doctrines.

Mais les circonstances me ramènent malgré moi sur un champ de bataille où j'ai jadis combattu presque seul au milieu des ruines : les ennemis de la liberté de la presse proclament des périls, et, se portant défenseurs officieux des intérêts de l'autel, ils sollicitent des lois qu'ils disent nécessaires : nobles pairs, vous prononcerez entre nous.

Quelle est la position de la religion relativement à l'esprit public et relativement aux lois existantes ? Examinons.

La presse a pu nuire à la religion de deux manières : ou par l'impression d'ouvrages nouveaux, ou par la réimpression d'anciens ouvrages.

Quant aux ouvrages nouveaux, l'enquête sera bientôt terminée : depuis l'établissement de la liberté de la presse, il n'a pas été publié un seul livre contre les principes essentiels de la religion. Fut-il jamais de réponse plus péremptoire à des accusations plus hasardées ?

Quant aux réimpressions des anciens livres, le projet de loi les prévient-il ? Non.

Les lois existantes suffisoient-elles pour punir ces réimpressions ? Oui.

Une jurisprudence très sage s'est établie sur ce point; des condamnations ont été prononcées contre de vieilles impiétés reproduites, comme si ces impiétés en étoient à leur première édition. Le projet de loi que nous discutons ne stipule rien de plus; il n'ajoute par conséquent rien à la législation actuelle.

On se plaint de la réimpression des mauvais livres, et l'on ne fait pas attention que ces livres ont tous été écrits sous le régime de la censure. Et c'est par la censure, plus ou moins déguisée, que l'on veut prévenir ce que la censure n'a pu arrêter !

Que peuvent, au surplus, toutes les mesures répressives, tous les règlements de la police contre la circulation des anciens ouvrages ? Les bibliothèques sont saturées, les magasins de librairie encombrés de Rousseau et de Voltaire, le royaume en est fourni pour plus d'un demi-siècle; et, au défaut de la France, la Belgique ne vous en laisseroit pas chômer. Le projet de loi n'aura d'autre effet que d'élever la valeur de ces ouvrages. Il est si bien calculé, qu'en appauvrissant les libraires par les bons livres, il les enrichiroit par les mauvais : l'esprit en est odieux, les résultats en seroient absurdes.

On ne cesse de nous citer des ouvrages dangereux, tirés à des milliers d'exemplaires, formant des millions de feuilles d'impression. Mais d'abord tous ces ouvrages se sont-ils vendus ? Ils ont ruiné la plupart des éditeurs. Si une colère puérile contre la presse n'étoit venue réveiller la cupidité des marchands, tout demeuroit enseveli dans la poussière. Parcourez les provinces : vous aurez de la peine à trouver quelques exemplaires de ces écrits dont on prétend que la France est inondée.

Et parmi ces milliers de mauvais livres, tout est-il mauvais ? Dans les OEuvres complètes de Voltaire, par exemple, quand vous aurez retranché une douzaine de volumes, et c'est beaucoup, le reste ne pourroit-il pas être mis entre les mains de tout le monde ?

Enfin, ces milliers de mauvais livres n'ont-ils pas leur contre-poids dans des milliers de bons livres ? Nos temps ont vu imprimer les OEuvres complètes des Bossuet, des Fénelon, des Massillon, des Bourdaloue, qui n'avoient jamais été totalement recueillies. Mais venons encore aux chiffres.

Dans les tableaux présentés par un noble pair dont j'ai déjà cité la puissante autorité, vous trouverez que depuis le 1ᵉʳ novembre 1811 jusqu'au 31 décembre 1825, la librairie françoise a publié en textes sacrés, traductions, commentaires, liturgie, livres de prières, catéchisme, mystique, ascétique, etc., 159,586,642 feuilles imprimées.

Les nombres compris sous les années de liberté de la presse, c'est-à-dire depuis 1822 jusqu'à 1825, ont été toujours croissant, de manière qu'en 1821 vous trouverez 7,998,857 feuilles; en 1822, 9,021,852; en 1823, 10,361,297; en 1824, 10,976,179; et en 1825, 13,238,620 feuilles. Est-ce là, messieurs, un siècle impie? et la liberté de la presse a-t-elle arrêté le mouvement de l'esprit religieux?

Passons à d'autres calculs.

Depuis le 27 avril 1822 jusqu'au 6 mars 1827, 83 causes pour délits de la presse, comme je l'ai déjà dit, ont été portées devant la Cour royale de Paris; de ces 83 causes il faut retrancher 13 acquittements et 3 causes non jugées; ce qui réduit le tout à 67 délits réels, lesquels ont amené 67 condamnations. Si l'on contestait l'exactitude rigoureuse de ce chiffre, deux ou trois causes de plus ou de moins ne font rien à l'affaire. Divisez maintenant ces 67 condamnations par les années où elles ont eu lieu, c'est-à-dire par 5, depuis le mois d'avril 1822 jusqu'au mois de mars 1827, vous trouverez à peu près 14 délits par année. Ce résultat vous force d'abord à convenir que les délits littéraires se réduisent à bien peu de chose; que ces désordres sont bien peu nombreux, comparés aux autres désordres réprimés par les tribunaux.

Par exemple, dans le compte général déjà cité de l'administration de la justice criminelle pendant l'année 1825, on trouve que les Cours d'assises ont jugé 5653 accusations; sous le titre de diffamations et injures, on remarque 3140 prévenus, et le travail de M. le ministre de la justice ne donne pour toute la France, dans cette année 1825, que 27 délits de la presse, 2 dans les départements, 25 à Paris. Ainsi, sur 3140 prévenus de diffamations et injures commises par toutes sortes de voies, 27 délinquants seulement se sont servis du moyen de la presse, en supposant encore que les 27 causes relatives à la presse fussent toutes des causes de diffamations et d'injures. Or comme en 1825, d'après les calculs de M. le comte Daru, on a tiré 12,810,483 feuilles d'ouvrages, et 21,660,000 feuilles de journaux, il en résulte qu'il n'y a eu que 27 délits produits par 149,670,483 feuilles d'impression.

Maintenant si vous remarquez que sur une population de 30,504,000 âmes il y a eu, en 1825, 4594 sentenciés par les Cours d'assises, cela fait un coupable sur à peu près 6000 individus, tandis que les 27 publications répréhensibles, sur les 149,670,483 feuilles imprimées dans l'année 1825, n'arrivent qu'à la proportion d'environ un écrit condamné sur 500,543,351 feuilles publiées.

Quand vous ajouteriez la répression des contraventions et délits par les tribunaux correctionnels et les tribunaux de simple police, vous multiplieriez le nombre des repris de justice pour toutes sortes de faits, sans augmenter celui des accusés pour délits de la presse, mon argument n'en seroit que plus concluant.

Dans ce peu de délits commis par la presse en général, cherchons à présent la part de la religion. Sur 69 condamnations pour affaires de la presse, à la Cour royale de Paris, dans les cinq dernières années, 13 seulement sont relatives à des outrages envers la religion et ses ministres. Il est essentiel d'observer que pas une seule de ces condamnations n'a été prononcée en récidive.

Treize divisés par cinq ne donnent pas un quotient de trois condamnations pour délits religieux, et voilà néanmoins ce qu'on appelle un débordement d'impiété!

Les adversaires de la liberté de la presse en seroient-ils réduits, pour justifier leur système, à désirer que les preuves judiciaires d'une impiété prétendue fussent plus multipliées? Quels seroient les meilleurs chrétiens, de ceux qui se réjouiroient de trouver si peu de coupables, ou de ceux qui s'affligeroient de rencontrer tant d'innocents? Quand l'orgueil de l'homme est soulevé, il devient impitoyable : s'il a placé son triomphe dans la supposition de la dépravation des mœurs, il ne voudra pas en avoir le démenti; on l'a vu quelquefois, lorsqu'il y avoit disette de mauvaises actions, inventer des prévaricateurs avec des lois, en donnant le nom de crime à la vertu.

Ainsi, messieurs, depuis l'établissement de la liberté de la presse, pas un seul nouveau livre n'a été écrit contre les principes fondamentaux de notre foi; ainsi, depuis le règne de cette liberté, les ouvrages pieux se sont multipliés à l'infini; ainsi la Cour royale de Paris n'a eu à juger par an que trois délits peu graves en matière religieuse; elle n'a fait grâce à aucun, et elle les a sévèrement punis.

Les faits rétablis, la position de la religion reconnue, voyons, puisque cette religion n'a réellement à se plaindre ni de l'esprit public, ni de la foiblesse des anciennes lois, ni de la justice des tribunaux, voyons si elle a à se louer du nouveau projet de loi.

Je demande d'abord si ce projet peut être approuvé par la morale chrétienne. Ne favorise-t-il pas la fraude? Ne détruit-il pas des engagements contractés sous l'empire d'une autre loi, sous la garantie des autorités compétentes, sous la sauvegarde de la bonne foi publique? N'envahit-il pas la propriété, en imposant à cette propriété des conditions autres que celles qui furent d'abord prescrites? L'effet de ce projet n'est-il pas rétroactif? Dans ce cas, le premier principe de la justice n'est-il pas ouvertement méconnu? Que ce projet, s'il doit devenir loi, s'applique à la propriété littéraire à naître, au moins la probité naturelle n'en sera pas blessée; mais qu'il soit exécutoire pour la propriété littéraire déjà existante en vertu d'autres lois, c'est renverser les fondements du droit, c'est violer patemment l'article IX de la Charte qui dit: *Toutes les propriétés sont inviolables sans aucune exception.*

Si un homme se présentoit au tribunal de la pénitence, en manifestant ce penchant au dol et à la fraude que l'on trouve dans les articles du projet, la main qui lie et délie se lèveroit-elle pour l'absoudre ? Je crois trop aux vertus de nos prêtres, pour penser jamais qu'ils puissent approuver dans le sanctuaire des lois humaines ce qu'ils repousseroient au tribunal des lois divines.

Cette loi, d'ailleurs, atteint-elle le but auquel le clergé pouvoit aspirer ? Met-elle à l'abri la religion, cette loi où le mot de *religion* n'est pas même prononcé ? Attaque-t-elle l'impiété dans sa source ? Ose-t-elle dire franchement que telle chose est défendue, cette loi de ruse et d'astuce, qui n'ose être forte parce qu'elle se sent injuste ? Que prévient-elle, qu'empêche-t-elle ? Rien. Elle ne tue, elle n'immole que la liberté de la presse, et ne met aucun frein à la licence.

Et depuis quand le clergé seroit-il l'ennemi des libertés publiques ? N'est-ce pas au sein de ces libertés, souvent par lui protégées, qu'il a jadis trouvé son pouvoir ? Si, dans cette noble Chambre, on voyoit de respectables prélats élever la voix contre une loi antisociale ; s'ils la repoussoient en vertu du même principe qui détermina leurs prédécesseurs à sauver les lettres et les arts du naufrage de la barbarie, on ne sauroit dire à quel degré de force et de vénération le clergé parviendroit en France : toutes les calomnies tomberoient. Eh ! qu'y auroit-il de plus beau que la parole de Dieu réclamant la liberté de la parole humaine ?

Il existe, messieurs, un monument précieux de la raison de la France; ce sont les cahiers des députés des trois ordres aux états-généraux, en 1789. Ces cahiers forment un recueil de soixante-six volumes in-folio, dont l'impression seroit bien à désirer pour l'honneur de notre pays. Là se trouvent consignés, avec une connoissance profonde des choses, tous les besoins de la France; de sorte que, si l'on avoit exactement suivi les instructions des cahiers, on auroit obtenu ce que nous avons acquis par la révolution, moins les crimes révolutionnaires.

Le clergé se distingue principalement par ses institutions : celles qui ont pour objet la législation criminelle, civile, administrative, sont des chefs-d'œuvre. Il provoque l'établissement des états provinciaux; il désire la réintégration des villes et des communes dans le droit de choisir librement leurs préposés municipaux; il sollicite la création des justices de paix, l'abolition des tribunaux d'exception, et l'amélioration du régime des prisons, «afin, « dit-il, que ces prisons ne soient plus un séjour « d'horreur et d'infection. »

En grande politique, le clergé ne montre pas moins d'élévation et de génie: ce fut lui qui pressa la convocation des états-généraux de 1789. Le clergé de Reims, l'archevêque à sa tête, demanda un Code national contenant les lois fondamentales, le retour périodique des états-généraux, le vote libre de l'impôt, la liberté de chaque citoyen, l'inviolabilité de la propriété, la responsabilité des ministres, la faculté, pour tous citoyens, de parvenir aux emplois, la rédaction d'un nouveau Code civil et militaire, l'uniformité des poids et mesures, et enfin une loi contre la traite des nègres. Les autres cahiers du clergé sont plus ou moins conformes à ces sentiments.

Dans la question de la liberté de la presse, la noblesse et le tiers-état sont unanimes; ils réclament cette liberté avec des lois restrictives. Quant au clergé, il expose d'abord les dangers de la licence des écrits; puis, venant à la question de fait, sur cent soixante-quinze sénéchaussées, duchés, bailliages, villes, provinces, vicomtés, principautés, prevôtés, diocèses et évêchés, formant deux cent quarante-quatre réunions ecclésiastiques, cent trente-quatre se déclarent pour la liberté entière de la presse, une centaine signale les abus qu'on peut faire de cette liberté sans indiquer de moyens précis de répression, et quelques-unes demandent la censure. Il est utile d'entendre le clergé s'exprimer lui-même sur cette matière.

Le clergé du bailliage de Villiers-la-Montagne dit: « Que la liberté indéfinie de la liberté de la presse « soit autorisée, à la charge par l'imprimeur d'ap-« poser son nom à tous les ouvrages qu'il impri-« mera. »

Le clergé du bailliage principal de Dijon dit: « Le droit de tout citoyen est de conserver le libre « exercice de sa pensée, de sorte que tout écrit « puisse être librement publié par la voie de l'im-« pression, en exceptant néanmoins tout ce qui « pourroit troubler l'ordre public dans tous ses rap-

« ports, et en observant les formalités qui seront
« jugées nécessaires pour assurer la punition d'un
« délit en pareil cas. »

Le clergé de la province d'Angoumois dit : « L'or-
« dre du clergé ne s'oppose pas à la liberté de la
« presse, pourvu qu'elle soit modifiée, que les
« écrits ne soient point anonymes, et qu'on inter-
« dise l'impression des livres obscènes et contraires
« au dogme de la foi et aux principes du gouver-
« nement. »

Le clergé du bailliage d'Autun dit : « La liberté
« d'écrire ne peut différer de celle de parler ; elle
« aura donc les mêmes étendues et les mêmes limi-
« tes ; elle sera donc assurée, hors les cas où la
« religion, les mœurs et les droits d'autrui seroient
« blessés ; surtout elle sera entière dans la discus-
« sion des affaires publiques, car les affaires pu-
« bliques sont les affaires de chacun. »

Le clergé de Paris *intra muros* demande aussi
la liberté de la presse avec des lois répressives. La
sénéchaussée de Rhodez fait la même demande.
Le clergé de Melun et de Moret prononce ces paroles mémorables : « La liberté morale et des fa-
« cultés intellectuelles étant encore plus précieuse
« à l'homme que celle du corps et des facultés phy-
« siques, il sera libre de faire imprimer et publier
« tout ouvrage, sans avoir besoin préalablement de
« censure et de permission quelconques ; mais les
« peines les plus sévères seront portées contre ceux
« qui écriroient contre la religion, les mœurs, la
« personne du roi, la paix publique, et contre tout

« particulier. Le nom de l'auteur et de l'imprimeur
« se trouvera en tête du livre. »

Ceux qui s'opposent aujourd'hui avec le plus de vivacité au projet de loi du ministère, parlent-ils de la liberté dans des termes plus forts, plus explicites que ceux du clergé en 1789? Cependant, à l'époque où le clergé montroit tant d'indépendance et de générosité, n'avoit-il pas été insulté, calomnié, pendant cinquante ans, par les encyclopédistes? N'avoit-il pas été accablé des plaisanteries de Voltaire, au point qu'on n'osoit plus paroître religieux, de peur de paroître ridicule? Qui, plus que les prêtres, avoit le droit de s'élever alors contre la presse, de se plaindre de l'ingratitude de ces lettres dont ils avoient été les nourriciers et les protecteurs? Hé bien! que fait le clergé? il se venge; et comment? en demandant la liberté de la presse, en opposant cette liberté à la licence! Il ne craint rien pour les vérités religieuses, parce qu'elles sont impérissables; il ne craint point une lutte publique entre la religion et l'impiété. Quant aux membres du sacerdoce, il semble leur dire : «Défendez-vous par votre vertu; les imputations de vos ennemis se détruiront d'elles-mêmes si elles sont fausses; si elles sont véritables, il n'est pas bon que tout un peuple soit privé de la plus précieuse de ses libertés pour dissimuler vos fautes et pour cacher vos erreurs.

Et l'on voudroit nous dire aujourd'hui que le clergé demande l'anéantissement de cette liberté, lorsque les écrits dont il avoit tant à gémir en 1789 ont perdu leur vogue et leur puissance, lorsque l'impiété n'est plus de mode, lorsque tout le monde sent la nécessité d'une religion aussi tolérante dans sa morale qu'elle est sublime dans ses dogmes, lorsqu'un siècle sérieux a succédé à un siècle frivole! Le clergé actuel, sous la sauvegarde des persécutions qu'il a éprouvées, se croiroit-il plus vulnérable aux coups de la liberté de la presse que dans les temps où il demandoit cette liberté, que dans les temps où sa prospérité et ses richesses le rendoient un objet de convoitise et d'envie? Rajeunie par l'adversité, l'Église a retrouvé sa force en touchant le sein de sa mère. Les livres ont pu quelque chose contre des dignitaires ecclésiastiques possesseurs d'immenses revenus; ils ne peuvent rien contre des vicaires à 250 fr. de salaire, contre des hommes nus qui, pour toute réponse aux insultes, peuvent montrer les cicatrices de leur martyre.

Le christianisme, messieurs, est au-dessus de la calomnie; il ne cherche point l'obscurité; il n'a pas besoin de pactiser avec l'ignorance. Craindre pour lui la liberté de la presse, c'est lui faire injure, c'est n'avoir aucune idée juste de sa grandeur, c'est méconnoître sa divine puissance. Il a civilisé la terre, il a détruit l'esclavage; il ne prétend point faire rétrograder aujourd'hui la société; il ne tombe point dans une contradiction si déplorable. Notre religion a été fondée et défendue par le libre exercice de la pensée et de la parole. Quand les apôtres envoyoient aux Gentils leurs épîtres, n'usoient-ils pas de la liberté d'écrire contre le culte romain, et en violant même la loi romaine? Paul ne fut-il pas traduit au tribunal de Félix et de Festus pour rendre compte de ses discours? Festus ne s'écria-t-il pas : « Vous êtes un insensé, Paul! votre grand « savoir vous met hors de sens. »

Dans les fastes de la société chrétienne, c'est là le premier jugement rendu contre la liberté de la pensée; Paul étoit insensé parce qu'il annonçoit à Athènes le Dieu inconnu, parce qu'il prêchoit contre ces hommes *qui retiennent la vérité de Dieu dans l'injustice*. Les Actes des martyrs ne sont que le recueil des procès intentés au ciel par la terre, le catalogue des condamnations prononcées contre la liberté de la pensée et de la conscience.

Plus tard le christianisme brilla au sein des académies de l'antiquité : ce fut par ses ouvrages qu'il vainquit les sophismes dans les écoles d'Alexandrie, d'Antioche, et d'Athènes. L'Eglise a dû ses victoires autant à la plume de ses docteurs qu'à la palme de ses martyrs. La religion, obéissant à l'ordre du maître, *docete omnes gentes;* la religion, qui a fondé presque tous les colléges, les universités et les bibliothèques de l'Europe, repousse naturellement des lois qui renverseroient son ouvrage. Rome chrétienne, qui recueillit les savants fugitifs, qui acheta au poids de l'or les manuscrits des anciens, ne demande pas la proscription de la pensée.

Le christianisme est la raison universelle : il s'est accru avec les lumières; il continuera à verser aux générations futures des vérités intarissables. De tout ce qui a existé dans l'ancienne société, lui seul n'a point péri; il n'a aucun intérêt à ressusciter ce qui n'est plus; sa vie est l'espérance; ses mœurs ne sont ni d'un siècle ni d'un autre; elles sont de tous les siècles. Il parle toutes les langues; il est simple avec les peuples sauvages; il est savant et éclairé avec les peuples policés; il a converti le pâtre armé de la Scythie, et couronné le Tasse au Capitole. Il marche, en portant deux livres, l'un, qui nous raconte notre origine immortelle, l'autre, qui nous révèle nos fins également immortelles. Il sait tout, il comprend tout; il se soumet à toutes les autorités établies. Il n'appartient de préférence à aucune politique, parce qu'il est pour toutes les sociétés: républicain en Amérique, monarchique en France, ne ranime-t-il pas aujourd'hui même la poussière de Sparte et d'Athènes? Il a soufflé sur des ossements arides: d'illustres morts se sont levés. Ce seroit au nom de la religion que l'on prétendroit opprimer la France au moment où cette religion brise avec sa croix les chaînes des églises de saint Paul, au moment où ses mains divines déterrent dans les champs de Marathon la statue de la liberté, pour transformer en patronne chrétienne l'ancienne idole de la Grèce!

J'aurai le courage de le dire au clergé, parce qu'en combattant pour lui j'ai acquis des droits à lui parler avec sincérité. Avec la Charte, les ministres de l'autel peuvent tout; sans la Charte, ils ne peuvent rien. Défenseurs des libertés publiques, ils sont les plus forts des hommes, car ils réunissent la double autorité de la terre et du ciel; ennemis des libertés publiques, ils sont les plus foibles des hommes; s'il étoit jamais possible que les temples se refermassent, ils ne se rouvriroient plus.

Je viens enfin, messieurs, à la dernière partie de ce discours.

La quatrième vérité que je me propose de prouver est celle-ci : La loi n'est point de ce siècle; elle n'est point applicable à l'état actuel de la société.

Les sociétés, messieurs, sont soumises à une marche graduelle : cette vérité de fait peut irriter, mais elle n'en est pas moins incontestable.

Les peuples, par les progrès de la civilisation, ont maintenant un lien commun, et influent les uns sur les autres.

Il y a deux mouvements dans les sociétés : le mouvement particulier d'une société particulière, et le mouvement général des sociétés générales, lequel mouvement commun entraîne chaque société séparée. Ainsi le monde moral reproduit une des lois du monde physique : l'homme ne se peut plaindre de retrouver quelque chose de ses destinées dans ce bel ordre de l'univers arrangé par la main de Dieu!

Il faut beaucoup de siècles pour mûrir les choses, pour amener un changement essentiel dans les sociétés. Quatre ou cinq grandes révolutions intellectuelles composent jusqu'à présent l'histoire tout entière du genre humain. Nous étions destinés, messieurs, à assister à l'une de ces révolutions. Cette Chambre renferme plusieurs hommes de mon âge : nous sommes nés précisément à l'époque où le travail lent et graduel des siècles s'est manifesté. Les premiers troubles de l'Amérique septentrionale éclatèrent en 1765; de 1765 à 1827 il y a soixante-deux ans. J'ai vu Washington et Louis XVIII : la république représentative est restée à l'Amérique avec le nom de Washington, la monarchie représentative à l'Europe continentale avec le nom de Louis XVIII. Entre Washington et Louis XVIII se viennent placer Robespierre et Buonaparte, les deux termes exorbitants, dans l'anarchie et le despotisme, d'une révolution dont le terme juste devoit fixer la société ; car les sérieuses discordes chez un peuple prennent leur source dans une vérité quelconque qui survit à ces discordes : souvent cette vérité est enveloppée à son apparition dans des paroles sauvages et des actions atroces, mais le fait politique ou moral qui reste d'une révolution est toute cette révolution.

Quel est ce fait dévolu aux deux mondes après cinquante ans de guerres civiles et étrangères ? Ce fait est la liberté, républicaine pour l'Amérique, monarchique pour l'Europe continentale. On sait aujourd'hui que la liberté peut exister dans toutes les formes de gouvernement. La liberté ne vient point du peuple, ne vient point du roi; elle ne sort point du droit politique, mais du droit de nature, ou plutôt du droit divin : elle émane de Dieu qui livra l'homme à son franc arbitre; de Dieu qui ne mit point de condition à la parole lorsqu'il donna la parole à l'homme, laissant aux lois le pouvoir de punir cette parole quand elle faillit, mais non le droit de l'étouffer.

A peine un demi-siècle a suffi pour établir dans le nouveau et dans l'ancien monde ce principe de liberté. Le passé a lutté contre l'avenir; les intérêts divers, en se combattant, ont multiplié les ruines; le passé a succombé. Il n'est plus au pouvoir de personne de relever ce qui gît maintenant dans la poudre. Si la liberté avoit pu périr en France, elle eût été ensevelie dans l'anarchie démocratique ou dans le despotisme militaire. Mais le temps ne se laisse enchaîner ni aux échafauds des révolutionnaires, ni au char des triomphateurs; il brise les uns et les autres; il ne s'assied point aux spectacles du crime; il ne s'arrête pas davantage pour admirer la gloire; il s'en sert et passe outre.

Pourquoi la république françoise ne s'est-elle pas constituée? C'est qu'elle a trahi le principe de la révolution générale, la liberté. Pourquoi l'empire a-t-il été détruit? C'est qu'il n'a pas voulu lui-même cette liberté. Pourquoi la monarchie légitime s'est-elle rétablie? C'est qu'elle s'est portée, avec tous ses autres droits, pour héritière de cette liberté.

Dans les révolutions dont le principe doit subsister, il naît presque toujours un individu de la capacité et du génie nécessaires à l'accomplissement de ces révolutions, un personnage qui représente les choses, et qui est l'exécuteur de l'arrêt des sièeles. Il se montre d'abord invincible, comme les idées nouvelles dont il est le champion ; mais l'ambition lui est menée par la victoire. Il réussit à s'emparer du pouvoir, et tout à coup il est étonné de ne plus retrouver sa force : c'est qu'il s'est séparé de son principe. Ce géant qui ébranloit le monde succombe, au fond de son palais, dans des frayeurs pusillanimes; ou bien, captif de ceux qu'il avoit vaincus, il expire sur un rocher au bout du monde. Telles furent les destinées de Cromwell et de Buonaparte, pour avoir renié la liberté dont ils étoient sortis. Louis XVIII, après vingt ans d'exil, est rentré dans la demeure de ses pères : objet de la vénération publique, il est mort en paix, plein de gloire et de jours, pour avoir recueilli cette liberté à laquelle il ne devoit rien, mais qu'il vous a laissée généreusement, comme la fille adoptive de sa sagesse, et la réparatrice de vos malheurs.

Le principe pour lequel depuis soixante ans les hommes ont été agités dans les deux mondes s'étant enfin fixé, il en est résulté que la société s'est coordonnée à ce principe : il a pénétré toutes nos institutions. Les lois, les mœurs, les usages ont graduellement changé : on n'a plus considéré les objets de la même manière, parce que le point de vue n'étoit plus le même. Des préjugés se sont évanouis, des besoins jusqu'alors inconnus se sont fait sentir, des idées d'une autre espèce se sont développées : il s'est établi d'autres rapports entre les membres de la famille privée et les membres de la famille générale. Les gouvernants et les gouvernés ont passé un autre contrat; il a fallu créer un nouveau langage pour plusieurs parties de l'économie sociale. Nos enfants n'ont plus nos sentiments, nos goûts, nos habitudes : leurs pensées prennent ailleurs leurs racines.

Toutefois, messieurs, les générations contemporaines ne meurent pas exactement le même jour: au milieu de la race nouvelle, il reste des hommes du siècle écoulé qui crient que tout est perdu, parce que la société à laquelle ils appartenoient a fini autour d'eux, sans qu'ils s'en soient aperçus. Ils s'obstinent à ne pas croire à cette disparition; toujours jugeant le présent par le passé, ils appliquent à ce présent des maximes d'un autre âge, se persuadant toujours qu'on peut faire renaître ce qui n'est plus.

A ces hommes qui surnagent sur l'abime du temps, viennent se réunir (avec les adversaires de la liberté de la presse dont je vous ai déjà parlé) quelques individus de diverses sortes : des ambitieux qui s'imaginent découvrir dans les institutions tombées en vétusté un pouvoir nouveau près d'éclore; des jeunes gens simples ou zélés qui croient défendre, en rétrogradant, l'antique religion et les vénérables traditions de leurs pères, des personnes encore effrayées des souvenirs de la révolution; enfin des ennemis secrets du pouvoir existant, qui, témoins joyeux des fautes commises, abondent dans le sens de ces fautes pour amener une catastrophe.

Quelquefois des chefs se présentent pour conduire ces demeurants d'un autre âge : ce sont des hommes de talent, mais qui aiment à sortir de la foule; ils se mettent à prêcher le passé à la tête d'un petit troupeau de survivanciers; le paradoxe les amuse. Ces esprits distingués qui arrivent trop tard, et après le siècle où ils auroient dû paroître, n'entraînent point les générations nouvelles; ils ne pourroient être compris que des morts; or, ce public est silencieux, et l'on n'applaudit point dans la tombe.

Si un gouvernement a le malheur de prêter l'oreille à ces solitaires, s'il a le plus grand malheur de les regarder comme la nation, de prendre pour la voix d'un public vivant la voix d'une société expirante, il tombera dans les plus étranges erreurs. C'est, messieurs, ce qui est arrivé à l'égard du projet de loi que j'examine; il est dicté par un esprit qui n'est point l'esprit du siècle. Ces hommes d'autrefois, qui, toujours les yeux attachés sur le passé et le dos tourné à l'avenir, marchent à reculons vers cet avenir, ces hommes voient tout dans une illusion complète. Écoutez-les parler des anciens livres : ils y aperçoivent toujours les dangers qu'on y pouvoit trouver il y a quarante ans.

Et qu'importent cependant les plaisanteries de Voltaire contre les couvents de religieux, dans un pays qui n'admet plus de communautés d'hommes? Elles ne rendront aujourd'hui personne impie, parce que le siècle n'en est plus à l'impiété. Qu'importe la politique libérale de Rousseau dans une monarchie constitutionnelle? Voulez-vous mieux vous convaincre, messieurs, à quel point tout est changé ? Les principes mêmes que je développe à cette tribune auroient été des blasphèmes, légalement sinon justement punis, dans l'ancienne monarchie : si un auteur se fût avisé de publier la Charte comme un rêve de son cerveau, il eût été décrété de prise de corps, et son procès lui auroit été fait et parfait. Apprenons, donc à connoître le temps où nous vivons; ne jugeons pas du péril des livres d'après les anciennes idées et les vieilles institutions; ne réglons pas la liberté de la presse par des maximes qui ne sont plus applicables; si vous ressuscitiez aujourd'hui le Code romain tout entier et les lois féodales, n'est-il pas évident que vous ne sauriez que faire des dispositions relatives aux empereurs ou aux esclaves, ou des droits de champart, de capsoos et d'ostises?

Une autre manie de ces hommes qui ont inspiré le projet de loi est de parler d'un coup d'État. A les entendre, il suffit de monter à cheval et d'enfoncer son chapeau; ils oublient encore que le coup d'État n'est point de l'ordre actuel, et qu'il n'appartient qu'à la monarchie absolue. A dater du règne de Louis XIV, où l'ancienne Constitution du royaume acheva de périr, la couronne, en exerçant le pouvoir dictatorial, ne faisoit, avant l'année 1789, qu'user de la plénitude de sa puissance. Il n'y avoit pas révolution dans l'État par le coup d'État, parce qu'en fait le roi étoit chef de l'armée, législateur suprême, juge et exécuteur de ses propres arrêts; il réunissoit aux pouvoirs militaire et politique les attributions de la justice civile et criminelle.

Tout subsistoit donc dans l'État, après le coup d'État, parce que le roi étoit là, et que tout étoit dans le roi; mais dans la monarchie constitutionnelle, la liberté de la presse et la liberté individuelle entrent dans la composition de la loi politique qui garantit ces libertés. Les juges inamovibles ne peuvent être destitués; les Chambres, partie intégrante du pouvoir législatif, ne peuvent être abolies. Le coup d'État, dans une monarchie constitutionnelle, seroit une révolution; car après ce coup d'État, qui porteroit sur les individus, les tribunaux et les Chambres, il ne resteroit plus que la couronne, laquelle ne représenteroit plus, comme dans la monarchie de Louis XIV, tout ce qui auroit péri.

Entendroit-on par un coup d'État un mouvement renfermé dans les limites constitutionnelles, la dissolution de la Chambre des députés, l'accroissement de la Chambre des pairs? Ce ne seroit pas un coup d'État; ce seroit une mesure qui ne produiroit rien dans le sens du pouvoir absolu.

Il est pourtant vrai, messieurs, que la tyrannie a un moyen d'intervenir dans la monarchie représentative; voici comment: les trois pouvoirs pourroient s'entendre pour détruire toutes les libertés; un ministère conspirateur contre ces libertés, deux Chambres vénales et corrompues, votant tout ce que voudroit ce ministère, plongeroient indubitablement la nation dans l'esclavage. On seroit écrasé sous le triple joug du despotisme monarchique, aristocratique et démocratique. Alors le gouvernement représentatif deviendroit la plus formidable machine de servitude qui fut jamais inventée par les hommes. Heureusement, par la nature même de la coalition des trois pouvoirs, cette coalition seroit de courte durée : quelle explosion extérieure, quelle réaction, même dans les Chambres, au moment du réveil!

Voilà pourtant, messieurs, les méprises où tombent ceux dont l'esprit a inspiré le présent projet de loi : ils rêvent la monarchie absolue sans ses illusions, le despotisme militaire sans sa gloire, la monarchie représentative sans ses libertés. Espérons que, pour la sûreté du royaume, le pouvoir ne sera jamais remis entre de pareilles mains. Si ces insensés essayoient seulement de lever l'impôt dans un de leurs trois systèmes, le premier Hampden qui se croiroit le droit de refuser cet impôt mettroit le feu aux quatre coins de la France.

En vain on s'irrite contre les développements de l'intelligence humaine. Les idées, qui étoient autrefois un mouvement de l'esprit hors de la sphère populaire, sont devenues des intérêts sociaux ; elles s'appliquent à l'économie entière des gouvernements. Tel est le motif de la résistance que l'on trouve lorsqu'on veut aujourd'hui repousser les idées. Nous sommes arrivés à l'âge de la *raison politique* : cette raison éprouve le combat que la *raison morale* éprouva lorsque Jésus-Christ apporta celle-ci sur la terre avec la loi divine. Tout ce qui reste de la vieille société politique est en armes contre la raison politique, comme tout ce qui restoit de la vieille société morale s'insurgea contre la raison morale de l'Évangile. Inutiles efforts! les monarchies n'ont plus les conditions du despotisme, les hommes n'ont plus les conditions d'ignorance nécessaires pour le souffrir. Si les monarchies modernes ne vouloient pas s'arrêter dans la monarchie représentative, après de vains essais d'arbitraire elles tomberoient dans la république représentative. C'est donc nous pousser à l'abîme que de nous présenter une loi qui, en détruisant la liberté de la presse, brise le grand ressort de la monarchie représentative. Ce ne sont point là de vaines théories, ce sont des faits qui, pour être d'une haute nature, n'en sont pas moins des faits, par lesquels toute la matière est dominée. Vous y ferez, messieurs, une attention sérieuse quand vous discuterez les articles du projet de loi.

Ce projet sur lequel il vous reste à conclure est donc, selon moi, l'ouvrage de ces étrangers dans le nouveau siècle; de ces voyageurs qui n'ont rien regardé, de ces hommes qui font le monde selon leurs mœurs, et non selon la vérité. Ils ont l'horreur des lettres : craignent-ils d'être dénoncés par elles à la postérité ? C'est une véritable terreur panique : pourquoi avoir peur d'un tribunal où ils ne comparoîtront pas ?

Les ministres sont-ils eux-mêmes les hommes d'autrefois? Le projet de loi est-il l'ouvrage de leurs intérêts, de leurs préjugés, de leurs souvenirs, de leurs mœurs? N'ont-ils fait que céder à des influences étrangères? Ont-ils été trompés par le bruit que l'on a fait autour d'eux, bruit qu'ils auroient pris pour les réclamations de la France? N'ont-ils simplement cherché que la sûreté de leurs places? Tout ce que nous savons, c'est que le projet de loi est devant nous. Il étoit difficile de rendre palpable aux générations présentes ce songe du passé. En évoquant cette idée morte, il falloit l'envelopper de quelque chose de matériel, afin qu'elle pût nous apparoître; on l'a donc revêtue d'une loi; on a pourvu ce corps des organes propres à exécuter tout le mal que l'esprit pensoit. Il est résulté de cette création on ne sait quel fantôme : c'est l'ignorance personnifiée dans toute sa laideur, revenant au combat contre les lumières, pour faire rétrograder les sociétés, pour les refouler dans la nuit des temps et dans l'empire des ténèbres.

Mais cette ignorance, messieurs, a compté trop tôt sur la victoire. Elle va vous rencontrer sur son chemin, et ce n'est pas chose facile pour elle que de subjuguer tant d'esprits éclairés.

Messieurs, c'est peut-être ici mon dernier combat pour des libertés que j'ai proclamées dans ma jeunesse comme dans les derniers jours de ma vie. J'ai soutenu vingt fois devant vous à cette tribune les mêmes doctrines. Le peu de temps que j'ai passé au pouvoir n'a point ébranlé ma croyance; on n'est point venu vous demander, pour favoriser les victoires de M. le dauphin pendant la dangereuse guerre d'Espagne, le sacrifice qu'on sollicite aujourd'hui pour amener des triomphes que j'ignore. Avant le ministère, pendant le ministère et après le ministère, je suis resté dans mes doctrines : mon opinion tire du moins quelque force de sa constance.

Si l'indépendance m'avoit jamais manqué pour exprimer ce qui me paroît utile, je trouverois aujourd'hui cette indépendance dans mon âge : je suis arrivé à cette époque de la vie où l'espérance ne manque pas à l'homme, mais où le temps manque à l'espérance. Aucun intérêt particulier ne me fait donc ni parler ni agir ; que m'importent les ministres présents et futurs ? Les hommes ne me peuvent plus rien, et je n'ai besoin de personne. Dans cette position, j'oserai dire, en finissant, quelques vérités que d'autres craindroient peut-être de faire entendre : c'est mon devoir comme citoyen, comme pair de France et comme sujet fidèle.

Messieurs, on ne peut se le dissimuler, le gouvernement représentatif est attaqué dans sa base : on cherche à enlever la publicité à ces débats ; les aveux que l'on a faits, la haine qu'un certain parti a manifestée contre la Charte, tout annonce qu'une fois plongé dans le silence, on s'efforceroit de détruire ce que l'on déclare ne pas aimer. On ne réussiroit pas, je le sais, mais on prépareroit de grandes douleurs à la France.

Quel que soit le sort du projet de loi, ce projet, par sa seule apparition, a fait un mal qu'une longue administration dans le sens de la Charte pourroit seule maintenant effacer. Il a démontré qu'il existoit des hommes ennemis décidés des nos institutions, des hommes déterminés à les briser aussitôt qu'ils en trouveroient l'occasion. Jusqu'ici, on avoit soupçonné ce fait, mais on n'en avoit pas acquis la preuve. Aujourd'hui, tout est à découvert : le projet a tout révélé.

Non, messieurs, on ne veut point de la Charte lorsqu'on prétend violer le principe même du gouvernement représentatif. Jetant tous les masques, déchirant tous les voiles, les partisans du projet de loi ont montré le fond de leur pensée; ils n'ont fait aucun mystère de leur opinion. Cette certitude acquise de l'existence d'un parti qui a l'horreur de l'ouvrage de Louis XVIII; d'un parti qui, d'un moment à l'autre, peut se faire illusion au point d'entreprendre tout contre nos libertés; cette certitude, dis-je, attriste profondément les hommes dévoués au monarque et à la monarchie.

Les désaveux ne rassureront personne. En vain on voudra faire passer pour le cri des intérêts privés le cri de réprobation qui s'est élevé contre le projet de loi, d'un bout de la France à l'autre.

Ou il faut compter la Charte pour rien, le gouvernement représentatif comme une chose transitoire, les changements arrivés dans la société comme non avenus, ou il faut maintenir la liberté de la presse; sans elle il n'y a plus rien qu'une moquerie politique. Combien de temps les choses pourroient-elles aller de la sorte? Tout juste le temps que la corruption met à se dissoudre, et la violence à se briser.

La légitimité, ainsi que la religion, est toute-puissante; elle peut, de même que la religion, tout braver dans la monarchie constitutionnelle; mais avec ses conditions nécessaires, c'est-à-dire avec les autres légitimités, et au premier rang de celles-ci se trouve la liberté de la presse.

Sous la république, sous l'empire, auroit-on pu vendre publiquement dans les rues les bustes de Louis XVIII et celui de son héritier, comme on vend au milieu de nous, sans dommage pour la race royale, le portrait de Buonaparte et de son fils ? Non sans doute : les deux usurpations auroient péri. Pour se mettre à l'abri, elles tuoient les distributeurs de tout ce qui rappeloit le pouvoir légitime ; elles égorgeoient ou déportoient les écrivains et établissoient la censure.

Le fils de Cromwell passa tranquillement ses jours en Angleterre, sous le règne des deux fils de Charles Ier. Le jeune homme de Vienne viendroit aujourd'hui s'établir en France, qu'il ne seroit qu'un triomphe de plus pour le trône légitime, qu'une preuve de plus de la force du droit dans la couronne, et de la magnanimité dans le souverain.

Mais il en seroit tout autrement si vous violiez les conditions naturelles de la monarchie représentative. Détruisez la liberté de la presse ; faites que des défenseurs indépendants ne puissent plaider la cause de la légitimité, qu'ils ne puissent surveiller, dénoncer par l'opinion publique les manœuvres des partis ; alors les conseillers mal habiles de la légitimité se trouvent dans une condition de soupçon, de tyrannie, de foiblesse, pareille à celle des conseillers de l'usurpation. Un ministre qui croiroit avoir besoin de silence, qui sembleroit avoir des raisons de cacher la légitimité, reconnoîtroit la nature de cette puissance.

Une gloire immense, des malheurs presque aussi grands que cette gloire, le bien rendu pour le mal, voilà ce qu'offre l'histoire de notre famille royale : et cette triple légitimité pourroit être troublée par quelques misérables pamphlets qui n'atteindroient pas même les existences les plus obscures!

Il y a une France admirable en prospérité et en gloire avec nos institutions. Il y a une France pleine de troubles, privée de nos institutions.

Pour arriver à la première, il suffit de suivre le mouvement naturel de l'esprit de la Charte; chose d'autant plus facile aujourd'hui que toutes les préventions personnelles ont disparu, que toutes les capacités, dans quelque opinion qu'elles aient été placées, se réunissent dans des principes communs.

Pour arriver à la seconde France, à la France troublée, il faut apporter chaque année des mesures en opposition aux mœurs, aux intérêts, aux libertés du pays. Après s'être rendu bien malheureux soi-même par des efforts si déraisonnables, on gâteroit tout, et les imprudents promoteurs d'un système funeste achèveroient leurs jours dans de douloureux, mais d'inutiles regrets.

Il me semble, messieurs, entendre votre réponse : « Le roi, me direz-vous, n'est-il pas là pour nous sauver, si jamais quelque danger menaçoit la France?

La Charte périroit que le souverain resteroit encore. On retrouveroit en lui non tous les pouvoirs comme dans la monarchie absolue, mais quelque chose de mieux et de plus, toutes les libertés. »

Je le sais, un prince religieux n'a pas en vain juré de maintenir l'œuvre de son auguste frère, il auroit bientôt puni quiconque oseroit y porter la main. Mais s'il est facile à ce monarque, modèle de loyauté, de franchise et d'honneur, s'il lui est facile de calmer les orages, j'aime encore mieux qu'il vive en paix, heureux du bonheur qu'il donne à ses peuples, dans la région pure et sereine, où sont placées ses royales vertus.

En donnant mon vote contre la loi en général, je ne renonce point au droit d'en combattre et d'en discuter les articles, puisqu'il faut en venir à cette lamentable discussion. Je vote à présent contre l'ensemble d'un projet de loi qui met la religion en péril, parce qu'il fait calomnier cette religion ; je vote contre un projet de loi destructeur des lumières, et attentatoire aux droits de l'intelligence humaine ; je vote contre un projet de loi qui proscrit la plus précieuse de nos libertés ; je vote contre un projet de loi qui, en attaquant l'ouvrage du vénérable auteur de la Charte, ébranle le trône des Bourbons. Si j'avois mille votes à donner contre ce projet impie, je les donnerois tous, croyant remplir le premier de mes devoirs envers la civilisation, la religion et la légitimité.

MARCHE ET EFFETS
DE LA CENSURE.

AVERTISSEMENT.

Lorsqu'en 1820 la censure mit fin au *Conservateur*, je ne m'attendois guère à recommencer sept ans après la même polémique, sous une autre forme et par le moyen d'une autre presse. Les hommes qui combattoient alors avec moi réclamoient, comme moi, la liberté de penser et d'écrire : ils étoient dans l'opposition comme moi, dans la disgrâce comme moi, et ils se disoient mes amis.

Aujourd'hui, arrivés au pouvoir, encore plus par mes travaux que par les leurs, ils sont tous contre la liberté de la presse; de persécutés, ils sont devenus persécuteurs; ils ont cessé d'être et de se dire mes amis. Qui a changé?

Tel que le temps m'a laissé, tel il me retrouve : soutenant les mêmes principes, et n'ayant point rencontré au poste éminent où j'ai passé les lumières qui ont obligé mes ci-devant amis à abandonner leurs doctrines. Il faut même que les ténèbres qui m'environnent se soient étendues sur eux lorsque j'étois ministre, car ils soutiennent que la licence de la presse n'a commencé que le 6 juin 1824.

Leur mémoire est courte : s'ils relisoient les opinions qu'ils ont prononcées, les articles qu'ils ont écrits contre un autre ministère et pour la liberté de la presse, ils seroient obligés de convenir qu'ils étoient au moins, en 1818 et 1819, les sous-chefs de la licence.

D'une autre part, mes anciens adversaires sont revenus au principe de la liberté de la presse; ils se sont rapprochés de moi : cette marche est naturelle; celle de mes premiers compagnons est contre nature. Qu'on se soit éclairé par l'usage même du gouvernement constitutionnel, rien de plus simple; mais que de purs royalistes, sans doute attachés de cœur à l'ancien régime, aient rompu de grandes lances pour la Charte et pour les libertés publiques dans un temps où ces libertés, peu connues, sembloient avoir des périls; qu'aujourd'hui, lorsque tout est calme et qu'ils sont puissants, ils s'épouvantent en pleine paix de ces mêmes libertés, la chose est étrange. S'élever du mal au bien est ordre; descendre du bien au mal est désordre.

Vieux capitaine d'une armée qui a déserté ses tentes, je continuerai, sous la bannière de la religion, à tenir d'une main l'oriflamme de la monarchie, et de l'autre le drapeau des libertés publiques. Aux antiques cris de la France de saint Louis et de Henri IV, *vive le roi! Montjoie! saint Denis!* je joindrai les cris nouveaux de la France de Louis XVIII et de Charles X, *tolérance! lumières! liberté!* Peut-être rattacherai-je avec plus de fruit au trône et à l'autel les partisans de l'indépendance, que je ne ralliai à la Charte de prétendus serviteurs du trône et de l'autel.

L'honneur et mon pays me rappellent sur le champ de bataille. Je suis arrivé à l'âge où les hommes ont besoin de repos; mais si je jugeois de mes années par la haine toujours croissante que m'inspirent l'oppression et la bassesse, je croirois avoir rajeuni.

LES AMIS

DE LA

LIBERTÉ DE LA PRESSE.

J'ai publié, le 30 du mois dernier, une brochure intitulée : *Du Rétablissement de la Censure au 24 juin 1827*.

Dans l'Avertissement de cette brochure on lit ce passage : « La presse non périodique doit venir au « secours de la presse périodique ; des écrivains cou- « rageux se sont associés pour donner une suite de « brochures. On compte parmi eux des pairs, des dé- « putés, des magistrats. Tout sera dit; aucune vérité « ne restera cachée. Si certains hommes ne se lassent « point de nous opprimer, d'autres ne se fatigueront « pas de les combattre. »

En effet, une société d'hommes de bien, également attachés à la religion, au roi, à la patrie, s'est formée dans le dessein de venir au secours de la première de nos libertés.

Les brochures qu'ils vont publier seront répandues *gratis* à Paris et dans les départements : ainsi elles n'auront pas besoin d'être annoncées pour être connues. Le public apprendra par elles et les vérités que la censure enlève aux feuilles indépendantes et les mensonges qu'elle laisse dans les journaux ministériels.

Les amis de la liberté de la presse placent leurs ouvrages sous la sauvegarde et sous la censure des tribunaux. De bons citoyens, des sujets fidèles, de vrais François, des hommes religieux qui veulent la liberté et non la licence, qui désirent la paix et non le désordre, n'ont rien à redouter des lois. Les uns signeront leurs écrits, les autres garderont l'anonyme. Taire son nom, ce n'est pas le cacher.

Tel est le plan dont les amis de la liberté de la presse commencent l'exécution dès ce moment même. On ne peut s'empêcher de reproduire une réflexion devenue vulgaire : après cinq ans de pleine et entière jouissance de la liberté de la presse, il est triste d'être revenu aux moyens de défense employés dans les premiers temps de la restauration : le pas rétrograde est effrayant. Quand on marche à reculons, il est difficile d'éviter les précipices.

MARCHE ET EFFETS
DE LA CENSURE.

L'ÉCRIT déjà cité plus haut étant le premier, dans l'ordre des dates, de tous ceux qui ont été publiés jusqu'à ce jour sur l'ordonnance du 24 juin, c'est de cet écrit qu'il faut partir pour continuer l'histoire de la censure.

On a vu que des mutilations avoient été faites aux journaux, que ces journaux avoient été obligés de rejoindre les tronçons des articles coupés, sous peine d'être exposés à toutes sortes de vexations. Le *Journal des Débats* ayant eu l'audace de laisser dans sa feuille un *blanc* accusateur, on le priva le lendemain de l'honneur du *visa*, de manière qu'il se trouva dans la nécessité ou de paroître avec un nouveau blanc, ou de ne pas paroître du tout, ou de paroître non-censuré, ce qui entraînoit la suspension provisoire. *La France chrétienne* étoit dans un cas semblable; on lui dénioit aussi le bâillon, on lui refusoit l'amnistie de la censure, on la mettoit hors la loi, pour avoir occasion de la punir comme une esclave révoltée. M. Pagès, dans une *lettre* adressée à M. *Lourdoueix*, fait connoître de hideux détails après lesquels il ajoute:

« M. Deliége déclara à M. Marin, directeur de *la
« France chrétienne*, qu'on ne vouloit pas de *blancs*,

« que *le Constitutionnel*, le *Journal des Débats*, que
« tous les journaux déféroient à cette volonté, et
« que *la France chrétienne* ne seroit, à l'avenir,
« ni approuvée ni rejetée. Depuis ce moment les
« épreuves, chaque jour envoyées à deux heures
« après midi, sont chaque jour renvoyées à minuit,
« sans approbation et sans rejet.

« Je vis alors que tous les journaux s'étoient laissé
« prendre au traquenard de la police; et il impor-
« toit, non certes à la prospérité de notre journal,
« mais à la dignité de l'opposition, mais aux liber-
« tés publiques, qu'une feuille protestât contre ces
« violences illégales, contre ces pièges grossiers,
« qu'elle parût telle qu'elle étoit mutilée par vous,
« et que chaque lecteur pût se dire : *La censure a*
« *passé par-là*.

« Or, si vous êtes de mauvais censeurs pour les
« autres journaux, pour nous vous ne voulez pas
« être censeurs, et il faut que l'autorité vous force
« à remplir vos devoirs ou qu'elle nous rende notre
« liberté.

« Or, votre inertie s'oppose à ce que *la France*
« *chrétienne* puisse paroître; elle est donc un atten-
« tat à la propriété, une véritable spoliation; et ce
« genre de confiscation, ce vol véritable, ne peut
« être sanctionné par une ordonnance. »

Constantinople a-t-il donc d'administration plus
despotique que celle de la censure, de muets plus
arbitraires que les censeurs? Ces messieurs vous
tuent en vous appliquant la loi; ils vous tuent encore mieux en ne vous l'appliquant pas. Si vous

prétendez les poursuivre devant les tribunaux, il faut en obtenir la permission de l'autorité supérieure administrative, ou les huissiers refusent de porter vos assignations [1]. Si, de son côté, l'autorité supérieure suspend provisoirement votre feuille, et vous fait elle-même un procès, plusieurs mois s'écoulent avant que vous puissiez être jugé; votre journal est perdu. Voilà la douce censure, l'équitable censure, la libérale censure, la constitutionnelle censure, la censure qui a produit la véritable liberté de la presse!

Lorsque la censure fut établie, en 1814, et dans les années suivantes, il y avoit une sorte d'excuse à cette dérogation de la loi fondamentale : les troupes alliées occupoient la France; elles demandoient des sommes considérables, des articles indiscrets pouvoient blesser ces étrangers. Dans l'intérieur du royaume, la vieille France et la France nouvelle se trouvoient en présence pour la première fois, et elles avoient des comptes à régler; les partis étoient animés, les passions exaltées par l'aventure des Cent-Jours; des conspirations éclatoient de toutes parts : on pouvoit craindre que la parole, si long-temps contenue par le despotisme de

---

[1] C'est ce qui est arrivé à MM. les membres composant la société du journal *la France chrétienne*. Ils ont voulu constater une infraction à l'ordonnance de censure; l'huissier a décliné sa compétence jusqu'à obtention de l'autorisation de M. le ministre de l'intérieur, qui, sans doute, ne laissera pas attaquer son commis et son compère.

Il faut lire le *Mémoire à consulter sur les actes arbitraires de la censure*, signé par MM. les propriétaires du *Constitutionnel*, et les résolutions du conseil, M. Dupin. Paris, 8 juillet 1827.

Buonaparte, ne fît explosion en se dégageant tout à coup.

Il étoit possible encore que sous des institutions nouvelles dont on ignoroit le mécanisme, on abusât d'abord de la presse; à peine savoit-on ce que c'étoit que la Charte. Il faut même rendre justice aux ministres de cette époque : en prenant des précautions contre la licence, ils se soumirent à la liberté de l'opinion, puisqu'ils se retirèrent, et peut-être trop tôt, devant la puissance de cette liberté : c'étoit un hommage que, dans leur sincérité, ils offroient au principe vital de la Charte.

Enfin, lorsque cette Charte fut donnée, elle déclara par son article VIII que *les François ont le droit de publier et de faire imprimer leurs opinions, en se conformant aux lois qui doivent réprimer les abus de la liberté de la presse.* Or, ces lois n'étoient pas faites. La censure, à laquelle les François étoient façonnés, et qui étoit le droit commun, fut provisoirement maintenue. On ne passoit donc pas de la liberté de la presse à la censure, on restoit comme on étoit; on ne détruisoit pas un droit acquis, on ajournoit seulement un droit accordé. Il n'y avoit pas secousse dans les esprits, changement, révolution dans la législation : on pouvoit se plaindre qu'une promesse n'étoit pas remplie, mais on ne pouvoit pas dire qu'un bienfait étoit retiré, en violation de la foi jurée.

Aujourd'hui, existe-t-il une seule des raisons qui servirent au maintien de la censure dans les premières années de la restauration? Toutes les lois de répression sont faites. Habitués à la liberté de la presse, familiarisés même avec ses écarts, nous avons traité de ses principes sous tous les rapports et dans toutes les formes; nous connoissons ses affinités avec le gouvernement représentatif; nous savons qu'elle est le prix et la consolation de tous les sacrifices; nous savons qu'excepté l'honneur, elle remplace tout chez un peuple : nous l'ôter à présent c'est nous enlever une possession prescrite, c'est arrêter violemment le cours de nos idées, le mouvement de nos mœurs. La censure a tellement vieilli pour nous, qu'elle nous paroît ce qu'elle est en effet, une loi caduque, ressuscitée du double despotisme féodal et impérial : elle a quelque chose de risible, comme les droits de *queuage* et de *remuage*, et d'odieux comme l'oppression militaire.

Un règne a déjà fini, un règne a commencé sous l'empire de la Charte; des générations entières se sont formées sous cet empire. La liberté de la presse a glorieusement traversé une guerre étrangère et une crise de finances; la paix règne au dehors et au dedans du pays. Il y a si peu de prétexte apparent à la censure, qu'on est forcé de supposer des desseins à ses fauteurs, et de chercher dans l'avenir ce qu'on ne trouve pas dans le présent.

Nous avons pu faire cette apologie de la première censure, parce que nous nous sommes opposés même à cette première censure. Il n'y a jamais, selon nous, une raison suffisante de suspendre la liberté : celle-ci est plus forte que la servitude pour écarter les dangers d'un État.

Mais il ne s'agit pas de tout cela, dira-t-on : c'est pour sauver la religion que l'on a imposé la censure; c'est pour se délivrer des impiétés des journaux : la censure, dans le cas présent, est une pure affaire de conscience.

D'abord il faudroit être fixé sur ce mot de *religion*, savoir si ceux qui l'emploient ne confondent pas les choses divines, ne cachent pas les intérêts de l'homme dans les intérêts du ciel. Aucun doute que si la religion est véritablement attaquée, il ne faille la défendre à tout risque et à tout prix ; mais nous nions la majeure, et nous disons ensuite : les tribunaux sont là pour punir les outrages au culte; les peines sont sévères ; elles n'ont jamais manqué d'être appliquées quand le délit a été prouvé. Cette manière de toujours raisonner comme s'il n'existoit pas de justice, comme s'il n'y avoit pas de magistrats, comme si l'on n'avoit d'autre défense que l'arbitraire, montre à quel point la raison est détériorée chez les hommes dont nous subissons le système.

En second lieu, si vous ne cherchez à défendre que la religion, votre censure ne s'exerce sans doute que sur les articles irréligieux, que sur les journaux *impies;* or, elle frappe également tous les genres d'articles et toutes les espèces de journaux : expliquez-nous donc cette *affaire de conscience.*

Enfin, vous prétendez soutenir la religion par la censure, et vous lui faites un tort irréparable. Aujourd'hui on accuse publiquement les ecclésiastiques d'être la première cause de la perte de notre première liberté : on les rend responsables de tout ce qui peut arriver à la Charte ; on accumule sur leurs têtes des haines d'autant plus dangereuses, qu'elles semblent appuyées sur un fait réel, et non sur des déclamations vaines. Qu'est-ce que quelques articles de journaux qui n'alloient point au fond de la question, quelques mots sur les missionnaires et sur les Jésuites, auprès d'une accusation, calomnieuse sans doute, mais généralement crue, laquelle représente le clergé catholique comme incompatible avec l'existence d'un gouvernement constitutionnel ? Voilà pourtant où votre censure a amené les choses. Vous vous réjouissez, parce que rien n'éclate encore ; attendez : les générations vont vite. Souvenez-vous que si jamais les autels étoient brisés de nouveau, les ennemis des libertés publiques seroient les véritables auteurs de la catastrophe.

La plus haute des folies pour des hommes aveuglés seroit de soutenir que la religion catholique adopte une forme de gouvernement plutôt qu'une autre, qu'elle s'oppose aux vérités de la science et aux progrès de l'esprit humain, lorsqu'elle est, au contraire, l'ordre universel, la raison par excellence, la lumière même : quiconque aujourd'hui prétendra défendre la religion catholique en la séparant de la société, telle que le temps l'a modifiée, conduira les peuples au protestantisme.

La religion catholique fait des progrès rapides aux États-Unis ; la cour de Rome se met en communication avec les républiques espagnoles ; pourquoi donc, nous autres catholiques de France, ne pourrions-nous vivre sous une monarchie constitutionnelle ? Élevez notre jeune clergé dans l'amour des lois du pays, il les défendra et en tirera sa puissance. En sommes-nous toujours aux regrets du passé, aux calomnies du présent ?

Dans une brochure de M. de Salvandy, qui vient de paroître, nous lisons cette très belle page :

« Les générations de l'ancien régime, élevées on
« sait par qui et comment, ont égorgé les nobles
« et les prêtres, tué Louis XVI, tué Marie-Antoi-
« nette, tué madame Élisabeth, tué.... Ce siècle a
« été une longue orgie commencée dans la débauche
« et finie dans le sang. Les générations nouvelles,
« nées sur les marches des échafauds, grandies à
« la lueur des incendies et des batailles, ont relevé
« les autels, rétabli le trône, rappelé à ce trône
« vénéré le vieux sang des comtes de Paris, recons-
« titué l'ordre social, reconnu le légitime empire des
« noms, des richesses, des talents, des vertus, con-
« sacré une aristocratie politique investie de privi-
« lége et d'hérédité[1]. »

Quoi qu'il en soit, si l'administration de la première censure eut des motifs plausibles, elle fut aussi moins capricieuse et moins rude que l'administration de la censure actuelle.

L'ordonnance pour la mise à exécution de la loi de 1820 établissoit douze censeurs ; cinq étoient nécessaires pour signer l'arrêt.

---

[1] *Lettre à M. le rédacteur du Journal des Débats sur l'état des affaires publiques.*

A cette époque aussi les *blancs* et les *noirs* étoient permis ; les journalistes alloient quelquefois jusqu'à mettre le portrait d'une paire de ciseaux dans les endroits supprimés, le noble duc de Richelieu avoit trop de franchise pour souffrir que la censure employât les moyens haineux et faux, violents et hypocrites dont elle se sert aujourd'hui.

Plus tard, lorsque la censure fut rétablie avec insulte à la magistrature, on eut des censeurs secrets de la police, *un Saint-Office d'espions;* mais tels qu'ils étoient, ils ne firent point la guerre aux *blancs*, ils ne se crurent jamais le droit de dénier la censure, de refuser leur petit ministère aux journaux qui se présentoient de bonne grâce. Il étoit réservé à la censure libérale du bon M. Tartufe de se porter en moins d'un mois à des excès jusqu'ici inconnus, tout en nous déclarant *que les résultats de la censure paroissent si peu incertains aux vrais amis de la liberté de la presse, que pour eux le triomphe de celle-ci ne date que de ce jour.*

Aujourd'hui il n'y a que six censeurs; et la signature d'un seul secrétaire, pris en dehors de leur confrérie, suffit pour rendre valide la maraude censoriale. Sur ces six censeurs, deux, on le sait, MM. Caïx et Rio, ont courageusement donné leur démission; un troisième, M. Fouquet, a siégé, dit-on, deux ou trois fois; mais on assure qu'il se retire, après avoir vu et entendu sans doute de belles choses.

Il n'a pas été permis aux journaux d'annoncer la non-acceptation de MM. Caïx et Rio : la censure proscrit un homme pour son honneur comme on proscrivoit un Romain pour sa fortune. Et tout cela sous la légitimité ! sous le règne de l'honneur et de la vertu !

Une ordonnance du roi, du 4 de ce mois, annonce que M. de Silans et M. Lévêque ont été nommés en *remplacement* de MM. Caïx et Rio. La censure, pour être conséquente, auroit dû biffer l'ordonnance royale, puisqu'elle trahit le secret qu'on vouloit garder. Pourquoi ne l'auroit-elle pas biffée, cette ordonnance ? Dans un article[1] que le bureau de censure a laissé sans censure se trouvoit l'ordonnance du roi pour la convocation des conseils généraux.

La censure s'arroge aussi le droit de supprimer jusqu'aux actes du gouvernement; elle se permet encore d'altérer les détails judiciaires, comme on le verra dans l'instant.

Remarquons toutefois une chose : le *Moniteur* annonce bien que MM. de Silans et Lévêque ont été nommés en *remplacement* de MM. Caïx et Rio, mais il ne dit pas de MM. Caïx et Rio *démissionnaires;* de sorte que d'après le journal officiel on pourroit croire que ces deux honorables professeurs ont été *destitués*. On ne sait ce qu'on doit le plus admirer, ou de la justice que se rend la censure en essayant de cacher les sentiments qu'elle inspire, ou de l'obstination des ministres à laisser sur la victime qu'ils ont touchée la tache de leurs mains.

[1] *Journal des Débats.*

Il a fallu enfin avouer la retraite de M. de Broé et de M. Cuvier; ils ont été remplacés par MM. de Blair et Olivier [1]. M. de Broé avoit, dit-on, motivé son refus sur des raisons tirées de la pureté de la magistrature; M. Cuvier a senti que la science séparée de l'estime perd sa tranquillité naturelle : l'étude ne console que du malheur.

Quant à M. le marquis d'Herbouville, on avoit prétendu qu'il s'étoit retiré; il n'en est rien : nous nous empressons de réparer le tort que ce bruit a pu faire au noble pair.

On a demandé si le conseil de surveillance étoit rétribué. La pudeur publique a répondu négativement. La calomnie insiste; elle va jusqu'à prétendre que tel membre de ce conseil reçoit pour sa place nouvelle un traitement de 1,500 fr. par mois. Un démenti public sera sans doute donné à la calomnie. En effet, quelques membres du conseil de surveillance jouissent de plusieurs pensions à divers titres; il n'est pas probable qu'ils aient eu besoin de nouveaux secours : il y a d'ailleurs des places où le zèle suffit.

Dans la brochure qui sert de point de départ à celle-ci, j'ai prouvé que des pairs et des députés n'étoient pas aptes à remplir des fonctions de censeurs. J'aurois pu appuyer cette opinion de l'autorité même et du jugement de la Chambre des pairs.

Le 14 février 1820, fut apporté à cette Chambre

---

[1] Il paroit certain que cet honorable magistrat a aussi donné sa démission.

un projet de loi relatif aux journaux. Les articles V et VI de ce projet, qui devint loi après avoir éprouvé des amendements, étoient ainsi conçus :

« Article V. Une commission composée de trois « pairs et de trois députés nommés par le roi, sur « une liste double de candidats présentés par leur « Chambre respective, et de trois magistrats ina-« movibles, également nommés par le roi, choisira « et révoquera à volonté les censeurs.

« Article VI. Cette commission sera renouvelée « chaque session des Chambres : ses membres pour-« ront être indéfiniment renommés. »

L'article VIII accordoit à la commission le droit de suspendre provisoirement un journal, lorsque ce journal auroit publié un article non communiqué ou non approuvé.

L'article XI déclaroit que la censure cesseroit de plein droit d'avoir son effet au 1er janvier 1825.

On voit combien cette commission légale étoit supérieure de tous points à la commission de surveillance actuelle : c'étoient les Chambres, et non les ministres, qui devoient en présenter les candidats au choix du roi, sur une liste double. Cette commission devoit être renouvelée à chaque session des Chambres. La commission (et non le garde des sceaux, sous la protection du fameux *nous*, de l'ordonnance du 24 juin dernier), cette commission seule pouvoit suspendre un journal en contravention. Enfin cette loi d'exception avoit un terme fixe ; elle devoit expirer au 1er janvier 1825.

Eh bien ! malgré ces apparents avantages, la commission nommée par la Chambre des pairs pour faire un rapport sur le projet de loi proposa le rejet pur et simple de ce projet. Le rapporteur de la commission étoit M. le duc de La Rochefoucauld, cet homme des bonnes œuvres dont nous avons vu profaner les cendres. Voici comme il s'exprima sur les articles v et vi du projet de loi; du fond de son cercueil fracassé, ses paroles serviront encore les libertés de la patrie.

« Le projet de loi propose, il est vrai, la forma-
« tion d'une commission composée de pairs, de dé-
« putés, et de magistrats, pour surveiller la cen-
« sure. Cette pensée a le caractère de modération
« de la part du gouvernement; elle a sans doute
« pour intention de porter un remède à la censure
« et à l'influence ministérielle, tant redoutée en fait
« de censure, et à si juste titre; mais le bien qu'elle
« voudroit promettre n'est qu'illusoire. Qui pourra
« s'imaginer qu'une commission ainsi formée pas-
« sera des journées entières à recevoir et à vérifier
« les jugements des censeurs, à écouter les plaintes
« de trente journalistes plaidant pour l'insertion de
« l'intégrité de leurs articles? et si elle ne se livre pas
« à ces longs et fastidieux travaux, elle ne sera
« qu'un nom. Peut-être pourroit-elle, dans quelques
« cas, empêcher quelque grande injustice[1]; peut-
« être pourroit-elle, parfois, donner quelques con-
« seils généraux sur la manière d'exercer la censure.
« Mais le ministère de son côté n'auroit-il pas son

[1] Que n'oblige-t-elle aujourd'hui les censeurs à exécuter leur loi, à *censurer?*

« but à remplir, sa tendance à faire prévaloir ? Et,
« disons-le franchement, de quelque manière qu'une
« censure soit organisée, il est toujours à craindre
« qu'elle ne soit plus ou moins sous l'influence mi-
« nistérielle.

« Ce projet de commission est plus qu'illusoire
« et qu'incomplet, il est évidemment inconstitu-
« tionnel. Le projet de loi fait intervenir des pairs
« et des députés, pour leur donner une participa-
« tion active à l'exécution d'une loi, et pour leur
« faire exercer des fonctions au moins moralement
« responsables. Les Chambres elles-mêmes devroient
« nommer les pairs et les députés ; elles prendroient
« donc part à l'action du gouvernement quand nos
« principes constitutionnels s'opposent, dans l'in-
« térêt même du trône, à la confusion des pouvoirs.
« Cette commission seroit chargée de prononcer
« des peines graves, de suspendre des journaux, de
« les interdire même dans certains cas, de pronon-
« cer ainsi des jugements correctionnels frappant
« sur les biens et sur les personnes ; elle distrairoit
« ainsi les sujets de l'État de leurs juges naturels :
« elle est inadmissible [1]. »

Les pairs furent frappés de ces hautes considérations, et retranchèrent du projet de loi les articles 5 et 6. A plus forte raison la noble Chambre
se fût-elle récriée s'il eût été question d'une simple
commission de surveillance à la présentation des
ministres.

Le ministère n'insista pas : M. le baron Pasquier

[1] Séance des pairs, 23 février 1820.

déclara « qu'il savoit tout ce qu'on pouvoit dire sur « la création d'une commission spéciale pour l'exer- « cice et la juridiction de la censure; qu'il ne se « dissimuloit point la force des objections qu'on « avoit élevées contre son existence [1]. » Le projet de loi fut voté avec le notable amendement qui rejetoit les articles V et VI relatifs à l'établissement d'une commission de censure, et avec un amendement plus notable encore qui bornoit à la fin de la session de 1820 la durée de cette loi. Encore le projet amendé ne passa-t-il qu'à la majorité d'une voix.

Il est probable, d'après ces débats, que la même question sera agitée à l'ouverture de la session prochaine, et que messieurs les pairs, membres du conseil de surveillance, seront invités à ne plus faire partie à l'avenir d'une commission de censure. Si les fonctions de préfet ont paru incompatibles avec la dignité de la pairie, à plus forte raison les fonctions de censeur sont-elles une déchéance de cette dignité. La noblesse d'extraction peut dormir sans se perdre; celle de caractère ne peut sommeiller sans périr.

Étrange anomalie! dans la discussion du Code militaire à la Chambre haute, on a voulu soustraire les pairs portant les armes à la juridiction des conseils de guerre, tant la dignité de la pairie a semblé respectable! Et un pair pourroit être censeur!

---

[1] Séance des pairs, 28 février 1820. L'ordonnance qui fut faite pour l'exécution de cette loi établissoit (art. IX) un conseil de neuf *magistrats*, pour surveiller cette censure d'un *an* de durée, à l'exclusion des *pairs* et des *députés*.

On a soutenu qu'un conseil de surveillance placé hors des attributions de la police, composé de personnes graves et d'un rang élevé dans l'État, étoit une espèce de tribunal qui témoignoit de la considération que l'on avoit pour la liberté de la presse, et du désir de rassurer les amis de cette liberté.

Les faits ont mal répondu à cette déclaration. La censure s'est exercée d'une manière intolérable et contre les hommes, et contre les choses, en violation même de la loi qui la constitue. D'ailleurs, il est démontré qu'un conseil de surveillance de censure est une chose ou impossible ou illusoire.

Impossible : pour que le conseil de surveillance devînt réellement une magistrature, il faudroit que les membres en fussent inamovibles; or un tribunal inamovible, maître absolu de l'opinion, seroit le *vrai souverain*, il domineroit le roi et le peuple; l'article LXII de la Charte disparoîtroit; les citoyens distraits de leurs juges naturels, comme le remarquoit M. le duc de La Rochefoucauld, seroient traduits, sans appel, devant cette formidable magistrature de l'opinion, qui ne connoîtroit d'autre amovibilité que celle de la mort.

Le conseil de surveillance avec une autorité indépendante est donc impossible; il est illusoire si les membres en sont amovibles : ceux-ci, exposés aux violences et aux caresses du pouvoir, ne sont plus dans les mains de ce pouvoir qu'un instrument ministériel. Tout ou rien, trop ou trop peu, tel est le conseil de surveillance, selon qu'il est amovible ou inamovible.

Les pairs et les députés peuvent-ils être les exécuteurs des lois qu'ils votent et surtout des lois d'exception ? Des membres de la législature ravalés au rang de censeurs, eux qui, en jurant la Charte, ont nécessairement juré les libertés qu'elle renferme ! Pourroit-on concevoir que le magistrat qui plaide ou qui juge dans un procès pour délit de la presse devînt le *censeur* sous les yeux duquel seroient altérées le *soir* les paroles que lui ou le défendeur auroient prononcées le *matin* devant le tribunal ?

A ce propos je rappellerai ce qui s'est passé dans l'affaire de M. de Kératry. M. Alexis de Jussieu, dans une brochure écrite d'un ton ferme, raconte le fait de la manière suivante :

« Aujourd'hui même, au moment de livrer cet
« écrit à l'impression, j'apprends que la censure
« vient de supprimer quelques lignes dans la dé-
« fense de M. de Kératry. » Ce sont celles-ci (il s'agissoit du magistrat censeur, M. de Broë) :

« *Pourquoi même ne pas croire qu'à l'exemple d'un savant célèbre en Europe, et de deux estimables professeurs d'histoire, il aura compris que faire taire n'est pas répondre, et qu'attenter aux droits d'une nation, c'est en démériter ?* »

La censure viole ainsi l'article LXIV de la Charte qui dit : « Les débats sont publics en matière criminelle, » et elle viole cet article dans l'intérêt de sa propre cause. Si la censure est bonne et honorable, pourquoi tant de précautions afin de cacher que quelques individus ont refusé des places de censeurs ?

La censure crée une société factice, substitue la fiction à la réalité. La magistrature, maintenant les franchises nationales, aquitte sans blâme et sans dépens M. de Kératry; elle établit par son arrêt qu'il n'y a rien de répréhensible, rien de contraire aux lois dans le passage incriminé; elle permet devant elle un développement de principe, une plaidoirie grave en faveur de la liberté de la presse, en réprobation des hommes qui ont asservi cette liberté.

Supposez à présent que le passage dénoncé, que la plaidoirie de M. de Kératry et de son défenseur fussent de simples articles envoyés par *le Courrier françois* à la censure; la censure en laisseroit-elle passer deux lignes? Où se trouve donc le véritable esprit de la France? Est-il représenté par des juges inamovibles, assis sur les fleurs de lis, en présence du public assemblé, ou par des censeurs amovibles, assis sur les escabelles de M. de Corbière, dans un abattoir où l'on assomme à huis clos l'opinion [1] ?

Au reste, il paroît évident que six censeurs ne peuvent suffire à l'exécution de tant de journaux :

[1] La censure vient de commettre une nouvelle prévarication du genre de celle dont nous nous plaignons en ce moment même. *Le Constitutionnel* et *le Courrier* étoient en appel à la Cour royale d'un jugement rendu contre eux en première instance. La cause d'un de ces journaux étoit défendue par M. Dupin. Son plaidoyer révéloit tous les méfaits de la censure; la censure n'a pas permis, même aux journaux intéressés, de publier la défense de leur avocat.

La censure ne tient aucun compte de la Charte; mais la Charte fera bientôt raison de la censure.

aussi donne-t-on pour certain qu'au-dessous de ces hommes se trouvent au pied de l'échelle des aides d'office. Si ces faits sont exacts, nous aurions à la fois la censure publique et la censure secrète : on ne peut réunir plus d'éclat à plus de modestie.

Les poids et les mesures varient selon les journaux et selon l'humeur de messieurs de la censure. Ainsi le *Journal des Débats* a vu mutiler un article qui proposoit M. Delalot aux électeurs d'Angoulême, et il a été permis au *Constitutionnel* de louer et d'offrir M. Chauvelin aux mêmes électeurs : petite ruse facile à pénétrer. Les agents du pouvoir veulent avoir quelque chose à dire à la tribune en faveur et en défense de leur censure ; ils permettent en certains cas un peu de liberté, afin de tuer plus sûrement un jour la liberté. Quelques phrases tolérées sont des arguments ministériels en réserve, et non des franchises laissées au public. Quand on aura obtenu la censure pour un quart de siècle ou pour un demi-siècle, on ne fera pas tant de compliments, et l'on resserrera la muselière.

Heureusement les journaux ministériels sont naïfs ; au lieu de dissimuler la pensée de leurs maîtres, ils la dévoilent.

Si vous ne voulez pas croire à la liberté de la presse sous la censure, voyez, nous disent-ils, tel journal citant des passages des journaux anglois pour et contre M. Canning, tel autre s'expliquant sur le Brésil ; tel autre parlant des fêtes données à MM. Bourdeau et Gautier, députés de l'opposition.

Le *Moniteur* et les journaux de préfectures éclatent en mêmes jubilations : nous pouvons être sûrs qu'on nous répètera mot pour mot à la tribune les raisonnements des gazettes stipendiées. On aura beau dire que les journaux indépendants ont expliqué leurs pensées, qu'ils ont protesté contre la censure; leur protestation tournera contre eux, comme une preuve de plus de leur *liberté;* c'est même la raison pour laquelle on leur permet de protester. En définitive, puisqu'on proscrit des noms et des ouvrages, puisqu'on interdit les *blancs*, puisqu'on veut le martyre sans stigmates, la prétendue tolérance de la censure n'est qu'un piége et une jonglerie.

Ce que cette censure désire surtout, c'est que l'on ferraille avec elle, que l'on parle de principes, de liberté, de constitution, de Charte. Elle dit avec un touchant intérêt aux journaux qui se sont retranchés dans la littérature : « Vous vous faites tort; « vous ennuierez vos lecteurs; vous perdrez vos « abonnés. Qui vous empêche de publier de vigou- « reux articles de doctrine? Nous vous les passerons « tous sans en retrancher une seule ligne. »

Que ces messieurs sont bons! *Allons! ferme!* soutenons une thèse sur la liberté, mais cachons bien nos mains, de peur qu'on ne voie les petits anneaux des gendarmes. Les maîtres ès-jeux de la censure nous distribueront des couronnes, et les Pindares de la police célèbreront nos victoires.

En politique extérieure la censure ne nous fait connoître que ce qui convient à l'autorité : elle ne permet pas surtout que l'on traduise les articles des gazettes angloises, où elle est traitée comme elle le mérite, mais avec des outrages à notre patrie. Ministres, rendez-nous compte de l'honneur françois !

Que reste-t-il à la presse périodique pour organe *libre* de l'opinion ? les journaux ministériels, qui sans doute ont leur franc-parler : à la vérité ils sont réduits à deux ; car le ministérialisme est une fièvre jaune dont meurent tour à tour les gazettes qui en sont attaquées. Ces deux journaux donnent à leurs maîtres des éloges qui doivent les embarrasser. Dernièrement un ministre n'étoit rien moins que *Fabius cunctator,* à l'arme ardente, à la décision froide, se préparant à fondre du haut de la montagne sur les soldats d'Annibal. Comme il n'étoit question dans tout cela que de finances, on se demandoit si la montagne étoit l'hôtel Rivoli, la Bourse le Capitole, la rue Notre-Dame-des-Victoires le champ de bataille, et quelque banquier le général carthaginois. De terribles défis que personne n'accepte, des monologues que personne ne lit, sont consignés le matin dans une des gazettes de l'autorité, et répétés le soir par l'autre. On n'oseroit peut-être pas avouer les principaux écrivains de ces gazettes, jadis rédacteurs des *Correspondances privées* où le prince, aujourd'hui roi, étoit chaque jour insulté. Voilà les soutiens du trône, les interprètes des doctrines du ministère !

En politique intérieure, la censure interdit ce qui blesseroit les projets et les intérêts de sa coterie. Elle sépare les citoyens des lois, les rend étrangers à leur gouvernement, les prive de l'instruction nécessaire à l'exercice de leurs droits, devient une espèce de rouille qui empêche le jeu de la machine, ou plutôt qui ne laisse tourner que les rouages du pouvoir.

Les censeurs, si dangereux, comme on le voit, en politique, deviennent des critiques en littérature : ils ont leurs coteries, leurs haines, leurs amours; ils coupent et tranchent à leur gré, permettent ou refusent d'annoncer les nouveaux et les anciens écrits, effacent certains noms, biffent les éloges de certains ouvrages : ils interdiroient le feu et l'eau à Racine, et accorderoient le droit de cité à Cotin. Peut-on espérer autre chose, lorsqu'on donne à la médiocrité tout pouvoir sur le génie, à l'obscurité toute autorité sur la gloire? Si vous introduisiez l'envie et la sottise dans le temple de la renommée, n'en briseroient-elles pas les statues?

Les nouveaux censeurs empruntent à l'administration supérieure l'urbanité qui la distingue. Les journaux politiques n'ont qu'une heure (de sept à huit heures du soir) pour être marqués et fouettés. Avant sept heures il n'y a personne au bureau; après huit heures on n'admet plus rien à la censure du jour : c'est le cercle de Popilius pour l'opinion. Il semble pourtant que des commis à 6,000 francs de gages pourroient traiter un peu plus poliment le public qui les paie, à la vérité bien malgré lui. Des feuilles périodiques, dont le tirage est considérable, sont cruellement embarrassées lorsqu'on n'a qu'un moment pour remanier une composition mutilée. La haine de l'intelligence humaine et le mépris des lettres se devroient mieux masquer.

On raconte que des fiacres et des gendarmes viennent tous les soirs chercher les censeurs et les reconduisent chez eux : on pense que les gendarmes sont là en guise de gardes d'honneur [1].

Une partie des travaux de la censure a lieu après le coucher du soleil ; il y a des ouvrages qui ne se font que de nuit. Cela se passe pourtant assez loin de M. le ministre de l'intérieur pour que son sommeil n'en soit point troublé.

Voyons maintenant dans quel état la presse périodique demeure lorsque les censeurs, ayant achevé leur besogne, ordonnent de *laisser passer leur justice*.

Un étranger a quitté la France depuis une vingtaine de jours ; par un hasard quelconque il a ignoré l'imposition de la censure, et il est revenu hier à Paris.

A son départ de cette capitale, il avoit lu dans les feuilles indépendantes des articles politiques et littéraires sur les sujets les plus dignes d'occuper l'esprit humain. Accoutumé à ce mouvement de la pensée qui annonce les progrès d'un peuple dans la carrière de la raison et de la liberté, il demande les journaux du matin, il les ouvre avec empressement ; il court à ce que les Anglois appellent le *leading article*, l'article principal. Il voit écrit en grosses lettres, dans une feuille, ce titre : LA GIRAFE ;

[1] M. A. de Jussieu.

une autre feuille contient une annonce de *chien perdu;* une troisième parle d'une scène de *Bobèche* ou d'une *danse de singes;* une quatrième raconte la pêche d'un *énorme esturgeon.*

Notre voyageur cherche en vain dans les matières littéraires les noms qu'il avoit coutume d'y trouver; les ouvrages importants dont on lui donnoit l'analyse, tout a disparu. Il se frotte les yeux; il ne sait s'il rêve; il se demande si la France n'a pas été frappée tout à coup d'une paralysie à la suite de laquelle elle seroit tombée en enfance. Il ne se peut figurer que ce soit là la nation qu'il avoit laissée si saine, si grande, si spirituelle, et qu'il retrouve si cacochyme, si petite, si idiote.

Telle est pourtant, dans l'exacte vérité, la dégradation subite où nous a plongés la censure. Un peuple peut-il consentir long-temps à cet amoindrissement forcé, à cet abandon de toutes ses facultés morales et intellectuelles? S'imagine-t-on que l'on peut passer sans transition des mâles travaux de l'homme aux occupations puériles de l'enfant, des jouissances de la liberté aux plaisirs de l'esclavage, et du spectacle de la gloire aux gambades de Fagotin?

C'est tenter l'impossible; il seroit plus aisé de nous ramener au mode de la régence que de réduire nos esprits à la mesure des censeurs.

Aussi les effets de la censure ne sont pas moins effrayants qu'ils ne sont inévitables; le dégoût, le mépris, la haine, s'augmentent au fond de tous les cœurs pour un système d'administration qui ex-

ploite au profit de quelques hommes quarante années de révolutions, de victoires et de malheurs.
On se demande si c'est pour arriver à l'ovation de tels et tels ministres que la république a brisé le trône et élevé l'échafaud de Louis XVI, que la Vendée a versé son sang, que Buonaparte a vaincu l'Europe, que Louis XVIII a donné la Charte? Sommes-nous punis par où nous avons péché? Devons-nous expier l'extrême grandeur par l'extrême petitesse?

Des nains ministériels, montés sur les débris de nos libertés, ont osé attacher un bandeau sur les yeux de la France, imitant la gloire, qui seule étoit de taille à atteindre le front de la fille aînée de l'Europe. Prétendent-ils tuer cette France quand elle ne les verra plus? Mais ne pourroit-elle pas étendre son bras dans l'ombre? Malheur à ceux sur qui s'abaisseroit sa main!

Chaque jour on nous effraie du bruit de quelques projets sinistres. Les ministres, nous dit-on, n'en resteront pas là : enivrés de la victoire remportée sur Paris par le licenciement de la garde nationale, sur la France entière par la censure, ils songent à de nouveaux triomphes. Leurs créatures sollicitent une nombreuse nomination de pairs, pour obtenir, si elles le peuvent, des mesures selon leurs vœux; elles méditent une nouvelle circonscription des tribunaux, afin de dompter l'esprit indépendant de la magistrature; elles parlent d'une loi de censure perpétuelle, d'une loi d'élections plus flexible, d'une suspension de la Charte, etc., etc.

De quoi les ennemis du roi et de la patrie ne parlent-ils pas! Mais ils comptent sans le temps, sans les événements, sans la force du siècle, sans l'esprit des peuples. Ne confondons pas le génie qui rêve avec la médiocrité qui extravague : quelques idées vieillies, cantonnées dans des têtes étroites et usées, peuvent-elles régir une nation où les lumières sont entrées de toutes parts? Une garnison d'invalides, retranchée dans un donjon délabré, fait-elle la loi aux assiégeants, lorsque la place est prise et le pays occupé?

La France avoit montré une joie extrême du retrait du projet de loi contre la presse; si elle ne pouvoit supporter ce projet, même en pensée, est-ce pour la satisfaire qu'on lui impose la censure? Est-il sage, est-il politique de narguer ainsi, de fouler aux pieds l'opinion?

Après cinq années de possession de la liberté de la presse, cette liberté n'est plus pour la France un simple principe abstrait, c'est un fait pratique qu'il n'est donné à personne de détruire. La censure, loin de calmer les esprits, n'a fait que les irriter : elles les a confirmés dans l'idée que les ministres cherchoient à ravir à la France les institutions que leur a octroyées Louis XVIII.

Dans l'ancienne monarchie, le pouvoir n'avoit pas en lui-même son principe modérateur; il ne rencontroit de résistance que dans ses limites; clergé, noblesse, états provinciaux, droits et priviléges municipaux, lui faisoient obstacle.

Dans la monarchie nouvelle, le pouvoir n'a point

de bornes; mais il est retenu par un principe renfermé dans son propre sein, *la publicité*. Détruisez celle-ci, il ne reste qu'un despotisme orageux. « La « monarchie légitime, a dit un esprit profond, la « monarchie légitime si nécessaire à la France, cette « monarchie qui est à nous aussi bien qu'à nos ad- « versaires, seroit amenée par leur imprudence au « seul risque véritable qu'elle ait à courir, celui « d'être regardée comme incompatible avec les li- « bertés qu'elle a promises [1]. »

Ces libertés ont pénétré nos institutions et nos mœurs : attaquer la plus précieuse de toutes, c'est blesser nos intérêts essentiels. Ajoutons que la censure, telle qu'elle existe aujourd'hui, est absurde, parce qu'elle est impuissante.

Lorsqu'à côté d'une presse esclave il existe une presse libre, et que celle-ci raconte ce que l'autre est obligée de taire, le pouvoir tombe dans la désaffection et dans l'impopularité, sans arriver au but qu'il se propose : il se donne à la fois les embarras de la liberté de la presse et les inconvénients de la censure.

Nous avons maintenant les chansons et les noëls satiriques de la vieille monarchie, et les brochures politiques de la monarchie nouvelle. Avant un mois le public commencera à connoître ces brochures; elles seront d'autant plus lues, demandées, recherchées, que la presse périodique est moins indépendante.

---

[1] M. Royer-Collard, séance du 22 janvier 1822.

Lorsqu'un écrit a la faculté de paroître sous le régime de la loi, que l'auteur de cet écrit ne peut pas être arrêté, jugé et fusillé dans vingt-quatre heures, une petite violence administrative à la publicité est une bouderie à laquelle ne se laissera jamais aller un véritable homme d'État. La censure, glaive tranchant de l'arbitraire, s'émousse aux mains de l'autorité légale : il ne coupe pas, il meurtrit ; l'arme de la légitimité est la liberté de la presse.

La légitimité revint de l'exil nue et dépouillée : elle réclama la puissance en offrant la liberté; l'échange fut accepté avec transport. De mâle en mâle, par une succession non interrompue, on arrivoit de Robert-le-Fort à Louis XVIII : les fils de ceux qui fondèrent la monarchie, et qui gardèrent le passé pendant mille ans, demandoient à garder l'avenir. Ce miracle d'antiquité étoit une grandeur qu'on ne pouvoit méconnoître : les François se soumirent à l'autorité de leur roi, comme à l'autorité de leur histoire.

Le souverain eut donc en partage le pouvoir, et le peuple la liberté. Les deux parties, satisfaites l'une de l'autre, sont sincères et loyales; mais entre elles se sont glissées de petites gens qui cherchent à brouiller. Elles ont réussi jusqu'à un certain point; on s'en étonne, et l'on a tort.

La médiocrité individuelle n'est pas forte par ce qu'elle est en elle-même, mais par le corps nombreux des médiocrités qu'elle représente. Plus l'homme en pouvoir est petit, plus il convient à toutes les petitesses : il donne à la foule l'espérance de réussir; les courtisans le préfèrent, parce qu'ils peuvent dédaigner sa première condition; les rois le conservent comme une preuve de leur toute-puissance. Non-seulement la médiocrité parvenue a tous ces avantages, mais elle a encore un bien plus grand mérite; elle exclut du pouvoir la capacité. Ce député des infirmes aux affaires caresse deux passions du cœur humain : l'ambition du vulgaire, et l'envie de tous.

Mais enfin cela n'a qu'un temps, et un temps fort court dans la forme de nos institutions; elles ramèneront les vraies supériorités, ou bien il faudroit tenter des coups d'État, qui viendroient échouer contre le refus de l'impôt.

Si nous voulons remporter la victoire, agissons toujours de concert, et soyons attentifs aux manœuvres des ennemis de nos libertés. C'est principalement des élections prochaines que nous devons attendre notre salut. Les élections partielles qui ont eu lieu dernièrement n'ont laissé passer qu'un seul candidat de l'autorité. M. Delalot vient d'être nommé à Angoulême, à la haute satisfaction des royalistes constitutionnels et au mortel déplaisir de leurs adversaires; ce qui prouve, ce que l'on savoit depuis long-temps, que la censure est un mauvais moyen d'obtenir aux élections des votes ministériels. Mais prenons garde à une chose.

La dernière loi sur le jury est excellente : faite de sorte à empêcher, dans l'avenir, les fraudes électorales, elle pourroit cependant avoir dans ce moment le plus grand danger, si la France étoit surprise par une dissolution subite de la Chambre des députés, après le 1er octobre prochain.

On commence à exécuter cette loi; les listes où les citoyens iront s'enregistrer seront closes le 1er octobre de cette année. Il est naturel que toutes les créatures, que tous les agents du ministère soient portés immédiatement sur ces listes.

Malheureusement l'institution du jury n'est pas encore bien entrée dans nos mœurs; il est probable que dans les départements on se montrera tiède à placer son nom sur le rôle des jurés; on croira qu'il sera toujours temps d'en venir là; on ne se souviendra pas qu'en négligeant de se faire inscrire on perd ses droits d'électeur. Souvenons-nous bien que LES LISTES DU JURY SONT LES LISTES ÉLECTORALES. Personne ne viendra vous en avertir dans votre domicile; les autorités ne diront rien; les journaux, sous le joug de la censure, se tairont; le 1er octobre arrivera. Si la Chambre des députés est dissoute, alors que fera-t-on? on courra aux colléges électoraux : inutile empressement! on n'est point inscrit sur la liste du jury, on a perdu ses droits d'électeur! On réclamera : les réclamations seront accueillies *pour l'année* 1828. Tout sera parfaitement légal; il n'y aura pas lieu à la plus petite plainte; mais, comme les initiés le disent déjà trivialement en se frottant les mains, *on aura manqué le coche;* une Chambre des députés sera élue pour *sept ans.* Les ministres, riant des dupes et de la véritable opinion de la France, recueilleront le fruit de la censure.

Je recommande ceci à l'attention la plus sérieuse des citoyens : qu'ils se hâtent de se faire inscrire sur la liste du jury avant le 1er octobre; il y va de leurs droits électoraux, il y va de la prospérité et de la liberté de la France. Je répèterai plusieurs fois cet avertissement, et tous les écrivains amis de leur pays se feront un devoir de le rappeler.

Il est déplorable d'en être à ces craintes de surprise, d'avoir sans cesse à se défier, à se défendre du pouvoir administratif comme d'un ennemi, de ce pouvoir qui devroit être le premier à instruire les citoyens, à les inviter à l'exercice de leurs droits. Malheureusement les défiances ne sont que trop justifiées par les anciennes tromperies électorales, par tout ce que l'on a fait pour acheter d'abord l'opinion, et ensuite pour l'étouffer. Serrons nos rangs, oublions nos petites dissidences. Ne nous laissons pas décourager parce que le temps nous semble long. On a sans cesse à la bouche cette phrase banale : Il y a bien loin d'ici à telle époque! Bien loin? Et la vie, combien dure-t-elle?

Charles X entendra nos plaintes : c'est de lui surtout que viendra notre salut. Si sa piété est vive, elle est éclairée; elle ne lui a point été donnée en diminution de ses vertus; il ne se met point humblement à genoux au pied des autels, pour marcher ensuite avec orgueil sur la tête de ses sujets; il n'est pas de ces princes qui se croient le droit de frapper leurs peuples, quand ils se sont frappé la

9.

poitrine. Il descend de ce Louis IX qui disoit :
« J'aimerois mieux que *le peuple de mon royaume fust gouverné bien et loyaument par un Écossoys venu d'Écosse*, ou *par quelque loingtain estrangier, que par un roy de France qui ne fust pas aymé de son peuple et qui gouvernast mal à point et en reproches.* »

Vrais sentiments d'un roi, d'un saint et d'un grand homme !

POST-SCRIPTUM.

Des journaux nous donnent le traité conclu, disent-ils, entre la France, l'Angleterre et la Russie, pour la pacification de la Grèce. Ces négociations, commencées sous mon ministère, me paroîtroient dans ce cas avoir eu une triste fin. Il seroit difficile de comprendre que les Ottomans, vainqueurs presque partout, abandonnassent les forteresses qu'on leur a laissé prendre, livrassent toutes les propriétés turques à des rayas rebelles, et que les Grecs de leur côté reconnussent le sultan comme leur *seigneur suzerain*, lui payassent un *tribut annuel*, et consentissent à laisser à la Porte une *voix déterminante dans la nomination des autorités qu'ils se choisiront.*

Je disois dans ma note sur la Grèce qu'il étoit déjà trop tard, il y a deux ans, de demander pour celle-ci une sorte d'existence semblable à celle de la Valachie et de la Moldavie, les Grecs paroissant être au moment de chasser les Turcs ou d'être exterminés par eux.

Je remarquois toutefois qu'il étoit encore possible de délivrer les Hellènes sans troubler le monde, sans se diviser, sans mettre même en danger l'existence de la Turquie, par une seule dépêche collective souscrite des grandes puissances de l'Europe : ce sont là, ajoutois-je, de ces pièces diplomatiques qu'on aimeroit à signer de son sang.

On en est venu à cette résolution : mais quand ? Quand des flots de sang ont été versés, lorsque les Turcs sont rentrés dans les ruines d'Athènes, et que la torche de Mahomet, plantée dans les débris des monuments de Phidias, semble éclairer les dernières funérailles de la Grèce.

La France qui devoit prendre l'initiative dans cette question ; la France qui auroit pu avoir dans ce moment vingt-cinq mille volontaires en Morée, a été placée, par la foiblesse des ministres, à la suite des autres puissances. Les peuples ont traîné les gouvernements à la remorque dans une affaire où la religion, l'humanité et les intérêts matériels bien entendus réclamoient l'intervention de ces gouvernements.

On a déclamé contre les comités philhellènes, mais en quêtant du pain, ils ont nourri des veuves, des orphelins, une poignée de héros, et laissé le temps à la chrétienté de rougir.

La Russie vouloit agir : qui l'a arrêtée ? S'il est juste de secourir aujourd'hui les Grecs, eût-il été injuste de les secourir il y a quatre ans ? S'étoit-on flatté qu'ils seroient anéantis ? Ils ont malencontreusement résisté au-delà de l'espérance. Maintenant leur renommée embarrasse : qu'en faire ? Ne pourroit-on pas les en punir, en les rejetant sous la suzeraineté des Turcs ? On n'a pas pu leur ôter la vie ; ôtons-leur la gloire : ce sera toujours se venger de la liberté. Si la Porte n'accepte pas une médiation proposée avec tant de ménagements et des paroles si modestes, combien de temps encore les massacres dureront-ils, puisque le traité ne porte pas une condition expresse d'armistice? Pendant les échanges de notes diplomatiques, les Turcs continueront-ils à égorger les Grecs sous les yeux des médiateurs?

Si vous regardez ces Grecs comme des sujets rebelles, pourquoi vous occupez-vous d'eux ? Si vous les considérez comme un peuple qui mérite d'être libre, quel droit avez-vous de fixer les conditions de sa liberté ou plutôt de prolonger véritablement son esclavage ? Laissez-le mourir : la postérité lui rendra les derniers honneurs ; il n'a pas besoin que votre pitié de parade et votre admiration dérisoire viennent promener vos pavillons en deuil sur les mers qu'il illustra, et tirer des coups de canon à poudre sur sa tombe.

Si les Grecs, comme ils l'ont décrété, érigent une monarchie constitutionnelle et se choisissent un prince étranger, c'est donc le Grand-Turc qui, avec sa voix déterminante, nommera ce roi vassal?

Si les Grecs n'acceptent pas les chefs désignés par la Porte, qui décidera la question ? Les puissances médiatrices, réunies en conseil de censure, prendront-elles à tout moment les armes ?

Il falloit éviter des détails où l'on a tout réglé sans consulter les parties contendantes. On devoit, selon moi, se contenter de dire : « La guerre ces- « sera à l'instant : nous l'exigeons dans l'intérêt de « la religion et de l'humanité, dans l'intérêt de nos « sujets et du commerce. Nous reconnoissons l'in- « dépendance de la Grèce, et nous offrons notre « médiation pour les arrangements qui seront la « suite de cette reconnoissance. »

L'Angleterre a reconnu l'indépendance des colonies espagnoles, la France l'indépendance d'une république de noirs, et l'on en est à parler d'un *rapprochement éventuel* avec les Grecs! La France et l'Angleterre ne soutiendroient-elles des principes généreux que lorsqu'elles n'ont à craindre aucune résistance! Les Turcs sont-ils si formidables? Il suffit que nos gens d'État se mêlent de quelque chose pour que tout avorte : leur administration pauvrette n'amène rien à terme.

Si de tant de désastres on sauve quelques familles, on devra sans doute s'en réjouir; mais qu'on ne vienne pas réclamer, au nom d'une mesure incomplète et tardive, une popularité qu'on n'a pas méritée. Faut-il croire à un article secret devenu un article public? Dans tous les cas, cet article n'engageroit pas beaucoup les puissances; car il y est dit qu'on établiroit avec les Grecs des relations commerciales, *aussi long-temps qu'il existera parmi eux des autorités en état de maintenir de telles relations.*

Or, n'est-il pas évident qu'on pourra toujours

déclarer aux Grecs qu'on désiroit établir avec eux des relations, mais *qu'ils ne sont pas en état de les maintenir?* Cette grande négociation finiroit ainsi par une misérable moquerie. En tout, le ton du traité, si ce traité est authentique, est timide, vague, embrouillé, sans franchise, très peu digne du langage de trois grandes puissances de l'Europe. On y sent l'amour des Turcs, les défiances de l'Autriche, la peur de la guerre, la mercantille de la cité de Londres, et l'agiotage de la Bourse de Paris : on ne peut échapper au 3 pour 100.

DERNIER AVIS
AUX ÉLECTEURS[1].

Paris, le 5 septembre 1827.

Il n'y a qu'une chose qui doive fixer dans ce moment l'attention publique ; qu'une chose dont nous puissions entretenir nos lecteurs : la formation des listes pour le jury. Ces listes, on le sait, sont aussi les listes électorales : quiconque négligeroit de s'y faire inscrire avant le 30 de ce mois perdroit son droit d'électeur pendant une année. Si une élection générale avoit lieu dans le cours de cette année, le mauvais citoyen, car il faut trancher le mot, qui se seroit tenu à l'écart, deviendroit coupable de tout ce qu'une Chambre des députés, dévouée à l'administration du jour, pourroit faire de mal à la France.

Remarquez que vous avez contre vous deux chances de dissolution, à deux époques différentes. Une fois close le 30 septembre, la liste du jury est valable pour un an ; le ministère peut déterminer

---

[1] Mon tour de tenir la plume n'étoit pas revenu. Prévenu trop tard que j'aurois à remplacer momentanément un homme de talent et de mérite, il m'a fallu dicter, revoir et livrer cette brochure à l'impression dans quelques heures. Au reste, il ne s'agit ici ni de l'écrit ni de l'écrivain ; il s'agit de remplir un devoir : *Faites-vous inscrire sur les listes du jury;* voilà tout ce que j'avois à dire, et ce sera toujours bien dit.

la couronne à dissoudre la Chambre des députés avant la session prochaine ou après cette session ; que l'élection précède seulement de quelques jours le 1er octobre 1828, c'est la liste arrêtée le 30 septembre 1827 qui servira. De sorte que, s'il plaît au ministère de faire encore une campagne avec la Chambre actuelle des députés, il le peut, réservant sa *bonne* liste (si elle étoit bonne à ses fins) pour des élections qu'il placeroit au mois d'août ou de septembre 1828; il gagneroit ainsi une année d'existence; il ajouteroit l'année qui va s'écouler aux sept années qu'il se donneroit ensuite. Y a-t-il en France un seul homme, autre qu'un serviteur extrêmement humble, à qui l'arrangement puisse convenir? Encore huit années de la chose ministérielle! c'est un peu long. Voilà néanmoins ce qui arriveroit si les électeurs non serviles renonçoient à se présenter à leur préfecture avant le 30 septembre. Et qu'ils se dépêchent, car nous sommes au cinquième jour de ce mois fatal.

Déjà dans les bureaux on se réjouit des retards d'inscription; on se vante que, ces retards continuant, les quatre cinquièmes, ou tout au moins les trois cinquièmes des voix seront acquis à l'autorité. On va jusqu'à marquer le nombre des membres dont l'opposition future seroit composée : soixante députés de la minorité de gauche, huit députés de la minorité de droite, c'est tout ce que le ministère accorde *aux besoins de l'opposition.*

L'outrecuidance ministérielle est connue; elle a souvent annoncé des succès qu'elle n'a point obtenus. Elle se disoit sûre de faire repousser M. Delalot à l'élection d'Angoulême, et M. Delalot a été nommé. (Il en a été ainsi de quelques autres élections partielles.) Elle se regardoit comme certaine du vote de plusieurs lois, et ces lois ont été rejetées ou refaites. Nous croyons même, et nous avons nos raisons pour cela, que dans les voix que le ministère s'attribue déjà sur les listes du jury, il aura de grands mécomptes. Ne nous effrayons donc pas des vanteries, mais qu'elles nous servent d'admonition : souvenons-nous qu'un seul suffrage peut décider de la nomination d'un député, et la boule de ce député, du sort d'une loi ou d'un ministère.

Mais si le ministère a l'intention de procéder à des élections, comment se fait-il qu'il soit le premier à solliciter l'inscription sur les listes ? Voyez les avertissements des préfets, les articles de journaux : n'est-il pas évident que la censure ne laisseroit pas passer ces articles, s'ils contrarioient les plans des hommes du pouvoir ? Il est donc clair que ces hommes ne veulent pas renouveler la Chambre des députés, ou qu'ils désirent que l'élection soit sincère, que les opinions soient libres.

Nous aimerions à donner ces éloges au ministère; mais il a trop appris à la France à le juger autrement. Il diroit aujourd'hui la vérité qu'on ne le croiroit pas : c'est peut-être ce qu'il y a de plus déplorable dans sa position, pour lui-même et pour le pays.

La défiance est poussée au point que nous avons vu des électeurs, au moment de commencer les démarches nécessaires, reculer devant l'invitation des autorités. « On nous presse, c'est pour nous « prendre dans un piége que nous ne voyons pas. « Le ministère n'a pas envie que nous votions con- « tre lui; or il nous appelle, donc il nous trahit. » On ne pouvoit les tirer de ce raisonnement.

Il est aisé d'expliquer la contradiction apparente entre ce qui peut être le vœu secret de l'administration et le langage public des autorités et des journaux censurés.

Les raisons de *principe* agissent peu sur les hommes; il n'y a que les raisons de *fait* qui frappent et qui soient entendues. Ainsi, quand vous crieriez du matin au soir : « Rien n'est si beau que « la fonction de juré, rien de si admirable que le « pouvoir électoral ! Si vous vous exposez à le « perdre, vous vous montrerez indigne du gouver- « nement représentatif et de la liberté constitu- « tionnelle : indépendant, vous renoncerez à votre « indépendance; royaliste, vous méconnoîtrez le « bienfait de la Charte octroyée par le roi votre « maître. Sortez de votre apathie, et assurez votre « double droit d'électeur-juré. »

Ce langage est fort convenable; mais déterminera-t-il à s'inscrire vingt électeurs de ceux qui ne s'inscrivent pas naturellement ? nous ne le pensons pas. Il n'y a donc aucun danger pour l'administration à laisser proclamer ces théories; elle sait très bien que ce n'est pas avec de la métaphysique politique qu'on fait mouvoir les électeurs; elle se donne ainsi, à bon marché, un air de candeur;

ses partisans viendront vous dire à la tribune, en apologie de la censure, et après des réélections favorables pour eux : « Cette Chambre nouvelle où « le ministère a une majorité acquise, démontre « que l'opinion réelle de la France est tout en fa- « veur du système que l'on suit. Soutiendrez-vous « que l'on a agi déloyalement, que l'on a écarté des « colléges électoraux nos adversaires? loin de là, « on les a appelés de toutes parts; les préfets les « ont instruits de ce qu'ils avoient à faire. Quelle « opinion a été enchaînée? Le journal royaliste n'a- « t-il pas désigné le candidat royaliste; le journal « libéral, le candidat libéral? »

Et l'orateur, en prononçant ces paroles, auroit sous sa main une liasse de journaux censurés et d'arrêtés de préfets, et, comme dans *les Plaideurs, il en montreroit les pièces;* et Perrin Dandin, réélu, diroit avec attendrissement : *Vraiment il plaide bien!*

Voulez-vous savoir si tout cela est franchise? sortez des théories, venez au fait; dites aux électeurs qu'ils doivent se faire inscrire pour mettre un terme au système ministériel; pour prévenir le retour de ces projets de lois qui désolent et irritent la France; pour empêcher la perpétuité de la censure et la détérioration de la pairie; pour renvoyer les receveurs généraux dans leurs départements, et dissoudre un syndicat dangereux; pour rendre la caisse d'amortissement à sa destination primitive; pour cesser d'être humiliés par des pirates dont nous bloquons inutilement les ports; pour que le commerce refleurisse ; pour que des injustices soient réparées : voilà ce que tout le monde comprendra ; voilà ce qui amènera la foule aux listes de jurés ; mais voilà aussi ce que la censure ne vous permettra pas d'écrire dans les journaux ; voilà ce dont les préfets n'auront garde de vous instruire ; voilà ce qui prouve que la sincérité de l'appel ministériel aux életeurs est une déception de plus.

Dans un pays où l'administration ne se separeroit pas du peuple, ne regarderoit pas l'opinion publique comme une ennemie, tout se passeroit dans l'ordre ; au lieu de chercher à profiter des difficultés et des lacunes qui peuvent exister dans une loi, au lieu de s'en tenir rigoureusement à la lettre de cette loi, une autorité paternelle attendroit avec patience les citoyens et leur aplaniroit les voies.

La loi actuelle sur le jury a oublié de commander aux autorités locales de délivrer un récépissé des pièces qu'on doit leur fournir. Comment prouvera-t-on que ces pièces ont été remises en temps utile, si par hasard elles s'égaroient dans les bureaux, ou s'il convenoit à quelque Séide ministériel de nier les avoir reçues ?

Des électeurs arrivent de la campagne ; ils ont fait plusieurs lieues afin de remplir le vœu de la loi. L'heure est trop avancée ; les bureaux ne sont plus ouverts : ces électeurs pourront-ils revenir ?

Les percepteurs des impositions des communes rurales ne manquent pas de prétextes pour retarder quelquefois la remise des extraits qu'on leur demande.

L'article III de l'ordonnance de 1820 veut que tous les dix jours, pendant que les listes électorales restent affichées, les préfets fassent publier un relevé des noms ajoutés ou retranchés. Les électeurs-jurés jouiront-ils du bénéfice de cette ordonnance?

Puis viennent les dégrèvements, les chicanes sur les pièces produites, les erreurs volontaires ou involontaires des percepteurs, maires, sous-préfets et préfets.

Il est dur d'énumérer les moyens que sauroit bien trouver le pouvoir ministériel de fausser une excellente loi; mais ce pouvoir a été vu à l'œuvre : le personnel de ce pouvoir n'est pas changé, son esprit l'est encore moins; ce pouvoir a fait, sans rougir, des professions publiques de son despotisme. Les mêmes hommes qui dirigèrent les dernières élections seront chargés de travailler celles qui pourroient avoir lieu. Qu'attendre de leur justice?

Nos craintes paroîtront peut-être prématurées. L'administration, répliquera-t-on, n'est pas d'humeur à jouer le certain contre l'incertain : elle peut encore se traîner deux ou trois ans comme elle est : que chaque année elle emporte le budget et remette la censure, elle n'en demande pas davantage. Elle tient la considération publique pour niaiserie, les discours à la tribune pour néant. Vous lui direz que la censure a tout perdu, elle vous répondra que la censure a tout sauvé : sur ce, clôture, ordre du jour; le compte des boules règlera l'affaire. A chaque jour suffit sa peine : dans trois ans il arrive tant de choses! Et puis quand on sera là, on verra. Pourquoi les ministres se troubleroient-ils le cerveau de toutes ces prévoyances ? On leur dit, dans le *Moniteur,* qu'ils sont les premiers hommes du monde, qu'ils ont fait des choses magnifiques, étonnantes; on suppute, par le menu, toutes ces belles choses que la censure environne de son inviolabilité. Le patenté-politique est bien payé des deniers publics, et chacun s'endort. On n'est pas assez fou pour lâcher ce qu'on tient, pour risquer sur un coup de dés une fortune acquise. Il n'y aura pas le plus petit changement; les choses resteront comme elles sont : rien ne presse donc de se faire inscrire.

Nous en conviendrons, c'est là l'esprit de l'administration : pourvu qu'elle vive, elle est satisfaite. Devenue insensible à tout reproche, elle garderoit certainement sa position, si elle suivoit les habitudes de sa misère. Vous ne la toucheriez pas davantage en lui disant que dans deux ou trois ans les élections pourroient être dangereuses par l'exaspération toujours croissante des esprits. Qu'importe au ministère tout intérêt qui n'est pas le sien? Mais dans les circonstances où nous sommes, les agents de l'autorité suprême ne sont pas libres de s'abandonner au penchant de leur caractère; ils seront forcés d'agir.

Il est probable qu'après la session prochaine il

y aura de nombreuses démissions : beaucoup de députés pensent que leurs pouvoirs légaux expirent au bout de cinq années. L'année 1828 peut donc amener des réélections partielles : voudroit-on laisser ces réélections au profit de qui de droit ? De plus, tout ne fait-il pas présumer que ces démissions multipliées entraîneront une dissolution complète ? Or, que des élections partielles, ou des élections générales aient lieu avant le 1er octobre 1828, notre précédent raisonnement subsiste.

Enfin si l'on est déterminé à s'inscrire dans un temps quelconque sur la liste des électeurs-jurés, pourquoi ne pas le faire à présent, pourquoi ne pas prévenir les chances défavorables ? La Chambre des députés ne sera pas dissoute : eh bien ! l'on sera en règle, et l'on attendra paisiblement l'avenir.

Quant à ceux qui pourroient craindre d'exercer les fonctions de juré, ils doivent maintenant être rassurés. Il est prouvé que leur tour ne peut guère revenir, dans les départements, qu'une fois tous les huit ans. Voudroit-on renoncer aux plus beaux des droits, aux droits électoraux, pour éviter une aussi petite peine ? Mais alors même on n'y réussiroit pas ; *ou ne seroit plus électeur, et on resteroit juré* : le préfet peut toujours vous inscrire d'office, et les citoyens dont vous n'auriez pas voulu partager l'honorable labeur seroient les premiers à vous dénoncer comme étant apte à faire partie d'un jury.

Ne cherchons pas dans le pouvoir ministériel, dans son amour de repos, dans son imprévoyance accoutumée, dans sa difficulté à pousser ses calculs au-delà des besoins du moment, ne cherchons pas un prétexte pour autoriser notre paresse et notre négligence. L'administration pourroit sortir inopinément de sa nature : il n'y a personne qui ne démente une fois dans sa vie ses propres défauts. On veut sans doute du silence et de l'immobilité au dehors ; on sacrifieroit la dignité de la France à une hausse de fonds de quelques centimes ; jamais la prospérité de la patrie ne sera mise en balance avec la prospérité du trois pour cent. Mais s'agit-il de conserver une place de ministre, il n'y a pas de coup d'État qui coûte : garde nationale, libertés publiques, pairie, tout y passeroit.

Audacieux avec légèreté, timides sans prudence, violents contre tout ce qu'ils sentent enchaîné par la loyauté, foibles contre tout ce qui oseroit pousser au dernier terme la vengeance d'un outrage, ingrats comme des nécessiteux, se figurant que leur colère épouvante et que leur faveur est quelque chose, des hommes ont creusé un abîme sous nos pas : eux seuls méconnoissent les symptômes alarmants d'une crise que leurs fautes ont préparée. Au lieu d'arrêter le mal, la censure l'a prodigieusement augmenté. Qu'a-t-elle empêché, cette censure ? le ministère a-t-il vu se tempérer pour lui l'animadversion publique ? Les journaux étoient accusés de donner des ordres, de dicter des lois, d'ameuter la foule autour des cercueils. Eh bien ! les gazettes sont demeurées muettes : les cendres de M. Manuel ont-elles été moins accompagnées à leur dernier asile ? qu'a-t-on entendu à ces funérailles où la censure devoit joindre son silence à celui des tombeaux? N'y avoit-il rien de plus qu'à l'inhumation du général Foy, accomplie sous les auspices de la liberté de la presse? Tout devient résistance quand tout blesse; tout est opposition aujourd'hui, les vivants et les morts.

La religion, nous l'avions prévu, souffre particulièrement de cet état de choses. On ne parle plus dans les journaux de missionnaires et de Jésuites, mais écoutez ce que l'on répète autour de vous : c'est le clergé tout entier que l'on accuse. Au dire de ses ennemis, c'est pour favoriser son ambition, c'est pour cacher ses fautes que l'on a mis la censure; il veut la ruine de nos institutions; la Charte est incompatible avec son existence. Telles sont les calomnies qu'a fait naître le système ministériel, calomnies indignes et absurdes sans doute, mais populaires; or les mensonges ont produit plus de troubles sur la terre que les vérités.

Il est malheureusement trop vrai que des ressentiments profonds fermentent dans les cœurs. Les petits Machiavels du temps s'imaginent que tout marche à merveille dans une société quand le peuple a du pain et qu'il paie l'impôt. Ils ignorent, ces prétendus hommes d'État, qu'il y a chez les nations des besoins moraux plus impérieux que les besoins physiques. Lorsque ces nations sont offensées dans leurs libertés, dans leurs opinions, dans leurs goûts, dans leur orgueil, en vain les champs se couvrent de moissons; un malaise général se fait sentir; et des désordres sont à craindre.

Dans l'ordre politique les maux physiques causent les soulèvements, et les souffrances morales font les révolutions. Une nation ne manque de rien; elle jouit de toutes les richesses de la terre, de tous les trésors du ciel, et voilà qu'elle tombe tout à coup dans le délire. Pourquoi cela? c'est qu'elle portoit au sein une blessure secrète que son gouvernement n'a su guérir. Rome est patiente aux plus cruelles disettes, et s'émeut pour l'honneur de Virginie; Paris tout entier se laisse mourir de faim plutôt que d'ouvrir ses portes à Henri IV. C'est la liberté, c'est la gloire, c'est la religion, qui arment les hommes; les bras ne servent que les intelligences.

On a voulu nous donner la censure pour mille raisons personnelles, et peut-être pour favoriser des élections dans le sens du pouvoir administratif. Elle ne produira point ce qu'on désire qu'elle produise; mais elle aura d'autres effets, effets funestes si l'on ne s'empresse d'en détruire la cause : on a pris pour des circonstances graves beaucoup de sottises faites : la médiocrité a eu peur de son ombre, et on lui a immolé la liberté.

Quand on verra réunies, à la prochaine session, toutes les rognures des journaux, toutes les méchancetés et toutes les absurdités de la censure, toutes les destructions causées par les intérêts personnels, par les petites passions politiques et littéraires, on restera stupéfait. Force sera d'écouter de la tribune l'histoire des *blancs*, des dénis même de censure, des permissions accordées à tel journal, refusées à tel autre. Comment a-t-on pu mettre en tutelle l'âge viril d'un grand peuple ? Comment s'est-on figuré que ce peuple oublieroit tout ce qu'il avoit appris, qu'il se soumettroit sans indignation à ne parler de ses plus chers intérêts qu'avec licence et privilége, qu'il consentiroit à encadrer son génie dans les bornes de l'esprit étroit qu'on lui a donné pour mesure, à rétrograder jusqu'à l'enfance, à balbutier, dans des lisières, l'imbécile langage de la Mère-l'Oie ? Une nation qui, depuis quarante années, s'instruit au gouvernement représentatif ; une nation qui a payé de son sang et de ses sueurs ce rude apprentissage ; une nation qui, depuis cinq ans, a joui de l'indépendance entière de sa pensée ; une nation dont le droit écrit se retrouve dans la Charte et les serments de deux rois, une telle nation souffrira-t-elle long-temps les flagellations d'une censure famélique, qu'on pourroit nourrir de toute autre chose que des libertés de la France ?

> J'aime bien mieux ces honnêtes enfants
> Qui de Savoie arrivent tous les ans,
> Et dont la main légèrement essuie
> Ces longs canaux engorgés par la suie.

Voulez-vous faire cesser toutes les divisions, calmer toutes les inquiétudes, rendre la France prospère, calme au dedans, invulnérable au dehors, exécutez franchement la Charte ; non parce qu'elle est *Charte, Constitution, Code, Principe,* mais parce qu'elle est l'expression des besoins du temps. Tout gouvernement qui méconnoît la vérité politique dans laquelle il doit vivre marche à sa perte. Dans l'ordre illégitime même, Buonaparte n'a peri que parce qu'il a été infidèle à sa mission : né de la république, il a tué sa mère. Il s'est hâté de jouir et d'abuser de sa gloire comme d'une jeunesse fugitive; il paroissoit sur tous les rivages ; il inscrivoit précipitamment son nom dans les fastes de tous les peuples ; il jetoit en courant des diadèmes à sa famille et à ses soldats ; il se dépêchoit dans ses monuments, dans ses lois, dans ses victoires. Penché sur le monde, d'une main il terrassoit les rois, de l'autre il abattoit le géant révolutionnaire; mais en écrasant l'anarchie il étouffa la liberté, et finit par perdre la sienne sur son dernier champ de bataille.

Et nous, du milieu de notre infirmité, du fond de nos chères ténèbres; nous, vieux malades d'un autre âge, presque oubliés dans celui-ci, nous aurions la prétention de repousser ces principes, que Buonaparte, tout vivant, tout éclatant, tout enfant de son siècle qu'il étoit, n'attaqua pas impunément; principes qui laissèrent ce géant sans force lorsqu'il s'en fut séparé !

On ne peut se délivrer d'un système qui compromet les choses saintes, qui nuit à la couronne, qui tue les libertés, qui opprime les opinions, qui divise les esprits, qui punit les services, qui détruit l'industrie, qui paralyse le commerce, qui persécute les lettres, qui ne sympathise avec aucun des sentiments de la France ; on ne peut se délivrer de cet ignoble système que par des élections indépendantes; il ne tient qu'à nous d'obtenir le triomphe : remplissons les formalités de la loi du 2 mai. Si nous négligeons de conserver nos droits électoraux, la politique à la fois mesquine et oppressive sous laquelle nous gémissons se perpétuera. Cette politique prolongée amèneroit tôt ou tard une catastrophe. Nous faire inscrire sur la liste du jury, c'est sauver l'avenir, c'est défendre le trône, l'autel, nos libertés, nos propriétés, nos familles.

Tel est le sentiment des *Amis de la liberté de la presse;* telle est en particulier l'opinion de celui dont la devise sera toujours : *le Roi, la Charte et les honnêtes gens.*

POLÉMIQUE.

PRÉFACE.

1827.

Je n'ai point recueilli, dans ce volume, tout ce que j'ai publié sur les affaires du temps, depuis 1818 jusqu'en 1827; j'ai fait un choix : des écrits éphémères n'ont d'intérêt que celui même du moment. Qui pourroit relire des réflexions sur un ancien budget, ou des raisonnements sur une vieille nouvelle?

J'ai fait disparoître aussi de ces feuilles d'un jour les attaques trop personnelles que justifioient et motivoient les circonstances : toutefois, une composition *polémique* a dû garder le caractère indiqué par son propre nom.

On pourra remarquer peut-être, dans la variété infinie des sujets que j'ai traités, ma fidélité à mes principes : la religion, le roi, la Charte et les honnêtes gens, voilà le texte dont je ne me suis jamais écarté, et que j'ai commenté de mille manières.

Mais deux époques bien différentes divisent naturellement ces productions successives de neuf années.

A la première époque, après les Cent-Jours, je faisois l'éducation constitutionnelle des royalistes; je combattois la faction buonapartiste, qui cherchoit à réveiller la faction révolutionnaire, et j'essayois d'arrêter les gouvernements sur la pente démocratique où ils s'étoient placés.

A la seconde époque, les positions étoient changées : les buonapartistes et les révolutionnaires n'existoient plus; les royalistes avoient obtenu la victoire par la Charte, mais beaucoup d'hommes que j'avois ralliés aux libertés légales les avoient trahies. Mon public, sous le rapport constitutionnel, n'étoit plus le même : on avoit passé d'une extrémité à l'autre, et j'étois obligé d'avertir les gouvernements des dangers de l'*absolutisme*, après les avoir prémunis contre l'entraînement populaire.

Ces faits sont exacts, et prouvent que je suis resté immobile dans ce qui m'a paru le juste milieu politique.

Accoutumé à respecter mes lecteurs, je ne leur ai jamais livré une seule ligne que je n'aie écrit cette ligne avec tout le soin dont je suis capable. Sans ce témoignage que je me rends de la conscience et de la bonne foi de mon travail, je n'aurois pas réimprimé mes Opuscules polémiques : il y a tel de ces Opuscules qui m'a coûté plus de temps et de peine, proportion gardée, que les plus longs ouvrages sortis de ma plume.

POLÉMIQUE.

Paris, ce 22 octobre 1818.

LORSQUE Buonaparte eut disparu, il resta de sa tyrannie des institutions fortes et un peuple obéissant. Avec ces deux éléments on pouvoit tout créer, la liberté comme l'esclavage : si l'on sentoit le poids du second, on se rappeloit les malheurs qu'avoit coûtés la première ; peut-être désiroit-on moins la liberté que la fin de l'oppression.

Les Bourbons furent et parurent des libérateurs. Quelques grands criminels les virent arriver avec remords ; tous les François les reçurent comme l'espérance.

Le roi étoit maître de donner à la France tel gouvernement qu'il eût voulu : tout étoit possible alors, excepté le rétablissement de l'ancien régime, dont les éléments n'existoient plus. Nul doute que la constitution même de l'*Empire* eût paru bonne avec les Bourbons. La magnanimité de Louis XVIII aima mieux briser nos chaînes que les consacrer.

Le roi, remonté sur son trône, délégua l'administration de son pouvoir. Ceux qui s'en trouvèrent chargés firent des fautes de plusieurs sortes : les unes par rapport aux hommes, les autres relativement aux institutions. On auroit dû licencier l'armée : si l'on eût pris ce parti, Buonaparte n'auroit pas fait vingt lieues en France après son débarquement à Cannes. Conserver la presque totalité des administrateurs impériaux, ce fut une autre erreur capitale.

Quant aux institutions, la commission nommée pour rédiger les articles de la Charte ne constitua pas assez fortement la Chambre des pairs : les priviléges et les substitutions manquant à cette Chambre, elle se trouva trop rapprochée du caractère d'une Chambre des députés. Par une méprise opposée, en resserrant le nombre des députés et fixant l'âge de l'élection à quarante ans, on donna à la Chambre des députés quelque chose de la constitution d'une Chambre des pairs. Sans soldats formés pour elle, la couronne resta isolée entre les deux autres pouvoirs que le temps n'avoit point consolidés : Buonaparte n'eut qu'à étendre la main pour la reprendre.

Après le 20 mars toutes les fautes étoient connues, tous les masques tombés : on savoit que faire et qui choisir.

On parut d'abord vouloir prendre la vraie route : on parla de substitutions pour la Chambre des pairs ; on changea provisoirement l'âge et le nombre des députés; on se proposa de réviser d'autres articles de la Charte.

On écarta beaucoup d'administrateurs; on en écarta trop. Le bon sens prescrivoit de ne pas confier les hautes places à ceux qui venoient de donner des preuves récentes de leur infidélité; mais il falloit épargner les subalternes : le contraire eut lieu. On ménagea les grands, on frappa les petits, ce qui étoit se donner à la fois l'air de la peur et de la vengeance : c'étoit faire beaucoup de mécontents et quelques ingrats. La justice doit voir sous son bandeau; ce bandeau doit la rendre impartiale, non aveugle.

La Chambre de 1815 fut convoquée. Jamais la Providence n'avoit tant fait pour le salut d'un royaume. Après trente années de malheurs, paroissoit enfin une assemblée qui vouloit mettre la religion dans la morale, la morale dans les lois, la force dans le trône, la liberté chez le peuple, la justice partout. Et, ce qu'il y a de remarquable, les membres de cette assemblée qui avoient suivi différents chemins se rencontroient au même but : ils vouloient le bien, ou par le souvenir de leurs maux, ou par celui de leurs fautes. Ceux que la fortune avoit enrichis, ceux qu'elle avoit dépouillés, venoient, en s'embrassant au pied du trône, lui offrir le sacrifice de ce qu'ils avoient acquis ou perdu. C'est encore faire un noble présent que de donner ce qu'on nous a ravi : beaucoup d'hommes protestent contre leurs malheurs; il y en a peu qui les ratifient.

Les ministres pouvoient conduire une telle assemblée avec un fil, la faire marcher avec un mot; ils aimèrent mieux la combattre. Quelques phrases sur la religion, un cri d'honneur, un *vive le roi!* leur assuroient une majorité puissante : ils préférèrent se jeter dans la minorité. De pitoyables raisons d'amour-propre causèrent ce malheur : les intérêts de la vanité furent préférés à ceux de la patrie.

Comme la minorité ne décrète pas des lois, le résultat nécessaire du parti que l'on avoit embrassé fut la dissolution de la Chambre; comme on n'avoit rien fait en cassant cette Chambre si l'on n'obtenoit une majorité, il fallut employer pour l'acquérir toute espèce de moyens; comme cette majorité ne pouvoit être prise parmi les hommes qui composoient la première, on dut la chercher ailleurs. On rétablit l'âge et le nombre des députés fixés par la Charte. Le premier ministère avoit cru qu'une assemblée réduite en nombre, augmentée en âge, étoit facile à conduire : c'étoit oublier que la majorité est flottante dans une Chambre peu nombreuse, surtout lorsqu'un cinquième de cette Chambre se renouvelle tous les ans; c'étoit oublier que l'âge de quarante ans est l'âge de l'ambition et des passions politiques.

Alors un grand scandale fut donné : des commissaires partirent pour les départements avec mission de faire nommer ou de faire rejeter les candidats désignés. Des ministres écrivirent des circulaires dans le même esprit, des préfets osèrent eux-mêmes en répandre dans leurs propres et privés noms. Les candidats exclus étoient des hommes tels que MM. de Kergorlay, de Bonald, de Villèle, de Corbière, etc. Partout on voyoit voter les hommes qui avoient proscrit les Bourbons pendant les Cent-Jours; partout se présentèrent d'anciens agents de police, qui, durant vingt ans, avoient fait fusiller les serviteurs du roi. Les individus mis en surveillance par mesure de haute police, en raison de leur conduite après le 20 mars, furent relâchés, afin qu'ils pussent se rendre à leurs colléges électoraux : on vit accourir jusqu'à un homme accusé d'avoir été juré dans le procès de la reine. Voilà ce que les *Correspondances privées* ont présenté à l'Europe comme des élections libres, manifestant le vœu et l'opinion du peuple françois ! Je ne dis pas tout ; des choses que l'on croit cachées me sont connues : j'ai entre les mains un volume de faits *prouvés* qui serviront à l'histoire.

La double conséquence de tout ceci fut de se jeter dans les bras de ceux qu'on avoit appelés, et de calomnier ceux qu'on avoit exclus ; il falloit et récompenser des hommes dont on s'étoit servi, et justifier les mesures qu'on avoit prises.

On rappela donc aux places des hommes des Cent-Jours, d'où l'on chassa les royalistes. Quiconque dans l'administration avoit fait quelques remontrances contre les nouvelles mesures, ou refusé de les favoriser, fut destitué : ainsi tombèrent tour à tour les préfets de Gap, de Carcassonne, de Montpellier, de Nîmes, de Mende, de Clermont, de Moulins, de Bourges, de Niort, de Périgueux, de Laval, du Morbihan, de Rouen, de Tours, d'Amiens, de Bar-le-Duc, et tant d'autres royalistes dans les plus petites comme dans les plus grandes places. La chose en est venue au point que, lorsqu'on veut réussir dans une demande, il faut cacher soigneusement ce qu'on a fait pour le trône.

Ce n'étoit pas tout de repousser en France les royalistes, il falloit les calomnier et les perdre en Europe. Alors commencent ces *Correspondances privées* où les injures les plus grossières font place aux plus atroces accusations; moyen de diffamation inconnu même à Buonaparte. Buonaparte tuoit ceux qu'il estimoit; il mettoit du prix à la pureté de la victime : quand il a déshonoré quelqu'un, c'est moins par sa haine que par sa faveur.

Les concessions faites aux hommes amenèrent les concessions aux principes. Les hommes devenus l'appui du ministère avoient leurs systèmes : il fallut suivre en partie ces systèmes ou courir la chance de se voir abandonné. De là les lois démocratiques des élections et du recrutement; de là les ordonnances qui en sont dérivées; de là les entraves que l'on a mises au Concordat. L'esprit a suivi l'homme, l'opinion est sortie de la chose : mille brochures où les principes de la monarchie légitime sont attaqués, paroissent chaque jour; mille libelles contre la religion, les prêtres et les nobles, sont donnés quand ils ne sont pas vendus : tout cela doit être. Si un parti dangereux inquiète aujourd'hui les ministres, qu'ils ne s'en prennent qu'à eux-mêmes; ce sont eux qui l'ont ranimé au moment où il alloit s'éteindre : ils l'ont appelé pour leur puissance : Dieu veuille que ce ne soit pas pour leur malheur !

C'est dans cette position que la France recouvre enfin sa dignité et son indépendance[1]. C'est un de

[1] La retraite des alliés.

ces moments qui font la destinée des empires : un ministre qui ne le sentiroit pas feroit mieux d'aller cultiver son héritage que de labourer le champ du public.

Trois opinions divisent aujourd'hui la France : celle qui s'attache au pouvoir se compose des hommes qui ont ou qui attendent des places : il faut y joindre les égoïstes qui ne se soucient de rien, les foibles qui ont peur de tout, et ces hommes errants de maîtres en maîtres, de principes en principes, qui applaudirent à l'ordonnance du 13 juillet, qui bénirent celle du 5 septembre, porteurs de toutes les livrées, approbateurs de tous les systèmes, qui s'effraient de penser, qui n'ont pas même l'honneur d'une mauvaise opinion.

Ajoutez une portion considérable de ministériels éclairés, pleins d'honneur, de probité, de talents, qui voient le mal comme nous, et qui, se défiant trop de leurs lumières, craignent de prendre une résolution Ces hommes offrent un espoir à la France : le jour où ils passeront aux royalistes, dont ils sont tout près par les sentiments, ils rendront le plus grand service à leur pays.

C'est avec ce contre-poids que les ministres actuels veulent tenir la balance égale entre les indépendants et les royalistes. Ce jeu de bascule, qu'on ne peut jouer long-temps dans un gouvernement représentatif, est près de finir. Les opinions vont retrouver leur indépendance avec celle de la patrie : ce ne sera plus par des intrigues qu'on parviendra à les tenir en équilibre.

Les royalistes font la grande division de la France : la tête de la société et le corps du peuple sont évidemment royalistes. Les royalistes vont se classer : par une impudence insigne, on les a jetés dans l'opposition. Cette opposition, qui n'existe pas encore hors des Chambres, se formera, parce qu'elle dérive, comme le crédit, de la nature du gouvernement constitutionnel.

Les royalistes, bien que plus nombreux que leurs adversaires, ont, jusqu'à présent, paru plus foibles, faute d'oser parler et d'avoir un organe. Ils mettoient toujours leurs espérances dans quelque chose de vague, d'indéfinissable : l'opposition faisoit peur à leurs vertus. Je les ai ouïs souvent s'écrier : « Comment faire telle chose ? Comment « prendre tel parti ? Écrire, parler, se montrer, « est si peu dans nos mœurs, dans nos conve- « nances ! »

Erreur que tout cela : nous sommes dans l'empire de la Charte ; nos devoirs sont changés. Jadis on pouvoit être beaucoup par sa position ; maintenant on n'est quelque chose que par soi-même : jadis on vouloit des titres ; maintenant on demande des talents : nouvelle espèce de noblesse qui s'étend dans l'avenir, comme l'ancienne dans le passé ; celle-là compte les aïeux, celle-ci la postérité.

Le refuge des royalistes est donc maintenant dans une opinion. Ils se défendront d'un bout de la France à l'autre par l'uniformité des sentiments. S'ils éprouvent des injustices, leurs journaux en dehors, la minorité dans les deux Chambres, élèveront la voix. On sera obligé de les ménager lorsqu'on les trouvera partout, prêts à se faire entendre à l'opinion publique. On n'a pas voulu d'eux pour appui, ils sont forcés de se constituer opposition afin de n'être pas écrasés. Bientôt nous serons étonnés de voir cette opposition croître et s'étendre. Elle brisera la petite digue de la censure; misérable obstacle qui prouve à quel point le ministère ignore le gouvernement représentatif.

Telle est la position des royalistes; celle des indépendants, est bien connue. Le ministère est-il assez fort pour lutter seul avec ses créatures contre les opinions hostiles que lui-même a fait naître, contre les périls qu'il a placés jusque dans les fondements de la monarchie? Quel parti va-t-il prendre? Essaiera-t-il de tenir la balance entre deux opinions, l'une son propre ouvrage, l'autre objet de sa haine? Qu'il ne s'y trompe pas, la position n'est plus ce qu'elle étoit : chaque opinion, devenue plus libre, va se prononcer plus fortement. Ce que nous avons comme loi, comme système administratif, n'est pas complet. Nous ne resterons pas où nous sommes; il faudra reculer ou avancer : ou nous achèverons de nous précipiter dans la partie démocratique de la Charte, ou nous remonterons du côté monarchique.

Le ministère se flatteroit-il d'amener l'opinion indépendante à une soumission passive, en lui donnant les places, les honneurs, les richesses? Buonaparte l'a fait.

Mais le ministère est-il Buonaparte, et oublie-t-il la nature de nos institutions ? Pour gouverner despotiquement, il faut que la constitution soit despotique, sans quoi il y a un côté par où l'arbitraire s'enfuit.

Sous l'usurpateur il n'y avoit point de Charte; il n'existoit point d'institutions qui pussent reproduire l'esprit de contention. Il suffisoit de gagner quelques hommes pour détruire l'opinion de tout un parti. Transformez aujourd'hui les indépendants en ministériels, il en naîtra d'autres demain. La Charte amènera tôt ou tard ses conséquences, ou il y aura révolution. Tôt ou tard nous aurons la liberté de la presse, tôt ou tard les lois d'exception seront rejetées : il s'élèvera dans la Chambre des députés des orateurs populaires, des hommes influents. Et croyez-vous qu'avec une tribune, des journaux non censurés, vous empêcherez les indépendants de renaître en les attachant au ministère ? Le jour où ils seront à vous, ils ne seront plus indépendants; d'autres prendront leur place : vous croirez avoir conquis une opinion, vous n'aurez enchaîné que des hommes.

Si donc, après avoir travaillé en France et en Europe à perdre les plus fidèles serviteurs du roi, après les avoir représentés, au moyen des *corres-pondances privées*, comme une race perverse et stupide, on avoit conçu le projet de les écraser par les mains de ceux qui furent leurs premiers ennemis, voici quelles seroient les conséquences d'un projet d'ailleurs trop épouvantable pour y croire :

1.° On ne s'attacheroit point le parti démocratique par ce moyen, car ce parti renaîtra toujours de la nature libre de nos institutions : on satisferoit ses passions sans contenter sa politique ;

2.° En anéantissant les royalistes, vous auriez appris à la terre que les vertus, les talents honorables, les sacrifices, la fidélité, peuvent être comptés pour rien. Les peuples profiteroient vite de cette leçon : au premier mouvement ils ne manqueroient pas de la mettre en pratique contre les autorités même qui l'auroient enseignée. Vous tomberiez dans une suite de révolutions : l'injustice est un sable mouvant et stérile où l'on ne fonde ni ne moissonne.

Quoi qu'il en soit des desseins du ministère, desseins que l'avenir nous apprendra, ce qui menace aujourd'hui le plus, c'est l'opinion que le ministère a flattée. Cette opinion nous fait pencher vers la démocratie : elle ne demande aujourd'hui que des choses plus ou moins raisonnables, demain elle avancera d'un pas : de concession en concession elle aura bientôt dépouillé la prérogative royale.

Le ministère a quelquefois l'air de sentir le danger; mais des flatteurs, mais des succès qui ne tiennent pas à lui, mais sa haine contre les royalistes, l'empêchent de revenir sur ses pas : quand il dort, il marche au précipice en rêvant; quand il veille, il y court par amour-propre et par colère. Et pourtant il n'a pas un moment à perdre; les lois qu'il a voulues augmentent le danger. Chaque année la loi des élections reproduit une lutte dangereuse et pénible; chaque année cette loi met en question les principes de la monarchie. N'aura-t-on jamais d'autre ressource contre le vice de cette loi que l'usage de l'arbitraire et de la corruption? Faudra-t-il toujours soumettre les électeurs à des cartes, multiplier les patentes, faire voyager des commissaires, déplacer les administrateurs pour les envoyer aux colléges électoraux? Laissez aller la loi toute seule, elle vous mène à la démocratie; essayez de la retenir, vous ne pouvez l'arrêter que par des moyens illicites. Un seul moment de relâche, le mal est sans remède : une majorité démocratique arrivée, il y a révolution. Ainsi, notre destinée tient à une distraction des ministres; et s'ils n'ont pas cette distraction, notre existence monarchique est fondée sur une corruption. Telle est cette loi, qu'elle vous place entre une révolution inévitable et une prévarication forcée : pour soutenir le trône, il faut violer la loi; pour accomplir la loi, il faut exposer le trône.

Que si l'on dit que telle est la position de l'Angleterre, l'assertion est fausse. En Angleterre, la corruption des élections ne s'étend qu'aux hommes; la loi est saine, car elle ne fait entrer dans la Chambre des communes que la propriété. Peu importe alors à la monarchie que de riches candidats achètent des suffrages : le choix peut nuire à l'existence du ministère, jamais à celle de l'État.

La démocratie est au fond de la loi de recrutement comme au fond de la loi des élections. L'ordonnance qui l'a suivie a augmenté le mal, puisqu'en vertu de cette ordonnance on pourroit désorganiser à la fois toute la garde royale. Ici le ministère lutte encore contre la démocratie; c'est encore lui qui a établi cette nouvelle lutte : il aime à se créer des obstacles.

Enfin, l'ordonnance sur la garde nationale achève de démocratiser nos institutions [1].

Tandis que l'interprétation littérale d'une ordonnance pouvoit offrir un moyen de déplacer à volonté les officiers de la garde royale, une autre ordonnance, par une coïncidence singulière, alloit atteindre les officiers de la garde nationale; de sorte qu'on auroit pu voir briser à la fois tous les appuis et tous les instruments de la restauration.

Est-ce une chose sage, dans les temps où nous vivons, d'ôter au trône l'avantage qu'il retiroit d'une correspondance plus intime entre l'héritier du trône et les sujets de ce trône? La monarchie légitime est-elle depuis si long-temps relevée qu'il soit politique de couper brusquement les relations de bienveillance par lesquelles nos princes communiquoient avec les François?

Au moment où notre armée n'est pas encore créée, étoit-il bon de bouleverser la garde nationale? N'eût-il pas été meilleur de laisser l'organisation actuelle tomber par un mouvement insensible? L'armée se seroit formée tandis que la garde nationale se fût dissoute; et, de même que les soldats auroient eu le temps de s'assembler sur nos

[1] Elle ôtoit à Monsieur, aujourd'hui le Roi, le commandement de la garde nationale.

remparts pendant le service des citoyens, ceux-ci, à leur tour, seroient rentrés dans leurs foyers sous la protection des soldats.

On peut douter que l'institution d'une garde nationale permanente soit une chose bonne en principe. Mais une fois l'existence de cette garde admise, n'est-il pas évident que son organisation ne sauroit être trop monarchique, par la raison même que son principe est républicain ? La démocratiser, c'est abonder dans ses défauts.

Une chose fait illusion : un État se soutient; il semble même prospérer au milieu des principes qui peuvent le perdre. On rit des prophètes; on attribue à la foiblesse de leurs cerveaux, aux intérêts de leurs passions, ce qu'ils disent dans la simplicité de leur cœur, dans l'amour de leur patrie. On triomphe aujourd'hui : la France, s'écrie-t-on, est florissante et tranquille; les fonds montent, la dette se paie, les alliés se retirent; si l'on eût suivi vos idées, serions-nous dans cet état de prospérité ?

Que les parents et les serviteurs des ministres raisonnent ainsi, rien de plus naturel. Les admirations de famille et les affections domestiques ne sont point défendues par la Charte : c'est un bien léger dédommagement des soucis qui environnent un homme d'État. Mais quand on n'appartient ni au foyer ni à l'antichambre, on voit les choses autrement.

Il y a dans un pays comme le nôtre une vigueur qui ne dépend point des hommes : la France vit d'elle-même, et, pour ainsi dire, de son propre tempérament. Le cercle de ses années est pour elle un cercle de richesses naturelles. Rien ne peut empêcher nos blés de mûrir, nos vins et nos huiles de couler, pas même le ministère. Ainsi, d'abord, on ne peut rien attribuer de nos prospérités natives à la bonté du système qu'on a suivi. Hélas! nous avons vu le plus beau soleil se lever et se coucher sur nos malheurs et sur nos crimes!

Rendons ensuite à nos institutions la portion de nos succès qui appartient à ces institutions mêmes : nous avons du crédit, parce que nous avons un gouvernement représentatif, que notre dette n'excède pas nos forces, que nos fonds n'ont pas encore atteint le niveau des autres fonds de l'Europe. Quand il se fût trouvé quelques royalistes parmi les ministres, les conseillers d'État, les préfets, les sous-préfets, cela n'eût pas empêché la rente de monter, et l'année d'être abondante.

Les étrangers quittent la France. Je reconnois ici l'œuvre de la sagesse du roi. Je fais aussi la part à la modération des princes alliés. Je paie à notre auguste monarque, pour ce nouveau bienfait, un nouveau tribut d'amour et de reconnaissance. Cela fait, il faut bien, sous peine d'ineptie, que je voie dans l'évacuation de notre territoire quelque chose qui tient aussi à la position de la France et aux relations politiques de l'Europe. Tenir longtemps garnison chez un peuple belliqueux, chez un peuple encore tout près de ses triomphes, chez une nation de vingt-six millions d'hommes, dont la population militaire s'est accrue par trois années de paix, étoit-ce une chose facile ? De plus, les intérêts des différentes cours, qui, réunis dans un danger commun, reprennent dans la paix leurs divisions naturelles, n'étoient-ils pas encore un obstacle à une occupation prolongée dans un même but, et, pour ainsi dire, sous un même drapeau ?

Voilà donc trois choses heureuses sur lesquelles le système qu'on a suivi n'a rien à réclamer : nos moissons, notre crédit et la délivrance de notre territoire. Reste à examiner la tranquillité de la France.

D'abord cette tranquillité a été troublée ; sans les services inappréciables des généraux Donadieu et Canuel, nous aurions vu renaître de grands malheurs. Mais je veux bien convenir que les insurrections de Grenoble et de Lyon étoient comme un reste de la coupable folie des Cent-Jours : ce dernier mouvement ayant été contenu, il est peu probable qu'on le voie renaître. J'admets que tout est calme, et j'ajouterai, à la grande satisfaction des admirateurs éclairés du système ministériel, que rien ne remuera en France.

La lassitude est partout ; chacun soupire après le repos : les uns veulent du moins profiter des restes de leur vie; les autres, commençant cette vie, ne partagent ni nos haines ni nos amours. Les générations se succèdent chaque jour en silence ; et celles qui naissent et celles qui meurent ramènent incessamment dans le monde le calme de l'enfance et des tombeaux. On croit qu'on a toujours affaire aux mêmes hommes, et par le fait on agit sur une société nouvelle.

En outre, il y a chez les vieux peuples un progrès réel de civilisation qui rend les mouvements populaires et moins fréquents, et plus faciles à apaiser. La machine de la société est assez connue, même du vulgaire, pour que tout aille tellement quellement, malgré les fautes. Un village aujourd'hui se conduit seul, une administration marche, bien que le chef soit absent ou incapable. Le défrichement des forêts, la multitude des grands chemins, les communications entretenues par le commerce et l'imprimerie, font régner une sorte de police naturelle qui maintient l'ordre à la surface de la société. D'une autre part, le morcellement des propriétés, l'abolition des ordres de l'État, ont fait disparaître les grandes tentations de la cupidité et de l'envie. Il n'y a plus dans les mœurs du peuple de fanatisme : à peine avons-nous des passions. La foule végète en paix, sûre d'être toujours ce qu'elle est, quoi qu'il arrive : elle a assisté à tant de spectacles, qu'elle est indifférente à tout. Cela prouve-t-il qu'une révolution est impossible ? loin de là, cela prouve qu'il suffiroit de quelques hommes pour accomplir une révolution ; cela prouve la vérité de ce que j'ai avancé dans *la Monarchie selon la Charte* : « Par l'établissement
« du système, disois-je, les révolutionnaires espè-
« rent que toutes les places se trouveront dans leurs
« mains au moment de la catastrophe. Les autorités
« diverses étant alors dans le même intérêt, le chan-

« gement s'opèrera d'un commun accord, sans résis-
« tance, sans coup férir. »

Le système que l'on a suivi n'est donc point la cause de la paix de la France ; la France est tranquille, parce qu'elle ne peut être agitée. Ses révolutions futures, si elle doit en éprouver, ne s'accompliront point dans le trouble, mais dans le repos : *Suscepere duo manipulares imperium.... transferendum, et transtulerunt.*

Conclusion : Je ne vois rien d'heureux qu'on puisse attribuer au système des ministres, et je vois parfaitement ce que ce système a de désastreux. Il ne fonde point la royauté, il ne tend point à rétablir les bases morales et religieuses; il est si peu monarchique dans le sens du gouvernement *de droit*, qu'il conviendroit également au gouvernement *de fait*, et que celui-ci pourroit l'adopter sans y rien changer. Je cherche en vain dans ces combinaisons les intérêts de la monarchie légitime.

En voulant être despotique par les théories et les hommes démocratiques, le ministère court risque d'être entraîné malgré ses efforts. Y a-t-il quelque moyen d'éviter ce danger ? Un bien simple et le plus facile du monde : favoriser la religion, reviser des lois dangereuses, se rapprocher des principes et des hommes monarchiques : une fois dans cette route, la monarchie de saint Louis peut encore marcher huit cents ans.

Paris, 29 octobre 1818.

Les élections sont à peu près terminées : elles sont ce qu'elles doivent être dans l'esprit de la loi. La loi est démocratique ; il est naturel qu'elle amène des hommes dans le sens du pouvoir où elle incline : c'est l'arbre qui produit son fruit. Cet arbre sera d'autant plus productif que le ministère s'efforce d'élaguer les rameaux vigoureux qui pourroient en absorber la sève, c'est-à-dire, pour parler sans figure, que le ministère met toute sa science à s'opposer à la nomination des royalistes, d'où il résulte que l'action de la loi n'éprouve aucune résistance.

En dépit de son expérience, le ministère continuera-t-il de croire qu'il y a en France un parti mixte, capable de tenir l'équilibre entre les deux opinions réelles, l'opinion royaliste et l'opinion indépendante ? L'opinion ministérielle n'est qu'une pure négative, une absence de volonté : or, il n'y a point de puissance dans le néant.

Si les députés sortants, remplacés par des indépendants, étoient des membres de l'opposition de droite, on pourroit dire que les ministres, désespérant de faire passer des ministériels, ont favorisé les élections des indépendants, dans la crainte de voir nommer les royalistes ; il y auroit de l'apparence à ce raisonnement. Mais le ministère n'a pas même cette consolation ; il ne peut pas dire qu'il a voulu ce qui arrive, car ce sont des candidats ministériels qui ont été culbutés, des présidents de colléges électoraux qui ont péri sur leur chaire curule; c'est, en un mot, la fleur de l'armée qui s'est ensevelie au champ d'honneur. On va jusqu'à dire que le président du collége où M. Manuel a été nommé n'a obtenu que huit voix. Les ministres ne peuvent donc pas nier leur défaite; ils vont bientôt voir revenir leurs blessés; ils les panseront avec des places.

Il est vrai que le ministère, battu sur un point, dira qu'il a vaincu sur un autre. En effet, quelques membres de l'opposition de droite n'ont pas été réélus; mais ils sont en petit nombre, et quelques-uns d'entre eux n'ont pas été remplacés par des ministériels, mais encore par des indépendants. Le côté droit a perdu, mais le côté gauche a gagné aux dépens de la majorité ministérielle.

Si les royalistes, plus nombreux que les indépendants, sont cependant moins forts dans une lutte contre le ministère, cela tient au caractère même et à la position des royalistes. Aucune ambition ne les conduit; ils ne résistent que dans le cercle de la conscience et du devoir. S'ils s'aperçoivent que l'on ne veut pas d'eux, ils se retirent. Ils ne comprennent pas encore bien l'opposition où on les a jetés: quand on vient inconstitutionnellement leur présenter le nom du roi, ils inclinent la tête à ce nom sacré, et se laissent opprimer par le ministère. Ils semblent, depuis vingt-six ans, avoir si bien appris le rôle de victimes qu'ils ne peuvent plus l'oublier.

Il faut faire observer encore que le ministère a montré dans ces dernières élections une opposition aux nominations royalistes bien plus prononcée qu'aux nominations indépendantes; toutefois il est vrai de dire en général que le crédit ministériel, si puissant aux élections de 1816 et 1817, a bien perdu de son importance en 1818.

N'accusons cependant pas la docilité des préfets. Nous les avons vus en 1815 favoriser de tout leur pouvoir la nomination des royalistes : on en vouloit alors, et la matière étoit abondante. Nous les avons vus en 1815 fureter dans tous les coins de leur département pour y trouver des ministériels; il leur en falloit à tout prix : ils eurent le bonheur de s'en procurer. Comment n'ont-ils pas obtenu le même succès dans cette dernière campagne?

Pour atténuer l'effet des élections, on se vante déjà d'être sûr du parti des indépendants. On dit : « Nous aurons facilement tels et tels : nous les achè- « terons. » Pour l'honneur des François, je suppose qu'il n'y a personne à vendre : mais enfin, sous la Charte, s'il étoit possible qu'il y eût un tarif pour les hommes, il est certain qu'il n'y en a pas pour les opinions.

Les ministres, dit-on d'autre part, sont déjà tout consolés des nombreux ecnecs qu'ils viennent d'éprouver, et, ne pouvant encore donner le nom de ministériels aux députés nouvellement élus, ils sont convenus de les appeler ministériels *inclinant vers l'indépendance* : le mot est joli.

Après tout, répètent les clients et les serviteurs, l'opposition de gauche ne se recrute que de quelques voix : elle ne changera pas la majorité. C'est une grande erreur que de fonder ses calculs dans une

Chambre populaire sur le nombre absolu : un seul homme de talent peut faire ou défaire une majorité. D'ailleurs, encore un renouvellement de cinquième, et vous verrez le résultat de la loi.

On se demande si les ministres effrayés ne vont pas incliner à l'opposition royaliste, ou s'ils ne sacrifieront pas de nouveau à l'objet de leur peur. Dans l'espoir de s'attacher à l'opposition démocratique, lui accorderont-ils de nouvelles lois démocratiques ? S'imagineront-ils la gouverner parce qu'ils feront tout ce qu'elle voudra ? Comme Attale dans le camp de ses maîtres, se croiront-ils souverains parce que l'opinion dont ils porteroient le joug permettroit à leur servitude de traîner la pourpre ministérielle ?

A Dieu ne plaise que nous autres royalistes éprouvions aujourd'hui une satisfaction coupable à voir s'accomplir nos prédictions! Que sont les triomphes de l'amour-propre auprès des dangers de la patrie? Et ces dangers, ce n'est pas nous qui les imaginons; il nous suffiroit, pour y croire, de nous rappeler les efforts de toute espèce que firent les ministres l'année dernière, afin d'écarter de la tribune législative les mêmes hommes qui s'y trouvent portés aujourd'hui. Et cependant ces hommes avoient été appelés aux élections de 1816 ! Ainsi, on les vouloit lorsqu'ils étoient foibles, on les repousse lorsqu'ils paroissent forts, tour à tour instruments des passions ou objets des frayeurs ministérielles. Que tout cela est à la fois pitoyable et funeste! quelle déplorable conception que cette loi dont les auteurs semblent avoir ignoré les premiers principes de la monarchie!

Il est curieux de remarquer les mouvements qu'on se donne aujourd'hui auprès des royalistes : on se récrie sur le *scandale* des élections : on nous invite à tonner contre les indépendants. Mais en supposant que ces indépendants soient aussi dangereux qu'on le dit, de quel droit les ministériels viennent-ils se plaindre à nous des choix qui les alarment? Où étoient les indépendants en 1815? On ignoroit jusqu'à leurs noms. Qui les a créés? qui a fait revivre leur doctrine? qui a repoussé les hommes qui pouvoient les combattre, si ce n'est le ministère? Qu'ont donc fait les indépendants de plus que certains ministériels? M. Benjamin de Constant n'a-t-il pas montré, l'année dernière, qu'il sied mal à de hauts personnages de rechercher la conduite que l'on a tenue pendant les Cent-Jours? Cette délicatesse du ministère au sujet des indépendants est au moins inconvenante : en s'élevant contre eux, ne craint-il pas de blesser quelques-uns de ses amis?

Quant à nous, nous l'avons dit, et nous le répétons, la querelle des indépendants et des ministériels n'est pas la nôtre : ce ne sont pas les indépendants qui nous ont poursuivis et calomniés. Nous rejetons leurs principes; mais ils se rencontrent avec nous dans plusieurs opinions constitutionnelles : ils viennent d'être justes et généreux sur l'affaire du général Canuel. Nous ne les craignons donc pas pour nous; mais nous craignons leurs principes pour la France, et nous nous élevons contre la loi des élections, non pour des intérêts personnels, mais pour ceux du trône et de la monarchie.

La France est encore pleine de ressources : d'un mot on peut dissiper toutes ces apparences de danger. Ce qui paroît si fort n'est rien : qu'on ose attaquer le fantôme, et il s'évanouira. Mais c'est avec la religion, avec la liberté légale qu'il faut combattre : placez-vous dans la vraie monarchie constitutionnelle, et vous n'aurez rien à craindre des systèmes révolutionnaires. Vous avez devant vous la plaine ou le précipice, il faut marcher ou tomber : c'est à vous de choisir, et voilà tout.

Paris, 3 novembre 1818.

Je ne puis me taire sur ce qui arrive dans ce moment : cet événement ne se lie point au sujet que je viens de traiter; mais il m'est en quelque sorte personnel, et l'on me permettra d'en parler ici.

M. le baron Canuel, M. le comte de Rieux-Songy, M. de Romilly et M. de Chauvigny-Blot, viennent d'être déchargés de toute accusation, et rendus à la liberté, en vertu d'un arrêt de la Cour royale : on sait que MM. de Chappedelaine et de Joannis avoient déjà été acquittés. Ainsi se maintient l'ancienne et incorruptible équité de notre magistrature! ainsi se manifeste toujours la courageuse indépendance du barreau françois [1]! ainsi s'évanouit la prétendue conspiration royaliste!

[1] *Voyez* les beaux Mémoires de MM. Berryer fils, Couture et Ducancel.

Je ne puis que féliciter les nobles victimes des dénonciations les plus folles comme les plus abominables. Je me regarde moi-même vengé par l'arrêt qui prononce leur innocence : mon nom, celui de quelques-uns de mes amis, n'ont-ils pas été outragés dans cette affaire déplorable? C'est M. de La Rochejaquelein, digne de ses frères; c'est M. Berthier de Sauvigny, dont les services et les malheurs sont si connus dans les annales du royalisme; c'est M. le duc de Fitz-James, resté sans tache au milieu de tant de bassesses ; c'est M. le marquis de Vibraye, un des naufragés de Calais; c'est M. le baron de Vitrolles, négociateur pour les Bourbons à Troyes, et prisonnier de Buonaparte pendant les Cent-Jours; c'est M. le marquis de Puyvert, enfermé dix ans dans les cachots de l'usurpateur; c'est M. Agier, défenseur des compagnons de Moreau, George et Pichegru, et qui, pendant les Cent-Jours, osa présenter une pétition à la Chambre des représentants pour le rappel des Bourbons; c'est moi-même enfin, et plusieurs autres; c'est cette troupe de *conspirateurs* qui devoit, avec les sauveurs de Lyon et de Grenoble, attenter à la liberté et peut-être à la vie du roi! «Vous avez su, a dit le juge-instructeur à « M. de Romilly, que MM. de Chateaubriand, de « Fitz-James, de Vibraye, Berthier de Sauvigny, de « Limairac, de Vitrolles, de Berthier, La Poterie, La « Rochejaquelein, de Chauvigny-Blot, de Viomesnil, « Roussiale, etc., étoient de la conspiration; que les « réunions avoient lieu chez MM. de Fitz-James, de « Chateaubriand, de Vitrolles, et que ces différentes

« réunions correspondoient avec celles qui se te-
« noient chez le général Chappedelaine, et dont
« vous faisiez partie[1]. »

Ce même juge-instructeur a dit encore au général Canuel : « Vous connoissez M. de Chateaubriand;
« vous êtes allé chez lui tel jour; vous y êtes resté
« jusqu'à minuit : quelles étoient les personnes qui
« étoient chez lui? Qu'y a-t-on dit[2]? etc. » Que
M. le juge d'instruction sache que tous les amis du
roi peuvent entrer chez moi à toutes les heures du
jour et de la nuit; mais que tout ennemi du roi, lorsqu'il me sera connu, ne passera jamais le seuil de
ma porte. Pendant quatre mois la *Correspondance
privée* n'a cessé de nous représenter comme des
traîtres, et elle a trouvé des hommes assez stupides
pour croire à de pareilles abominations. Que va-
t-elle dire aujourd'hui? Par quelle nouvelle imposture justifiera-t-elle son imposture? Est-ce donc
notre tête que l'on vouloit, car personne ne peut
nous enlever l'honneur? La haine contre les royalistes s'est bien accrue : naguère on ne faisoit encore que les amnistier pour avoir été fidèles; aujourd'hui auroit-on voulu leur faire subir la peine
de ce crime? Est-ce notre sang que désirent ces
dénonciateurs, ennemis de la légitimité? Mais quand
avons-nous refusé de le verser pour le roi? Heureux, ô vous, mon cousin et mon frère, immolés en accomplissant vos devoirs! Vous n'êtes point

---

[1] *Voyez* la Défense du baron Canuel, etc., interrogatoire de M. de Romilly, 18 août.

[2] *Voyez* l'interrogatoire du général Canuel.

morts le cœur flétri, l'âme abreuvée de dégoût et
d'amertume! Heureux les royalistes qui ont payé
de leur vie leur attachement à leur souverain! Heureux! vous surtout, ô prince dont j'ai tant déploré
la perte! Quand vous tombâtes à Vincennes, quand
vous fûtes précipité encore à demi vivant dans la
fosse creusée à vos pieds, quand on jeta des pierres
sur votre poitrine pour étouffer votre dernier soupir, au moins vous ignorâtes le sort qui attendoit
vos compagnons d'armes; vous quittâtes la terre
sans avoir été témoin de leur misère et de leur douleur. Et que sais-je! votre mort peut-être nous a
épargné l'horreur de voir calomnier aussi le héros
de Berstheim, le petit-fils du grand Condé!

Paris, le 17 novembre 1818.

Nous avons dans ce moment une nouvelle preuve
de l'inutilité et même du danger de la censure. Il
est merveilleux de lire dans nos gazettes des articles
extraits des gazettes de Londres, et de n'y pas
trouver les dernières nouvelles arrivées de Sainte-
Hélène. A qui prétend-on les cacher? Les journaux
anglois ne sont-ils pas dans tous nos cabinets de lecture? Les ambassadeurs et une foule de particuliers
ne les reçoivent-ils pas? N'arrivent-ils pas dans nos
ports? Les gazettes de la Belgique ne franchissent-
elles pas nos frontières? Quelques heures après
l'arrivée du courrier de Londres, la prétendue évasion de Buonaparte étoit connue de tous les porteurs

d'eau et de toutes les servantes de Paris. Que résulte-t-il donc de ces interdictions de la censure ? Des fables monstrueuses que la réalité dissiperoit.

Jeté au milieu des mers où le Camoëns plaça le génie des tempêtes, Buonaparte ne peut se remuer sur son rocher sans que nous ne soyons avertis de son mouvement par une secousse. Un pas de cet homme à l'autre pôle se feroit sentir à celui-ci. Si la Providence déchaînoit encore son fléau, si Buonaparte étoit libre aux États-Unis, ses regards, attachés sur l'Océan, suffiroient pour troubler les peuples de l'ancien monde : sa seule présence sur le rivage américain de l'Atlantique forceroit l'Europe à camper sur le rivage opposé.

Et toutefois cet homme formidable auroit depuis long-temps cessé de l'être pour nous, n'étoit le fatal système établi par les ministres. Mais si, comme avant le 20 mars, les partisans de l'usurpateur obtiennent seuls la confiance, occupent seuls les places ; si des lois démocratiques ressuscitent la puissance et les passions populaires, c'est de nouveau paver le chemin à l'homme de malheurs. La tentative de son évasion est du mois de septembre ; il étoit donc possible qu'il nous arrivât pour les élections et pour le recrutement : il auroit pu voter à son tour pour ceux qui ont voté pour sa dynastie, et avoir le plaisir d'entendre retentir son nom.

Paris, ce 30 novembre 1818.

Ce fut le 25 du mois d'août 1451 que Bayonne ouvrit ses portes à Charles VII, et que les Anglois quittèrent la France. On avoit vu en l'air une croix blanche, surmontée d'une couronne qui se changea en fleur de lis. On conclut de cette merveille que le Ciel vouloit que les François se réunissent, et qu'ils prissent tous la croix blanche telle que nos gens d'armes la portoient alors. Au moment où j'écris, les derniers soldats étrangers abandonnent nos frontières; allons-nous nous réunir et prendre tous la croix blanche? Cela dépend des ministres. On dit qu'ils s'occupent déjà de leurs discours, et qu'ils veulent régenter tout le monde. Dans ce cas, un rapprochement est impossible. Si le ministère affecte la menace, il ne fera peur à personne : on l'aime trop pour le craindre.

Les uns se flattent que le retour du président du conseil amènera d'heureux changements; les autres prétendent que nous resterons comme nous sommes; c'est notre sentiment : nous croyons même qu'on abondera dans le sens de l'opinion indépendante. L'antipathie des ministres contre les royalistes l'emportera; ils nous ont fait trop de mal pour nous le pardonner.

Qu'un homme en place est heureux ! Il peut faire autant de sottises qu'il le veut, et aussi long-temps qu'il le peut. Mais si un beau jour il lui est utile de changer de système, il n'a qu'à parler. Qu'il dise seulement : « J'ai fait, je vous assure, tout le bien possible; j'ai empêché tout le mal qui ne s'est pas fait. Continuez-moi ministre, et vous verrez. » Chacun, enchanté, répète les paroles du grand homme : « Il pense comme vous et moi, disent les bons royalistes ; il n'a aucune raison d'être mauvais. Il a été forcé de faire comme les autres pour garder sa place ; mais au fond c'est lui qui a empêché telle destitution, qui s'est opposé à la désorganisation de la garde royale. — Qui vous a dit cela ? — Hé mais ! c'est le ministre lui-même. — Dans ce cas, le fait est certain. »

Le Conservateur a sa part d'injures dans tous les pamphlets du jour ; mais il ressemble aux médecins, qui ne craignent pas de s'exposer au mauvais air des hôpitaux pour guérir des fièvres contagieuses : il continue à purifier l'opinion, à ranimer les idées monarchiques et les droits d'une sage liberté. Le bruit de la tentative de Buonaparte pour s'évader de Sainte-Hélène inquiétoit les esprits, quand *le Conservateur*, en racontant le simple fait, a dissipé les alarmes. Alors il a bien fallu se décider à instruire le public. Le premier esclave de la censure, le grave *Moniteur*, s'est excusé de son silence sur ce que quelques journaux anglois paroissoient douter de la vérité d'un événement consigné dans un rapport du gouverneur de Sainte-Hélène. On voit que le *Moniteur* a le secret des dépêches officielles, ce qui l'a rendu cette fois un peu incrédule.

Tandis que les feuilles ultra-libérales en France accusent *le Conservateur* de gothicisme, il est curieux de voir *l'Argus*, en Angleterre, l'anathématiser comme libéral. *L'Argus* reproche au *Conservateur* ses principes constitutionnels; il attaque, sous les mêmes rapports, les *Réflexions politiques* et *la Monarchie selon la Charte*. Nous allons mettre tout le monde d'accord : nous acceptons des ultra-libéraux notre brevet de vieux royalistes, et nous prenons de la main de M. le marquis de Chabanes notre certificat de constitutionnels.

Nos tribunaux retentissent encore de la douloureuse affaire de madame de Saint-Morys. Rien ne peint mieux l'esprit des temps que cet épouvantable procès : des juges écoutent une discussion sur le duel, sans qu'on rappelle les anciennes lois, regardées comme abolies, tandis qu'on reconnoît force juridique à une foule de décrets de la Convention ; une veuve plaide elle-même pour son mari tué, et ce n'est pas elle qui attaque, c'est elle qui se défend contre celui qui a tué son mari; à cette cause se joignent des détails révoltants sur la mort du gendre de la veuve infortunée ; et personne ne parle de madame de Saint-Morys ; et Paris et la France entière ont été occupés de madame Manson! Voilà ce que nous sommes. Doux, indulgent, humain, citoyen vertueux, brave soldat, M. de Saint-Morys étoit un de ces hommes rares chez lesquels la chaleur des sentiments n'exclut pas les lumières de la raison ; la modération de son esprit régloit les mouvements de son cœur. Il n'aura eu, en expirant, que le regret de mourir pour sa propre cause, et non pour celle de son roi.

Ce nom de madame Manson nous fait souvenir

qu'on vient de publier une dernière déclaration de Bastide et de Jausion, faite en présence d'un magistrat et d'un prêtre; ils y protestent de leur innocence. Desrues en fit autant; mais au moins ne cherchat-il pas à provoquer les soupçons contre des innocents; et Jausion n'a pas craint de le faire. Ces infortunés avoient-ils pu oublier les dépositions de leurs complices et des témoins oculaires, de la Bancal, de Bax, de Bousquier, des enfants de la Bancal, de madame Manson, et de tant d'autres?

Si les journaux étoient libres, rien de plus naturel que cette publication; mais quel goût singulier la censure a-t-elle pour de pareils morceaux, lorsqu'il faut lui forcer la main pour l'obliger à parler de l'innocence des royalistes?

Une considération plus grave vient se mêler à ces réflexions. Si les débats qui ont précédé le jugement ont établi jusqu'à l'évidence la culpabilité des accusés; si la conviction de deux jurys a pu seule déterminer deux fois l'arrêt de la justice, n'y a-t-il pas péril pour la société à laisser mettre en question les lumières ou l'équité des tribunaux?

Le public semble se décider contre la loi des élections; mais on doute que le ministère ait quelque rapport avec le public. En attendant, les raisonnements principaux sont de deux sortes : « La « loi des élections, disent les indépendants, est une « loi populaire, une concession faite au peuple, « des droits acquis que vous ne pouvez plus retirer. « En ce faisant, vous vous placeriez en dehors « de la nation. »

« Ce n est point, disent plus justement les roya-
« listes, une loi populaire : c'est au contraire une
« loi qui exclut le peuple des élections, et qui crée
« une classe de privilégiés à cent écus; et dans cette
« classe de privilégiés réside essentiellement l'opi-
« nion démocratique. Pour que la loi fût populaire,
« il faudroit qu'elle descendît plus bas. Loin d'avoir
« donné des droits au peuple, vous lui en avez ôté.
« Corriger la loi, c'est vous replacer dans la mo-
« narchie dont vous êtes sortis. »

Ainsi l'on raisonne. Mille projets sont formés :
les serviteurs particuliers des ministres voudroient
faire à la loi des élections un amendement dont le
résultat seroit de donner à leurs maîtres une espèce
de dictature pour cinq années. Reste à savoir si les
Chambres consentiroient à violer la Charte, à gêner
l'exercice de la prérogative royale, afin d'établir
un renouvellement intégral qui ne seroit pas uni
au changement radical de la loi. On parle aussi
de former une seconde classe d'électeurs qui seroient choisis parmi des hommes de soixante ans :
cela ne conviendroit pas trop mal à une vieille
monarchie.

Les députés arrivent lentement à Paris. Les em-
baucheurs pour le ministère, les attendent à leur
débotté; ils se tiennent en embuscade à la porte
des hôtels garnis, comme nos anciens recruteurs
sur le quai de la Ferraille : l'enrôlement volontaire
n'est plus en faveur. Cependant chaque député
s'occupe de son travail : on assure qu'un membre
de l'opposition de gauche a le projet de renouveler

la proposition de M. le maréchal Macdonald, en faveur des émigrés dont les biens ont été vendus ; les royalistes reviennent comme ils sont partis ; les doctrinaires s'attachent plus à faire des prosélytes qu'à préparer des opinions.

Nous attendons, pour parler des élections du Gard, à avoir reçu tous les renseignements. Les hommes voulant avec sincérité la liberté des suffrages doivent, quelles que soient leurs opinions, se réunir pour mettre fin à des scandales qui feroient de notre gouvernement représentatif une véritable moquerie. Nous n'avons point examiné les discours des présidents des colléges électoraux, car on ne peut tout examiner : ils nous auroient cependant fourni des rapprochements curieux avec d'autres pièces authentiques. Nous aurions fait remarquer la grande prudence d'un président qui loue si bien les électeurs d'avoir toujours été soumis à l'autorité du moment : heureux ceux qui prêchent d'exemple !

Paris, 5 décembre 1818.

J'ai parlé de l'état intérieur de la France, relativement à la politique [1].

J'ai dit que le système ministériel tend à faire sortir le despotisme des principes populaires ; que ce système veut former une royauté sans

---

[1] *Voyez*, ci-dessus, l'article du 22 octobre.

royalistes, une monarchie sans bases monarchiques.

J'ai annoncé que nos lois fondamentales, ouvrages irréfléchis du ministère, le mèneroient malgré lui à la démocratie.

Maintenant, je vais considérer le système ministériel dans ses effets moraux : ici, le mal est grand; la plaie est au cœur.

Le ministère a inventé une morale nouvelle, *la morale des intérêts* : celle des *devoirs* est abandonnée aux imbéciles.

Or, cette morale des intérêts, dont on veut faire la base de notre gouvernement, a plus corrompu le peuple dans l'espace de trois années, que la révolution entière dans un quart de siècle.

Ce qui fait périr la morale chez les nations, et avec la morale les nations elles-mêmes, ce n'est pas la violence, mais la séduction; et par séduction j'entends ici ce que toute fausse doctrine a de flatteur et de spécieux. Les hommes prennent souvent l'erreur pour la vérité, parce que chaque faculté du cœur ou de l'esprit a sa fausse image : la froideur ressemble à la vertu, le raisonner à la raison, le vide à la profondeur, ainsi du reste.

Donc, le dix-huitième siècle fut un siècle destructeur, car nous fûmes tous séduits. Nous rîmes de la religion; nous dénaturâmes la politique; nous nous égarâmes dans de coupables nouveautés de paroles. Au lieu de regarder en haut, nous regardâmes en bas, cherchant l'existence sociale dans la dégradation de nos mœurs, dans les principes populaires : nous commencions à avoir ce que l'Écriture appelle *les vices des derniers temps* : mot profond.

La révolution vint nous réveiller : en poussant le François hors de son lit, elle le jeta dans la tombe. Toutefois le règne de la terreur est peut-être de toutes les époques de la révolution celle qui fut la moins dangereuse à la morale. Pourquoi ? Parce qu'aucune conscience n'étoit forcée : le crime paroissoit dans sa franchise. Des orgies au milieu du sang, des scandales qui n'en étoient plus à force d'être horribles ; voilà tout. Les femmes du peuple venoient travailler à leurs ouvrages domestiques, autour de la machine à meurtre, comme à leurs foyers ; les échafauds étoient les mœurs publiques, et la mort le fond du gouvernement. Rien de plus net que la position de chacun : on ne parloit ni de spécialité, ni de positif, ni de système d'intérêts. Ce galimatias des petits esprits et des mauvaises consciences étoit inconnu. On disoit à un homme : « Tu es chrétien, noble, riche : meurs ; » et il mouroit. Antonelle écrivoit qu'on ne trouvoit aucune charge contre tels prisonniers, mais qu'il les avoit condamnés comme aristocrates : monstrueuse franchise, qui nonobstant laissoit subsister l'ordre moral ; car ce n'est pas de tuer l'innocent comme innocent qui perd la société, c'est de le tuer comme coupable.

En conséquence, ces temps affreux sont ceux des grands dévouements. Alors les femmes marchèrent héroïquement au supplice ; les pères se

livrèrent pour les fils, les fils pour les pères; des secours inattendus s'introduisoient dans les prisons, et le prêtre que l'on cherchoit consoloit la victime auprès du bourreau qui ne le reconnoissoit pas. Alors les paysans vendéens se faisoient des armes des débris de leurs charrues, pour enlever des batteries de canon; alors La Rochejaquelein tomboit, enveloppé dans le drapeau blanc, dans les mêmes champs où, à la bataille de Poitiers, « fut occis, dit Froissard, monseigneur Geof-
« froy de Charny, la bannière de France entre ses
« mains. »

La morale, sous le Directoire, eut plutôt à combattre la corruption des mœurs que celle des doctrines; il y eut débordement. On fut jeté dans les plaisirs comme on avoit été entassé dans les prisons. Dissipateur de l'avenir, on forçoit le présent à avancer des joies sur cet avenir, dans la crainte de voir renaître le passé. Chacun n'ayant pas encore eu le temps de se créer un intérieur, vivoit dans la rue, sur les promenades, dans les salons publics. Familiarisé avec les échafauds, et déjà à moitié sorti du monde, on trouvoit que cela ne valoit pas la peine de rentrer chez soi. Il n'étoit question que d'arts, de bals, de modes : on changeoit de parures et de vêtements aussi facilement qu'on se seroit dépouillé de la vie.

Tandis qu'une partie du Directoire favorisoit cette corruption, en faisant falsifier des pièces historiques, publier des romans infâmes, vendre et abattre les restes des monuments de nos rois, une autre partie prenoit une route opposée. La Réveillère-Lépeaux inventoit la *théophilantropie*. Cette vision étoit au moins conforme à la morale : les *théophilantropes* ne préconisoient pas les intérêts ; ils recommandoient les devoirs. Ridicules, mais pauvres, ils ont épargné à la mort le soin de les dépouiller : elle les a trouvés nus.

Sous Buonaparte, la séduction recommença, mais ce fut une séduction qui portoit son remède avec elle : Buonaparte séduisoit par un prestige de gloire ; et tout ce qui est grand porte en soi un principe de législation. Il concevoit qu'il étoit utile pour lui de laisser enseigner la doctrine de tous les peuples, la morale de tous les temps, la religion de toute éternité. Il recherchoit même les victimes de la révolution : il y avoit honneur à avoir souffert. Ceux qui refusoient d'entrer dans le nouvel ordre social restoient à part : ils s'élevoient comme des ruines vénérables au milieu des édifices modernes. On disoit, en les regardant avec un sentiment de respect : Voilà la vieille France.

Pourquoi donc un royaliste isolé, sans appui, sans fortune, sans influence, étoit-il quelque chose aux yeux d'un homme qui comptoit les hommes pour rien ? Cet homme n'avoit pas pour maxime de se rapprocher de la foiblesse. C'est qu'il voyoit dans le royaliste un ennemi naturel de ces dogmes démocratiques que, par un contre-sens stupide, nous favorisons aujourd'hui ; c'est que le royaliste lui représentoit une force, la force morale, la preuve irréfragable de la puissance du devoir. Il reconnoissoit dans cette puissance un grand élément de la société, puisqu'elle avoit maintenu la monarchie pendant quatorze siècles. Le devoir, toujours le même, fait participer les gouvernements qu'il soutient à la permanence de son principe; l'intérêt, variable et divers, ne peut être que la base mouvante d'un édifice de quelques jours.

Je dis encore que l'ordre moral est moins attaqué, quand la fausse position où il se trouve est la suite d'une fausse position politique. Or, avant la restauration, le gouvernement lui-même étoit une violence : les prospérités pouvoient être injustes, l'infortune non méritée, sans qu'il y eût dépravation. La chose existante n'étoit point le résultat d'un consentement, mais d'une force; les droits de la morale n'étoient pas méconnus, ils n'étoient que violés.

Mais si ces droits continuent d'être violés sous un gouvernement légitime, il s'ensuit qu'ils sont méconnus, et cela ne va pas moins qu'à établir qu'ils sont en eux-mêmes chimériques; que, par le fait, ils n'existent point : alors il y a principe de dissolution dans le corps social.

Je ne serois pas étonné de m'entendre répondre : Fonder la société sur un devoir, c'est l'élever sur une fiction : la placer dans un intérêt, c'est l'établir dans une réalité.

Les esprits spéciaux ne seroient-ils que des esprits bornés? Je remarque que leur positif est presque toujours un manque d'idées : ce sont des joueurs d'échecs qui ne voient que le premier coup, et qui n'ont pas assez de force de tête pour calculer la série des coups renfermés dans le mouvement qu'ils font. Il faut donc leur apprendre que c'est précisément le devoir qui est un fait, et l'intérêt une fiction. Le devoir qui prend sa source dans la Divinité descend d'abord dans la famille, où il établit des relations réelles entre le père et les enfants ; de là, passant à la société, et se partageant en deux branches, il règle dans l'ordre politique les rapports du roi et du sujet ; il établit dans l'ordre moral la chaîne des services et des protections, des bienfaits et de la reconnoissance. C'est donc un fait très positif que le devoir, puisqu'il donne à la société humaine la seule existence durable qu'elle puisse avoir.

L'intérêt est une fiction quand il est pris, comme on le prend aujourd'hui, dans son sens physique et rigoureux, puisqu'il n'est plus le soir ce qu'il étoit le matin ; puisqu'à chaque instant il change de nature ; puisque, fondé sur la fortune, il en a la mobilité. J'ai intérêt à conserver le champ que j'ai acquis, mais mon voisin a intérêt à me le prendre : si pour s'en rendre maître il n'a besoin que de faire une révolution, il la fera ; car il est reconnu que partout où il y a intérêt, il n'y a plus crime.

On réplique : « Les lois sont là pour maintenir « l'ordre et la propriété. » Eh ! que sont les lois sans les devoirs ? Elles sont lois tant que je serai le plus foible; le jour où je deviendrai le plus fort, n'étant arrêté par aucun devoir, je me rirai de ces lois, et j'en ferai d'autres à mon usage. Et cela m'arrivera souvent; car une mort, une naissance, un accident fortuit, peuvent faire varier ma position : il faudra que la société se modifie autant de fois que mes intérêts cesseront d'être les mêmes. L'intérêt meurt avec l'homme, le devoir lui survit : voyez si vous voulez faire une société mortelle comme notre corps, ou immortelle comme notre âme.

Que si vous dites que je ne parle ici que de l'intérêt personnel; qu'il y a d'autres intérêts généraux, d'autres nécessités politiques qui consolident la société; que chacun, par exemple, veut l'ordre, la paix, la prospérité de l'État, parce qu'ils maintiennent l'ordre, la paix, la prospérité des individus et des familles : tout cela sont des mots. Par la morale des intérêts, chaque citoyen est en état d'hostilité avec les lois et le gouvernement, puisque, dans la société, c'est toujours le grand nombre qui souffre. On ne se bat point pour des idées abstraites d'ordre, de paix, de patrie; ou si l'on se bat pour elles, c'est qu'on y attache des idées de sacrifices; alors on sort de la morale des intérêts pour rentrer dans celle des devoirs : tant il est vrai que l'on ne peut trouver l'existence de la société hors de cette sainte limite !

Les bonnes lois ne sont que la conscience écrite : la morale des intérêts contrarie la conscience. Que disent les lois? Respectez le bien d'autrui. Que disent les intérêts? Prenez le bien d'autrui. La morale des intérêts est donc par le fait anti-sociale. Elle prend pour levier politique les vices des hommes, au lieu d'agir avec leurs vertus. Or les vices sont foibles et caducs ; vous bâtissez donc avec des instruments qui se briseront dans vos mains.

Qui remplit ses devoirs s'attire l'estime ; qui cède à ses intérêts est peu estimé : c'étoit bien du siècle de puiser un principe de gouvernement dans une source de mépris !

Le système des intérêts est le système du despotime qui resserre tout ; il contrarie la nature du gouvernement représentatif qui étend tout. Dans ce dernier gouvernement la vie est en commun : de là ces nombreuses associations existantes en Angleterre, et consacrées à toutes les sortes de malheurs et d'industries. La plupart de ces associations ne sont pas fondées sur des intérêts personnels, puisqu'elles sont soutenues par des hommes riches et puissants, à l'abri des infortunes qu'ils soulagent. Dans notre ancienne monarchie, c'étoit la religion qui se chargeoit de cette partie des devoirs sociaux. Maintenant que nous avons renversé nos fondations chrétiennes, si nous ne créons pas, à l'aide de la morale des devoirs, un esprit public, les intérêts individuels ne rétabliront pas les monuments de l'antique charité. Élevez nos hommes politiques à ne penser qu'à ce qui les touche, et vous verrez comment ils arrangeront l'État. Ils chercheront à arriver au pouvoir par mille bassesses, non pour faire le bien public, mais pour faire leur fortune. Vous n'aurez que des ministres corrompus et avides, semblables à ces esclaves mutilés qui gouvernoient le Bas-Empire, et qui vendoient tout au plus offrant, se souvenant d'avoir eux-mêmes été vendus.

Par la morale des intérêts l'âme humaine perd sa beauté, la vertu ses leçons, l'histoire ses exemples. Je n'ai point demandé aux ruines de Sparte si Léonidas avoit connu la morale des intérêts. « Il y « a des pertes triomphantes à l'envi des victoires, « dit Montaigne ; ni ces quatre victoires sœurs, les « plus belles que le soleil ait oncques vu de ses yeux, « de Salamine, de Platée, de Mycales, de Sicile, « n'osèrent oncques opposer toute leur gloire en- « semble à la gloire de la déconfiture du roi Léoni- « das. » La France, comme la Grèce, repousse par son caractère la morale des intérêts. Notre vieille monarchie étoit fondée sur l'honneur : si l'honneur est une fiction, du moins cette fiction est naturelle à la France, et elle a produit d'immortelles réalités. Étoit-ce pour l'intérêt ou le devoir que la fleur de la chevalerie françoise mourut à Crécy et à Poitiers ? Étoit-ce l'intérêt ou le devoir qui porta les bourgeois de Calais à livrer leurs têtes à Édouard ? Quand Charles VII étoit à Bourges, et Henri V à Paris, tous les intérêts étoient d'un côté, tous les devoirs de l'autre. Qui l'emporta, des intérêts ou des devoirs ? On trouve dans les anciens comptes de la ville de Chartres une somme de 40 sous donnée à un tailleur pour avoir raccommodé le pourpoint de Henri IV : il paroîtroit que ceux qui suivoient alors ce roi n'y trouvoient point un grand intérêt.

Remarquez ceci : les intérêts ne sont puissants

que lors même qu'ils prospèrent. Le temps est-il rigoureux, ils s'affoiblisent. Les devoirs, au contraire, ne sont jamais si énergiques que quand il en coûte à les remplir. Le temps est-il bon, ils se relâchent. J'aime un principe de gouvernement qui grandit dans le malheur : cela ressemble beaucoup à la vertu.

Il y a plus : les mauvaises consciences ne sont pas touchées, autant qu'on le pourroit croire, par la morale des intérêts, et c'est ce qui trompe dans les catastrophes des empires. On se dit : cet homme est si bien traité, il a toutes les places, pourquoi voudroit-il faire une révolution ? parce que sa conscience lui fait des reproches ; parce qu'il ne peut exister dans un ordre de choses légitimes ; parce que la société des méchants est sa société naturelle : comme ces malheureux depuis long-temps accoutumés à vivre dans les bagnes, il ne peut respirer à son aise que dans un air infect et pestiféré.

Quoi de plus absurde que de crier aux peuples : Ne soyez pas dévoués ! n'ayez pas d'enthousiasme ! ne songez qu'à vos intérêts ! C'est comme si on leur disoit : Ne venez pas à notre secours, abandonnez-nous, si tel est votre intérêt. Avec cette profonde politique, lorsque l'heure du dévouement arrivera, chacun fermera sa porte, se mettra à la fenêtre, et regardera passer la monarchie. Ce n'est pas en favorisant les passions, mais en les combattant, que tous les législateurs ont cherché à donner force aux empires. Platon défendoit le vin à la jeunesse, et ne le permettoit qu'aux vieillards. Si la politique n'est pas une religion, elle n'est rien; or, la religion ne commande pas aux hommes d'être avares et égoïstes : elle leur prescrit des règles toutes contraires. La société, comme l'homme, n'est forte que de privations. Lorsque les Romains vivoient de fromentée et de pois chiches, ils étoient libres et puissants ; c'étoit alors qu'ils avoient des rois pour instrument de servitude, selon l'expression de Tacite : *Ut haberent instrumenta servitutis et reges.* Ils étoient esclaves et foibles lorsque Héliogabale les nourrissoit de gâteaux et de foie de murène. Camille les délivra de Brennus avec son épée; pour échapper aux mains d'Alaric, ils donnèrent des épiceries et des manteaux. Ils rachetèrent leur liberté avec du sang, leur esclavage avec de la pourpre. A la première époque ils en étoient à la morale des devoirs, à la seconde au système des intérêts.

Et quel moment a-t-on choisi pour établir parmi nous ce vil système ? celui-là même où l'on étoit, pour ainsi dire, affamé de devoirs, et disposé à les remplir tous. Pourquoi la France pleuroit-elle de joie en 1814, au seul nom d'un roi qu'elle n'avoit jamais vu ? Pourquoi chacun s'empressoit-il de faire les sacrifices qui sembloient conformes à l'équité? Pourquoi ce transport des pères de famille, qui présageoient des jours plus heureux pour leurs enfants? Il semble qu'on ait eu peur des sentiments généreux prêts à renaître. Quand la Chambre de 1815 écoutoit avec tant de respect et de résignation la lecture d'un traité si cruel à la France, tout annonçoit dans cette religieuse et monarchique assemblée le retour aux plus touchants devoirs. Espérances d'un avenir réparateur, qu'ils sont coupables les hommes qui vous ont fait évanouir!

Que voulez-vous que le peuple conclue de la morale qu'on lui prêche, du spectacle qu'on lui donne? De toutes parts on lui répète, dans un jargon subtil, qu'il a bien fait d'avoir fait ce qu'il a fait, d'avoir pris ce qu'il a pris; que si les nobles ont été égorgés, les prêtres proscrits, les propriétaires dépouillés, c'est apparemment leur faute; que ces nobles étoient des tyrans, ces prêtres des fanatiques, ces propriétaires des aristocrates; que ce sont eux qui ont tué Louis XVI par leur résistance; que le trône n'a péri que par hasard; que si l'on a détruit la monarchie, c'étoit pour son bien; que rien n'est si beau que la révolution; qu'il y a une alliance naturelle entre cette révolution et la royauté légitime. Oui, il y a alliance : si je m'en souviens bien, elle fut faite le 21 janvier 1793, à dix heures dix minutes du matin; la démocratie fut témoin, et prêta serment, en cette qualité, sur la tête sanglante de Louis XVI!

De telle façon, endoctriné par de tels pédagogues politiques, le peuple de nos villes voit l'exemple confirmer la leçon : on chasse à ses yeux des plus grandes places comme des plus petites tous ceux qui ont eu le bonheur de rendre quelque service à la couronne; on élève aux honneurs tous ceux qui ont trahi cette même couronne. Les paysans, dans les campagnes, reçoivent les mêmes enseignements : là reparoît l'ancien propriétaire qui fut persécuté pour son roi : il revient mourir de faim à la porte de la maison où jadis il distribuoit ses aumônes. Au moins, est-il honoré dans son indigence, dans ses sacrifices? Point : on le dépeint comme un ennemi du roi, un conspirateur, un pervers, un stupide. On lui avoit donné d'abord un chétif emploi pour vivre; on le lui ôte. Dépouillé comme royaliste par les agents d'un gouvernement usurpateur, il est dépouillé de nouveau comme royaliste par les ministres d'un gouvernement légitime.

Rien n'est plus facile à un ministre de signer négligemment une destitution que lui commande la haine, que lui enlève l'intrigue; le soir il n'en retrouve pas moins sa table, son lit, ses laquais de toutes les sortes. Mais le malheureux qu'il a frappé, le pauvre royaliste, qui, pour remplacer la perte entière de sa fortune, n'avoit que les modiques appointements d'une place ignorée, retrouve-t-il sa table, son lit, ses serviteurs? Il ne retrouve qu'une famille en larmes, que la compagne de son exil, que des enfants élevés dans la misère à prier Dieu pour le roi! Voulez-vous donc qu'il se mette au service des possesseurs de son bien; qu'il devienne le valet de sa ferme? Cela seroit possible à la rigueur; mais il ne faudroit pas qu'il eût reçu au service du roi des blessures qui l'empêchent de labourer une terre ingrate, de creuser au moins sa tombe dans le sillon qui n'est plus à lui!

Par un tel système, un horrible ravage est fait dans le cœur humain; c'est comme si vous donniez des leçons publiques de trahison, d'injustice et d'ingratitude. Les docteurs de cette science sont véritablement assis dans la chaire empestée. Les méchants diront : « Continuons à faire le mal, puis-« qu'on en est récompensé. » Les bons commenceront à regarder la vertu comme une duperie, les sacrifices comme une sottise. Dans cet ordre de choses, il n'y a que des prospérités fragiles, *fortuna vitrea*, des bénédictions que le ciel maudit. Bouleverser toutes les idées du juste et de l'injuste, c'est mettre la hache dans les fondements de la société humaine ; c'est briser tous les liens de l'obéissance et de la fidélité. Vous prêchez la morale des intérêts, en contradiction avec celle des devoirs ; hé bien ! voici la conséquence de cette morale, si vous parveniez à l'établir : le gouvernement ne seroit plus qu'un accident dans l'État, accident tantôt légitime, tantôt illégitime, tantôt républicain, tantôt monarchique, au gré de l'intérêt dominant, et une révolution politique deviendroit le moindre des événements chez un peuple.

Nos enfants s'élèvent au milieu du désordre des idées morales ; leurs oreilles et leurs yeux s'accoutument à entendre et à voir le mal : ils apprennent à étouffer leurs vertus, à suivre leurs passions. Quelle race doit donc sortir du milieu de nos exemples ? La jeunesse, naturellement généreuse, sera flétrie avant d'avoir atteint l'âge où l'expérience détruit les illusions. Ces systèmes, que nous promenons sur la France, loin de la fertiliser, la rendront stérile : ils ne ressemblent pas à ces charrues qui fécondent la terre, mais à celles qui coupent les fleurs :

> Purpureus veluti cum flos succisus aratro
> Languescit moriens.

Paris, 5 décembre 1818.

Que dit-on aujourd'hui ? on dit qu'il n'y aura pas renouvellement dans l'administration, mais seulement remue-ménage. Si, pour le bonheur de la France, on consent à rester ministre, il est tout simple qu'un tel sacrifice soit au moins adouci par la faculté de changer de ministère.

Ces arrangements de famille, en cas qu'ils aient lieu (car qui peut sonder la profondeur des conseils ministériels ?), n'altèreront en rien le système général, ou plutôt ils lui donneront une nouvelle force; les ministres joueront aux quatre coins sans que nous changions de place. Les hommes d'État ne laissent point leurs mœurs domestiques influer sur la publique destinée. Cependant on pourroit croire que le ministère est divisé en deux partis trop foibles pour s'exclure mutuellement; l'un, par jugement comme par loyauté, voudroit se rapprocher des royalistes; l'autre, par goût comme par humeur, se jette dans les bras des indépendans. Dans cette position perplexe la session s'ouvrira, et la nécessité d'avoir une majorité obligera peut-être l'autorité à favoriser encore l'opinion démocratique.

Les autorités se sont aventurées dans une espèce d'impasse politique, d'où elles ne savent plus comment sortir. De là mille projets fantasques : c'est très sérieusement que les caudataires des ministres rêvent le renouvellement intégral, sans autres modifications dans la loi des élections. Lorsque les royalistes combattoient pour une loi complète, ils demandoient aussi le renouvellement intégral; ils le vouloient avec le changement d'âge, l'augmentation de nombre, et les deux degrés d'élection. Nous ne demanderons point aux ministres ce que deviendront, dans leur nouveau projet, leurs réclamations contre la violation de la Charte; ce que deviendront l'ordonnance du 5 septembre et sa médaille, monuments triomphaux de notre invariable retour à la Charte. Nous ne citerons point à ces ministres leurs propres discours contre le renouvellement intégral : il faut ménager l'amour-propre, et ne pas faire rougir la pudeur. Nous dirons que le principal argument seulement répété dans ces discours étoit celui-ci : *Que le renouvellement intégral amèneroit une révolution tous les cinq ans.* Ce raisonnement, faux lorsqu'il s'applique à une loi monarchique, est parfaitement juste avec la loi démocratique que nous avons aujourd'hui. Ainsi, par le renouvellement intégral, nous aurions le despotisme ministériel pendant cinq ans; et, après cinq ans, l'espérance d'une république. Au lieu de sauver la France, nous n'aurions sauvé que le ministère; nous serions tombés dans la méprise du *dauphin* de la Fable. Dans quelle antichambre ce grand dessein a-t-il pris naissance ? Cela sent bien ce fier esprit d'égalité, en même temps que d'humble soumission, répandu parmi ces hommes qui attendent leur dîner ou leur maître.

Pourquoi les ministres veulent-ils le renouvellement intégral ? parce qu'ils craignent le renouvellement partiel : se croyant sûrs de la majorité, ils s'arrangent pour la garder cinq années. Voyez l'énorme vice de cette mesure. Si, dans le cours de ces cinq ans, vous perdez la majorité (ce qui est très possible et même très probable, puisque cette majorité ne se compose que d'un petit nombre de voix), que ferez-vous ? Si la Chambre refusoit un budget, la couronne n'oseroit donc la dissoudre, dans la peur de voir arriver une chambre toute démocratique ? Voilà la position dans laquelle on se placeroit en prenant un de ces demi-partis, qui perdent tout et ne sauvent rien.

Le sort de la France est pour ainsi dire aujourd'hui entre les mains des députés qui, jusqu'à présent, ont cru devoir voter avec le ministère. Ils peuvent faire cesser ces coupables hésitations ; ils peuvent, en s'unissant à la minorité, forcer le ministère à changer de système : la patrie, qui leur devra son salut, placera leurs noms parmi ceux de ses meilleurs et de ses plus généreux citoyens.

Ce n'est pas tout : on sème des bruits sur la suspension de la liberté de la presse ; du moins on voudroit étendre la censure jusque sur les feuilles semi-périodiques. On n'a songé à cette grande mesure constitutionnelle que depuis l'apparition du *Conservateur*. Vous verrez que nous porterons malheur à *la Minerve*. Mais pourtant qui est-ce qui lit *le Conservateur ?* Y a-t-il un ouvrage plus lourd, plus ennuyeux ? On s'y abonne d'une manière folle, mais en vérité on ne sait pourquoi. Pas un seul esprit spécial qui écrive dans cette rapsodie ; jamais de positif, d'administratif, de *statistif !*

Pourquoi les ministres demanderoient-ils la suspension de la liberté de la presse ? n'ont-ils pas la loi sur les *cris* et *écrits* séditieux ? Ne trouvera-t-on pas bien dans les ouvrages d'un royaliste quelque page contre la légitimité, et dans les livres d'un indépendant quelque phrase contre la liberté ? Qu'on fasse donc mettre à la Force ces écrivains séditieux. Alors la littérature ministérielle règnera glorieusement en France : le dieu de l'harmonie, comme une divinité assyrienne dont le nom nous échappe, descendra au quai Malaquais, sur un char tiré par des mouches ; la police, nouveau Parnasse, fleurira ornée de toutes les grâces de la liberté.

En attendant que la liberté soit totalement ravie à la presse, pour la plus grande gloire de la Charte, on fait un étrange usage des journaux déjà censurés. Une partie de la plaidoirie de M. Couture, dans l'affaire du général Canuel, est omise dans les journaux. Est-ce que tous les sténographes se sont entendus pour négliger les mêmes passages, ou bien ces passages ont-ils été rejetés par la censure ? Alors nous demanderions de quel droit la police se permet de supprimer quelque chose des débats qui doivent être publics, et qui sont du ressort immédiat de la justice? Nous avons déjà fait remarquer cette audace de la police, à propos du procès de Pleignier, procès dans lequel la vie de plusieurs hommes étoit compromise.

Des tribunaux de justice à l'arbitraire il y a un peu loin : il semble pourtant que nous prenions plaisir à nous jeter dans cet arbitraire. Dans le 245e n° du *Bulletin des Lois*, on trouve une ordonnance, cotée n° 5538, qui distrait certaines communes de certains cantons pour les réunir à d'autres cantons, et qui transporte les registres de ces communes aux archives d'une autre mairie, ce qui suppose réunion de mairies. Dans ce cas, comment les ministres qui, l'année dernière, ont présenté aux Chambres des échanges de cette nature, ne se sont-ils pas souvenus qu'ils faisoient faire par une ordonnance ce qui est matière de loi? Il est fâcheux d'être obligé de les rappeler sans cesse à la Charte.

Le *Bulletin des Lois* est la véritable image du chaos où nous avons été ensevelis pendant un quart de siècle. Là sont entassés pêle-mêle tous les débris de la monarchie; là se trouvent les documents confus de toutes nos erreurs et de tous nos crimes. Le portique de ce monument est digne du monument lui-même : c'est le rapport de Couthon sur le tribunal révolutionnaire, et le décret de la Convention qui établit ce tribunal. Au frontispice sont gravés la République, un niveau et un

œil, comme pour surveiller la restauration. La mort est partout dans la loi. Cette loi déclare que les *ennemis du peuple sont ceux qui provoquent le rétablissement de la royauté*... et qui cherchent à altérer la pureté des *principes révolutionnaires*. Couthon s'élève, dans son rapport, contre la faction des *indulgents*. « On demanda, dit-il, on obtint
« des défenseurs officieux pour le tyran détrôné de
« la France.... Par ce seul acte, on abjuroit la répu-
« blique. La loi elle-même immoloit les citoyens
« au crime... »

Quand donc arrachera-t-on ces pages du *Bulletin des Lois*, où l'on n'a pas inscrit les ordonnances rendues à Gand, mais où l'on trouve les décrets des Cent-Jours? Quand cessera-t-on d'asseoir la monarchie sur les bases de la démocratie? Quel étrange piédestal aux ordonnances du roi que la loi sur la formation du tribunal révolutionnaire!.

Ce mot de *révolutionnaire* est aujourd'hui l'objet des plus vives sollicitudes. On le défend, on le lie à tous les intérêts : il est du moins authentique, puisque nous venons de le trouver dans le numéro 1er du *Bulletin des Lois* ; c'est le prendre à sa source. Il paroît que, sous la Convention, il y avoit aussi des conspirateurs qui ne concevoient pas la pureté des *principes révolutionnaires*, et à qui l'on coupoit la tête pour les rendre plus intelligents. On aime à voir que quelques-uns de nos journaux défendent ce mot chéri. Mais que ne disent-ils pas, ces journaux censurés? Nous avons lu dernièrement, dans *le Moniteur*, un article qui nous a affligés, parce que nous sommes sensibles à l'indépendance de notre patrie. Cet article est relatif à la déclaration des Puissances. On y rencontre ce passage : « C'est contre la possibilité, même la plus « éloignée, d'un désastre semblable, que l'Europe « est désormais rassurée par l'auguste fédération de « tous les monarques, veillant tous d'un commun « accord sur les mouvements de l'esprit révolu- « tionnaire, et *prêts à défendre mutuellement leurs* « *droits légitimes.* »

Et quels sont donc les mauvais François qui peuvent nous donner pour motif de tranquillité la surveillance de l'Europe ? Avons-nous besoin de tuteurs ? Une pareille surveillance seroit plus propre à nous troubler qu'à nous maintenir en paix. Avant la publication des pièces officielles, nous avions quelque crainte : on nous avoit alarmés par des bruits de *garanties mutuelles*. Nous nous demandions quelles seroient ces *garanties*, si elles ne donneroient pas droit ou prétexte aux étrangers de se mêler de nos affaires intérieures, si on ne viendroit point encore nous parler des *circonstances*, si nous en serions encore à recevoir dans des notes diplomatiques des certificats de bonne vie et mœurs, si nous n'aurions fait que changer en une garnison d'ambassadeurs une garnison de cosaques. Rien de tout cela heureusement n'existe dans la déclaration; nous sommes laissés à nous-mêmes : on nous confie à cet honneur, seconde providence de la France, qui ne l'a jamais trahie. La police devroit au moins gourmander une censure qui laisse passer des articles tels que celui que nous combattons, d'autant plus que cet article se trouvant dans *le Moniteur*, on pourroit le croire officiel. Que la police ne soit pas constitutionnelle, chacun le sait ; mais il faut au moins qu'elle soit françoise.

Paris, le 22 décembre 1818.

Les événements politiques qui ont eu lieu depuis huit jours feront époque.

A l'ouverture de la session, tous ceux qui veulent le salut de leur patrie ont travaillé à la réunion des hommes monarchiques : des négociations ont été ouvertes entre les minorités royalistes des deux Chambres et les royalistes qui, jusqu'à présent, avoient cru devoir voter avec le ministère.

Du moins les royalistes n'auront rien à se reprocher : on ne les taxera plus d'ambition ; on ne pourra plus dire qu'ils sont implacables, exclusifs, intraitables. Leur conduite dans les dernières circonstances leur méritera l'estime universelle. Cette totale abnégation d'eux-mêmes n'étoit pas toutefois sans inconvénients politiques; ils l'ont senti : ils ne se sont pas abusés sur les résultats ; mais il leur importoit, avant tout, de prouver par un fait authentique leur sincère désir d'union, et d'ôter tout prétexte à la calomnie. Mais ces hommes, si prompts à capituler sur leurs prétentions, à renoncer aux places pour eux-mêmes, seront inflexibles sur les choses : plus leur modération a été grande quand il ne s'est agi que de leur intérêt personnel, plus leur opposition sera forte quand il sera question de combattre pour les intérêts de la monarchie. On dit, par exemple, que le projet des ministres est de demander la suspension des élections pendant trois ans. Croient-ils trouver un seul royaliste qui vote pour un projet aussi monstrueux, pour un projet qui créeroit une nouvelle loi d'exception, pour un projet qui gêneroit l'exercice de la prérogative royale, et qui n'auroit d'autre résultat que de maintenir les ministres en place, en laissant la France en péril? Si la législation peut se donner par exception des pouvoirs pour trois ans, pourquoi ne se rendroit-elle pas perpétuelle? C'est arriver tout droit au *long parlement*.

Les ministres trouvent sans doute la loi des élections dangereuse, s'il étoit vrai qu'ils voulussent suspendre les élections pendant trois années. Dans ce cas, pourquoi ne la changeroient-ils pas, certains, comme on le leur a démontré, qu'ils ont avec les royalistes la majorité dans les deux Chambres?

Pensent-ils, au contraire, que la loi est bonne? Alors, pourquoi demanderoient-ils la suspension des élections?

Une partie du ministère ne seroit-elle que la dupe de l'autre dans ce projet de suspension? Au lieu de garder la Chambre trois années, ne pourroit-on pas avoir l'arrière-pensée d'en provoquer la dissolution? Ne se flatteroit-on pas d'obtenir, à force d'intrigues, de caresses, de menaces, des choix purement ministériels, et d'essayer de prouver ainsi que la loi des élections est excellente ? Terrible partie, dont les chances ne seroient pas en faveur de la monarchie légitime, *contre une fille sanglante de la Convention.*

Quoi qu'il arrive, si les royalistes, après avoir offert tant de fois une alliance généreuse, après avoir mis cette alliance au plus bas prix ; si les royalistes, disons-nous, sont encore repoussés, leur conduite dans les Chambres est d'avance tracée. Ils ne voteront point pour une suspension des élections, qui, dans l'état actuel de la loi, perdroit plus sûrement la France que le remplacement partiel ; suspension qui ne sauveroit pas la monarchie, mais seulement le ministère. On ne s'attend pas aussi que les royalistes se prononcent contre la liberté de la presse. Ils seront conséquents à ce qu'ils ont dit et fait : ils repoussent toute loi d'exception. Autant ils seroient décidés à soutenir la plus forte loi de répression relative aux abus de la presse, à demander des cautionnements considérables pour les journalistes, des châtiments rigoureux pour la calomnie, des peines terribles pour les ouvrages où la légitimité seroit attaquée, la constitution ébranlée, la sûreté de l'État compromise, autant ils rejettent la censure arbitraire qui réunit les inconvénients de la licence et de l'esclavage, qui ne prévient aucun des délits que nous venons d'énumérer, qui donne tout aux uns en refusant tout aux autres, qui n'est jamais que l'instrument du parti en pouvoir, et qui détruit radicalement le gouvernement représentatif.

Que va faire le ministère ? Sur qui s'appuiera-t-il ? Maintenant il n'y a plus de milieu possible : il faut être pour les principes monarchiques, ou abonder dans le sens de la démocratie. Tout est divisé dans les Chambres; la majorité n'existe nulle part. Chaque fraction du ministère va donc s'engager dans des rangs opposés, et mener au combat, les uns contre les autres, les royalistes, les indépendants, les doctrinaires, les ministériels de deux ou trois couleurs ? A quels moyens sera-t-on alors obligé de recourir! La *Correspondance privée* se mêlera-t-elle encore de nos dissensions nouvelles ? Quand serons-nous assez François pour dérober au moins aux étrangers la connoissance de nos misères ?

On nous a fait beaucoup de mal ; on a rappelé les principes de nos erreurs et les hommes de nos adversités. Que ceux qui peuvent nous sauver sachent pourtant que rien n'est encore perdu; qu'ils sachent que, si nous périssons, ce sera par une minorité misérable. C'est devant quelques lois et une centaine d'hommes que vous abaissez le pavillon de la monarchie. Osez regarder en face vos ennemis. Faites un signe, et demain la France est royaliste. Voyez quelle consternation quelques mots du discours du roi, et la seule espérance d'une réunion entre les honnêtes gens, avoient jetée dans le parti! Les révolutionnaires fuyoient déjà, ou exhaloient leur rage en invectives impuissantes: Écartez les petits esprits qui vous obsèdent, et vous serez étonnés du calme qui renaîtra parmi nous. Ces hommes, rendus à leur nullité, n'auront pas un seul partisan : ils disparoîtront dans l'oubli qu'appellent la médiocrité de leurs talents et la servilité de leur caractère : ils ne sont forts que de l'idée ridicule que vous avez conçue de leur capacité ; ils ne sont à craindre que de la crainte encore plus ridicule qu'ils vous inspirent. C'est vous-même qui créez le fantôme dont vous êtes poursuivis ; c'est vous qui produisez des oppositions fictives ; c'est dans votre imagination que gît l'obstacle : vous voyez ce qui n'est pas. Et néanmoins il est vrai que, n'ayant à combattre qu'une ombre, cette ombre peut vous terrasser. A force de caresser les penchants révolutionnaires, vous leur donnez de la consistance ; à force de respecter la démocratie, vous l'etablissez : toute la révolution à offert ce prodige d'une nation sacrifiée par une poignée d'hommes à une chimère.

Si une partie du ministère ne se retiroit pas, si nous devions désespérer de l'autre partie du ministère, en qui nous aimions à placer notre confiance, il y auroit encore des ressources. Ne perdons jamais courage ; la France est revenue de loin : quand Charles VII fut sacré à Reims, elle étoit plus malade qu'elle ne l'est aujourd'hui. Puisse l'huile sainte qui doit bientôt couler sur la tête d'un descendant de saint Louis fermer nos plaies, adoucir nos ressentiments, nous donner à nous-mêmes les vertus royales, à savoir l'amour de la paix, l'oubli des maux soufferts, et la force de faire du bien à nos ennemis!

Paris, le 28 décembre 1818.

Encore une année ajoutée à la vieille monarchie de Clovis! Que de fois, depuis la fondation de notre empire, nous avons brûlé ce que nous avions adoré, adoré ce que nous avions brûlé! *Adora quod incendisti, incende quod adorasti.* Le temps qui retrouve encore debout ce royaume, après quatorze siècles, retrouve aussi les descendants des premiers François, sinon avec les mêmes mœurs, du moins avec les mêmes passions. Nous nous agitons, comme les compagnons de Clovis, pour quelques dépouilles; la révolution nous a vus retourner à la liberté et à la férocité de nos ancêtres; nous avons tué des rois et des enfants de rois. Que nous reste-t-il de toutes ces fureurs? que nous restera-t-il des haines et des ambitions qui nous tourmentent encore? Que de bruit pour arriver au silence! que d'efforts pour obtenir six pieds de terre! Laissez venir un autre 1er janvier, et les acteurs seront descendus de la scène, et nous-mêmes nous ne serons plus là pour blâmer ou applaudir.

Toute cette morale n'empêche pas qu'on ne veuille toujours être ministres, maires du palais, et même portiers, s'il y a lieu. On encensera toujours Landry, Ébroïn, Bertaire, lorsqu'ils seront puissants: on les insultera toujours quand ils seront abattus. Aujourd'hui pourtant on est assez embarrassé, car on ne sait qui est ministre. Que la position des personnes prudentes est pénible! Le mieux pour elles seroit de se coucher jusqu'à l'événement. Quoi qu'il arrive, elles sont bien sûres d'avoir un ministère : alors elles sortiront, comme le renard, pour louer le lion dans sa force, comme l'âne, pour donner le coup de pied au lion malade.

« Dans le doute, abstiens-toi, » disoit un sage. Ne sachant ni quels ministres on aura, ni quel système on va suivre, il nous est impossible de tirer nos lecteurs de la perplexité qu'ils doivent éprouver.

Jusqu'au moment où nous pourrons les instruire, nous engageons les royalistes à suspendre leur jugement, et à se défier des bruits que l'on répand de tous côtés. La démocratie menacée par un changement de système s'agite et crie, ce qui prouve qu'elle est foible et qu'elle a peur. Elle va jusqu'à dire qu'elle fera présenter des pétitions par les électeurs, en cas que la législature veuille toucher à la loi des élections; comme si les électeurs ne cessoient pas d'exercer des droits au moment même où les colléges cessent d'être rassemblés! comme si ces droits n'avoient pas besoin, pour acquérir force légale, de l'ordonnance royale qui convoque les colléges électoraux! Où en serions-nous si les électeurs alloient s'imaginer qu'ils forment un corps, lequel peut avoir des volontés hors de la fonction spéciale à laquelle il est appelé? Ce seroit là de la pure démagogie, des comités d'électeurs comme en 1789. Il est toujours bon que les prétendus constitutionnels se trahissent, et qu'ils nous montrent leur arrière-pensée. Les électeurs ont le droit de pétition individuelle; comme simples *citoyens*: s'ils veulent, en cette dernière qualité, présenter des pétitions aux deux Chambres, pour le maintien de la loi actuelle des élections, ils en sont bien les maîtres; mais il y aura d'autres citoyens qui demanderont le changement de cette loi : le Roi et les majorités des Chambres trancheront la question. Qu'on ne croie pas venir nous intimider comme en 1793. Dieu merci, ce temps *d'égaremens* est passé. Il suffit que le gouvernement marche ferme, et qu'il cesse de craindre une centaine de petits personnages qui lui font illusion. Pour les réduire à la nullité la plus complète, il ne lui faut que le courage de les mépriser : dans vingt-quatre heures tout seroit fini.

On s'étonne au reste un peu trop de ce qui arrive dans ce moment relativement au changement de ministère, parce qu'on ne songe pas assez à l'espèce de gouvernement établi par la Charte.

Dans une monarchie absolue, il n'y a pas à proprement parler de ministère, il n'y a que des ministres. Presque jamais ils ne sont renvoyés à la fois; l'intrigue les place et les déplace un à un. La lutte n'existe dans l'intérieur du palais qu'avant la chute; le public ignore et cette lutte, et le temps qu'elle a duré. La gazette lui apprend quel est son maître; il s'incline et obéit.

Dans un gouvernement constitutionnel, c'est une opinion qui ouvre et qui ferme les portes du pouvoir. Un ministère tombe souvent avant d'être remplacé, comme cela est arrivé plusieurs fois en Angleterre : survient alors une espèce d'interrègne ministériel. Il faut que le ministère à recomposer remplisse les conditions voulues ; qu'il ait la majorité dans les Chambres, et que, choisi dans une opinion arrêtée, il s'avance avec toute la force de cette opinion. S'il ne réunit pas ces deux conditions, il est perdu : contrarié par les Chambres, flottant entre les partis, ne s'attachant personne, il est bientôt obligé de céder la place aux opinions opposées, lesquelles reviennent avec une puissance accrue de toute la foiblesse de l'opinion qui n'a pas su triompher.

———

Paris, ce 8 janvier 1819.

L'époque où nous vivons est essentiellement propre à l'histoire : placés entre deux empires dont l'un finit et dont l'autre commence, nous pouvons porter également nos regards sur le passé et dans l'avenir. Il reste encore assez de monuments de l'ancienne monarchie pour la bien connoître, tandis que les monuments de la monarchie qui s'élève nous offrent au milieu des ruines le spectacle d'un nouvel univers. Nous-mêmes, avec nos malheurs et nos crimes, nous venons nous placer dans ce tableau ; du moins, si notre siècle est peu fécond en grands hommes et en grands exemples, il est fertile en grands événements et en grandes leçons.

En attendant que l'*Histoire* fasse de nous des personnages, les *Mémoires* nous réclament pour des portraits : le cardinal de Retz peut nous peindre avant que Tacite nous juge. Ce sera un tableau curieux que celui des quinze jours qui viennent de s'écouler. L'Europe, trompée si long-temps, s'étonnoit que l'expérience condamnât un système jusqu'alors préconisé comme un chef-d'œuvre de sagesse. La France s'effrayoit de la renaissance des principes et des hommes révolutionnaires. Ce qu'on avoit prévu arrivoit : les deux opinions réelles croissoient, tandis que l'opinion mixte alloit disparoître. On assuroit qu'une division régnoit dans le ministère; qu'une partie des ministres vouloit soutenir l'ancien système; qu'une autre partie, au contraire, inclinoit à un changement de mesures : de sorte qu'il ne s'agissoit pas de la chute entière des ministres, mais de la retraite de quelques-uns d'entre eux, selon l'opinion qui prédomineroit dans le conseil.

A cette cause de dissolution se mêloient des ambitions particulières, s'il est vrai que tel ministre désirât le département de tel autre. La session s'ouvrit au milieu de ces incertitudes. Le bruit couroit que rien n'étoit prêt. Les députés fixoient leurs regards sur un ministère divisé, dont on annonçoit le changement tous les quarts d'heure : ils étoient venus pour discuter des lois, ils assistoient à des querelles.

Les Chambres donnèrent dans ce moment un exemple de bon esprit et de bonne conduite. Uniquement occupés du bien public, les hommes monarchiques se réunirent pour former une majorité à tout ministère qui voudroit remédier aux maux de la patrie.

Ici l'on s'apercevra que nous ne pouvons ni ne devons entrer dans les détails. Que de choses à la fois comiques et déplorables l'avenir nous apprendra! Quel jour jeté sur différents caractères! Que de ministères gagnés et perdus, faits et défaits! Que de conférences inutiles! Que de discours singuliers! Que de combinaisons bizarres! Combien de rôles joués par un même homme! Combien de *journées des dupes* dans un seul jour! Combien de tâtonnements, de craintes, de désespoirs! Tout cela en présence de la France, à peine guérie des blessures de la révolution, et qui, remplie des souvenirs de ses grandes catastrophes, attendoit en s'étonnant l'issue de ces petites intrigues.

Il suffit que l'on sache qu'un ministre en faveur a été sur le point de partir pour une ambassade éloignée, et que différentes combinaisons de ministère ont eu lieu. La haine contre les royalistes, la difficulté d'avouer qu'ils avoient eu raison, après les avoir accablés de calomnies, la foiblesse des uns, la passion des autres, la ruse de ceux-ci, l'audace de ceux-là, la frayeur des salariés et des révolutionnaires, ont fait manquer un accord qui pouvoit avoir pour la France les suites les plus importantes et les plus heureuses.

Que faut-il penser du nouveau ministère? Que peuvent espérer ou craindre de lui les hommes monarchiques? c'est ce qu'il convient d'examiner.

D'abord, pour être juste, remarquons qu'aucun membre du conseil ne porte la tache des Cent-Jours; tous les ministres actuels donnèrent, au contraire, à une époque désastreuse, des preuves de courage et de dévouement; ils pourront donc, sans rougir, parler de fidélité, et ne seront point exposés à se voir frappés par un de ces mots qui précipitent un orateur de la tribune. Ce n'est pas qu'une faute noblement reconnue ne puisse porter au bien une âme élevée; mais, dans une âme vulgaire, une première erreur corrompt toutes les actions de la vie : on fait mal, parce qu'on a mal fait, et l'on hait dans les autres la vertu qu'on n'a eu le courage ni de garder ni de reprendre.

Cette part d'éloges faite au nouveau ministère, il faut convenir qu'il se présente sous un aspect inquiétant.

Sur les six ministres qui composent le conseil responsable, trois sont connus par leur administration précédente : il est probable que les trois autres suivront l'impulsion de ceux qui semblent être les personnages dominants.

Et d'abord, de quelle manière opérera-t-on sur les fonds et les revenus de l'État? Lorsqu'un homme est rappelé à des fonctions qu'il a déjà exercées, il est naturel qu'on juge de ce qu'il fera par ce qu'il a fait; de là les sentimens opposés que produit sur les esprits la nomination de monsieur le ministre des finances : satisfaction momentanée chez les spéculateurs sur la rente, crainte chez les contribuables : les uns et les autres se sont souvenus du budget de 1814.

Les centimes additionnels centralisés au Trésor, et portés de trente-deux à cinquante, malgré la paix, malgré l'excédant des recettes sur les dépenses, excédant prouvé par les millions que Buonaparte trouva au 20 mars dans nos caisses publiques ; l'intérêt de huit pour cent concédé aux porteurs des obligations du Trésor, auxquelles on donnoit cependant en garantie trois cent mille hectares de forêts, et les biens des communes ; nos dettes, portées si haut dans les inventaires, que celui-là même qui avoit contracté ces dettes reconnut, quelques mois après, qu'elles s'élevoient à peine à la moitié de la somme additionnée ; les dépenses évaluées à leur maximum, les recettes calculées à leur moindre produit : telles furent les opérations financières de 1814.

Elles amenèrent leur résultat naturel. Les contribuables, qui s'attendoient à un dégrèvement, se trouvant accablés d'impôts, sentirent moins le bienfait de la restauration ; la confusion des fonds du domaine extraordinaire avec les fonds du Trésor jeta des inquiétudes dans l'armée, accoutumée à recevoir des dotations sur le domaine extraordinaire ; des communes dépouillées de leurs biens se plaignirent ; des conseils généraux, privés de leurs attributions, s'alarmèrent : ainsi fut ébranlée la foi qu'on avoit eue au retour de la justice, cette reine de l'ancienne monarchie, et l'inséparable compagne de nos rois. Si quelques fautes dominent l'époque qui précéda les Cent-Jours, ce furent celles qui découlèrent de notre système de finances.

On peut douter qu'il fût utile de s'attacher aux jeux de la Bourse, et de trop perdre de vue les intérêts de la population payante, les propriétés communales, les libertés administratives. Au moment où les germes de prospérité dont la France abonde alloient se développer par l'influence d'un règne de paix et de liberté ; au moment où l'on revenoit aux idées saines et conservatrices, on ne parut occupé en finances que d'un tour de force, que de l'idée de payer les obligations du Trésor avec l'excédant des recettes. Étoit-ce au véritable crédit que l'on faisoit le sacrifice d'intérêts si précieux? Mais le crédit n'étoit-il pas garanti par la supériorité des recettes sur les dépenses, par l'entassement du numéraire, par la non-nécessité même de ce crédit, puisqu'ayant tant d'argent d'avance, et si peu de dépenses éventuelles, aucune occasion de crédit ne se présentoit? C'étoit donc l'intérêt des créanciers de l'arriéré qui primoit les autres intérêts? Mais pourquoi la liquidation des titres de ces créances éprouvoit-elle tant de difficultés dans les bureaux? Pourquoi l'intérêt des créances ne couroit-il que du jour où l'on avoit obtenu la faveur de la liquidation? Les droits des créanciers, auxquels on paroissoit vouloir tout accorder, se trouvoient par le fait dans une position défavorable.

Ces mesures financières de 1814 ne sont pas d'un heureux augure. Déjà des administrateurs ont été changés ; déjà on entend parler de ventes de forêts, de reprises des biens des communes. Cependant aujourd'hui, c'est de raison et non de système qu'on a besoin : il faut que la morale entre jusque dans les finances. La vue aussi doit être étendue : quand on n'embrasse pas l'ensemble des objets, on se renferme dans une spécialité qui peut tout perdre en politique. Des convois apportoient l'or à la Banque le même jour où d'autres convois emportoient l'espérance et le bonheur de la patrie. Ce n'étoit pas la peine d'avoir des millions en caisse au mois de mars 1815, pour être obligés de payer, en 1818, l'arriéré dû aux musiciens du Champ-de-Mai [1].

Toutefois, quelle que soit la crainte ou l'espoir qu'inspire dans ce moment la nomination de monsieur le ministre des finances, il n'est pas certain que cette crainte ou cet espoir puisse se réaliser. Les impôts sont tels, qu'il est impossible de les accroître, et la grandeur de notre dette publique interdit tout nouvel emprunt au moyen duquel on chargeroit l'avenir de supporter les fautes du présent. Ajoutons qu'il existe une si forte masse de rentes et de reconnoissances de liquidation dans les mains des étrangers, que les mesures qui tendroient à exagérer fictivement le cours des fonds publics ne feroient qu'augmenter la sortie de notre numéraire.

Passons au ministère de la guerre.

Les affaires de ce département étant confiées à l'ancien ministre, il est probable que le système militaire actuel sera maintenu dans toute sa vigueur. On sait que la loi du recrutement attaque virtuellement les principes de la monarchie. Les ordon-

---

[1] Le fait est exact : on vient de payer ce qui étoit dû aux musiciens du Champ-de-Mai.

nances, conséquences naturelles de cette loi, frappent particulièrement la garde royale.

Si du département de la guerre nous venons au département de l'intérieur, nous trouverons qu'il reste encore quinze ou vingt préfets et plusieurs sous-préfets de l'opinion royaliste. Monsieur le ministre de l'intérieur va-t-il les changer ? On le craint. On craint surtout l'influence des subalternes qui se glissent dans les administrations : un homme d'État se doit bien garantir de ces talents médiocres qui prennent les irritations de leur amour-propre pour les besoins de la société, leurs prétentions pour des principes, et l'envie pour la politique.

Le ministère qu'on avoit un moment espéré étoit résolu à proposer le changement de la loi des élections; il est donc probable que le ministère qui a pris sa place ne veut pas changer cette loi. Dans ce cas, que deviendrons-nous au mois de septembre ? On parle de dissoudre la Chambre, afin d'écarter l'opposition de droite et celle de gauche, et d'obtenir des députés purement ministériels.

Si l'on craint des élections partielles, comment osera-t-on se jeter dans des élections générales ? L'opinion démocratique prévaudra dans les colléges électoraux; rien ne sauroit empêcher la loi des élections de porter son fruit. On ne pourroit lutter contre le mauvais esprit de cette loi qu'avec l'opinion royaliste; mais si on écarte les royalistes de toutes les administrations; si on les combat dans les colléges électoraux; si eux-mêmes, fatigués de tant d'injustices, ne se présentent pas à ces colléges, ce ne sont ni les préfets ministériels ni l'opinion ministérielle qui repousseront le torrent démocratique. Allons plus loin.

Supposons que tous les préfets, que tous les commissaires de la police supprimée ou non supprimée, que toutes les places promises ou données, que toutes les patentes, que toutes les cartes d'électeurs, que tous les rôles de ces électeurs, plus ou moins vérifiés, que toutes les caresses et toutes les menaces, que tout l'argent et toutes les destitutions produisent une Chambre ministérielle, c'est-à-dire une Chambre livrée au pouvoir du moment, nous disons que l'on tombe ici dans un autre abîme.

On peut exercer sur quelques départements des influences directes; ces influences se perdent dans la masse des élections libres; mais croit-on que si l'on parvenoit à faire, d'un bout de la France à l'autre, des élections fictives; que si deux opinions puissantes, les seules réelles; que si ces deux opinions, opprimées par des moyens illégaux, venoient à élever la voix, croit-on qu'on pût tenir à une pareille clameur? N'y auroit-il pas un mouvement d'indignation contre ceux qui auroient osé avilir nos institutions, violer la Charte, rendre dérisoire le plus cher comme le plus sacré de nos droits? A moins d'anéantir toute liberté de la presse, de détruire tous les journaux, toutes les brochures, tous les livres, une opinion formidable se formeroit, et emporteroit peut-être, par sa réaction, les choses et les hommes. Et, si la presse se taisoit, pourroit-on étouffer la voix de la Chambre des pairs?

Le ministère voit-il le danger de la position où il se trouve? Ne va-t-il pas s'endormir, tâcher de passer la session tellement quellement, sans présenter de lois susceptibles de grande controverse? Ne songe-t-il pas même à une prorogation des Chambres? Et, content d'avoir vécu sans combattre avec une majorité flottante, ne croira-t-il pas avoir triomphé? Mais alors qu'il sera cruellement réveillé! Voit-il, au contraire, le danger? Il peut s'en tirer, et se faire un immortel honneur en proposant le changement de la loi des élections. Prendra-t-il ce parti? Rien n'est moins probable. Il sera entraîné par les hommes sur lesquels il s'est appuyé : il faudra qu'il leur accorde et les places et les lois, conséquences forcées de cette union.

En résumant ce que nous venons de dire, le nouveau ministère se montre avec un système de finances qui pourra engloutir les dernières propriétés nationales; avec une loi de recrutement qui ronge la garde et l'armée; avec une loi d'élections qu'on n'a plus qu'un seul moment pour changer; avec une administration qui tend à exclure des places jusqu'au dernier royaliste. Il a pour partisans les hommes démocratiques, et pour défenseurs les correspondants privés.

Nous avons exposé avec sincérité et sans amertume ce que nous pensons du nouveau ministère; nous croyons qu'il ne se soutiendra pas long-temps tel qu'il est : c'est avec regret que nous venons troubler, par de funestes présages, la joie qu'il doit éprouver des éloges dont il est aujourd'hui l'objet. Journaux censurés, feuilles indépendantes, tout est devenu ministériel : la brebis égarée retourne au bercail, et la prospérité, pardonnant une infidélité passagère, rappelle ses hôtes à ses banquets. *Le Conservateur* est demeuré seul inébranlable ; il garde ainsi le caractère de l'opinion dont il est l'organe, opinion que rien n'effraie, que rien ne séduit, qui ne se rend qu'à la conviction du bien, qui résiste à tout ce qui ne lui présente pas l'idée de l'ordre. C'est une chose admirable que l'immobilité des hommes monarchiques : le monde a beau changer autour d'eux, ils restent les mêmes. Ils voient aujourd'hui passer les intrigues comme ils ont vu passer les échafauds. On ne les trompe ni ne les épouvante : souvent victimes, jamais dupes, après trente ans de proscriptions, ils sont ce qu'ils ont été. Royalistes de toutes les classes, nous vous le répétons : vous êtes les plus forts et les plus habiles. Il faudra que l'on revienne à vous, ou que la monarchie périsse. Vous avez lassé le temps et les bourreaux; vous triompherez de l'injustice et de la calomnie.

Paris, ce 18 janvier 1819.

Un grand empereur disoit : *Revois ce que tu as vu, si tu veux revivre.* On peut dire avec autant de vérité : *Redis ce que tu as dit, si tu veux persuader.*

Nous avons plusieurs fois parlé de la *Correspondance privée*, mais il ne faut pas nous lasser de dénoncer au public ce manifeste que de mauvais François publient dans les journaux anglois contre leurs compatriotes et leur pays. Cette *Correspondance privée*, nous le répétons, a sa source dans des rangs élevés. Elle a pour but de tromper l'Europe sur notre véritable position, et de répandre hors de France des mensonges qu'elle n'oseroit pas publier ici. Sous un seul rapport, elle est assez curieuse : elle fait connoître d'avance les projets de nos ministres. Doit-il y avoir des destitutions, va-t-on remplacer des royalistes par des hommes des Cent-Jours, aussitôt la *Correspondance* calomnie les administrateurs qu'on renvoie, et fait l'éloge de ceux qu'on appelle ; elle tâche d'amortir ainsi l'effet de ces mesures, cherche à endormir les bons esprits, et présente comme des faits isolés des déplacements qui ne sont que l'accomplissement d'un système général. M. Pitt disoit que la Convention mettoit ses flottes sous la protection des tempêtes : le système que soutient la *Correspondance privée* veut mettre l'Europe sous la protection de la révolution.

Nous allons, pour la première fois, traduire une lettre de la *Correspondance privée* : nous la prenons dans *le Times* du 15 janvier ; elle a été répétée dans *le Courier* du même jour. Nous n'y ferons que les retranchements qui nous sont commandés par des bienséances impérieuses. Nous ferons ensuite le commentaire du texte.

Extrait du Times, *du* 15 *janvier.*

Paris, 11 janvier.

« Après les grands événements, on en connoît peu à peu la cause. Tout ce que j'ai appris sur le dernier changement de ministère prouve que le duc de Richelieu a résigné la présidence de notre ministère de la manière la plus spontanée, d'après les plus mûres réflexions, et avec la détermination la plus fixe de ne plus accepter ce poste élevé, quelque pressé qu'il en pût être. Il a cédé uniquement au sentiment de son inhabileté pour la direction des affaires [1]. Non, certes, à défaut de talent, mais parce qu'il avoit été précipité dans une fausse route, par les faux renseignements qu'il avoit été induit à écouter depuis son retour d'Aix-la-Chapelle. Il n'a pas épargné les reproches à quelques uns de ses correspondants et de ses conseillers, qui ont abusé de son inexpérience pratique de notre situation intérieure [2], pour lui inspirer des alarmes exagérées : il a même, dit-on, adressé noblement cette déclaration à l'empereur de Russie, pour le mettre sur ses gardes contre les suggestions trompeuses que l'on pourroit faire parvenir jusqu'à Pétersbourg.

« Le comte de Nesselrode, qui étoit à Paris avec M. Pozzo di Borgo, et qui a observé avec lui tout ce qui s'est passé, a pu informer l'empereur son

---

[1] Yielded only to the feeling of his inhability to direct affairs.
[2] Who had abused his practical inexperience of our internal situation.

maître de toute la suite de cette affaire [1]. Ils doivent avoir été bien convaincus, par l'évidence de leur propre sens, qu'il étoit impossible de réaliser les chimères que l'ambition désespérée des *ultra* proclamoit dans toute l'Europe.

« M. Pozzo di Borgo, au plus fort de la crise, a obtenu une audience du roi. Si des rapports fondés sur l'autorité la moins douteuse [2] doivent être crus, il commença par quelques insinuations sur la démission non encore divulguée du duc de Richelieu, lorsque Sa Majesté, qui participoit aux regrets que lui exprimoit M. Pozzo, voulut bien lui communiquer une lettre de M. le duc de Richelieu lui-même, contenant la déclaration que ni les ordres formels de son souverain, ni les vœux de toute l'Europe, ne le décideroient à reprendre un fardeau sous lequel il se sentoit lui-même prêt à succomber [3]. L'audience fut ainsi abrégée, et demeura sans objet.

« Le comte de Nesselrode a eu également, avant son départ, des conférences avec certains de nos ministres : il paroît avoir applaudi, ainsi que votre ambassadeur, au choix du marquis Dessoles. L'un et l'autre l'ont connu avant sa présente élévation, qui ne surprendra pas ceux qui sont instruits des événements précédents de sa vie, et qui sont capables d'apprécier sa juste réputation de talents, de caractère et fermeté dans les circonstances les plus difficiles.

---

[1] Of the whole series of transactions.
[2] On the most inquestionable authority.
[3] Under which he felt himself ready to sink.

Le comte de Nesselrode, en particulier, connoît la grande estime que professe l'empereur son maître envers notre premier ministre, particulièrement pour ses principes politiques, que l'empereur Alexandre a eu l'occasion d'apprécier dans plusieurs conversations que Sa Majesté aime à provoquer parce qu'elle est sûre d'y exceller.

« Quel rare bonheur produit par cette chance inespérée qui a appelé à la tête de nos affaires un homme également estimé en Angleterre et en Russie, et qui est digne de cette estime par le double mérite d'une impartialité à la fois politique et françoise [1] !

« Nous trouvons une nouvelle preuve de cette estime générale dans le ton de la plus grande partie de vos journaux, et dans les innombrables lettres particulières de votre pays, dont plusieurs sont écrites par les personnes les plus distinguées parmi vous. Notre tranquillité intérieure et la paix générale ne peuvent que gagner à ces sentiments bienveillants et à l'estime mutuelle qui est exprimée par les organes des trois plus puissantes nations de l'Europe [2]. Qui, après cela, peut exciter la moindre discordance, ou élever la moindre plainte, comme sembleroit l'indiquer un de vos correspondants, certainement mal informé sur ce point ? S'il s'élevoit de telles plaintes, elles ne pourroient résulter

---

[1] By the double merit of an impartiality at once political and french.

[2] By the organe of the three most powerful nations in Europe.

que des calculs intéressés de quelques prétentions personnelles.

« Ne croyez pas qu'il ait été sérieusement question du prince de Talleyrand dans nos combinaisons ministérielles; personne ne pense à lui. . . .
. . . .
. . . .

On a répandu le bruit que l'arrangement de notre cabinet n'étoit pas conclu, et que le duc d'Alberg revenoit de Turin pour en faire partie, quoique, dans la réalité, cet ambassadeur ne revienne qu'en conséquence d'un congé obtenu depuis long-temps, et sans aucun rapport aux circonstances actuelles : tout ce qu'on écrit de contraire est une pure invention.

« Vous êtes peut-être impatient de connoître l'opinion de nos *ultra* sur notre révolution ministérielle. Au fond, ils n'aiment ni M. de Richelieu, ni M Molé, ni même M. Lainé, auquel ils ne pourront jamais pardonner à cause de la loi des élections, dont il a été le plus éloquent défenseur; mais ils flattoient dernièrement ces trois ministres dans la vue de les détruire[1]. Maintenant ils montrent fort peu d'intérêt pour ces anciens ministres et même ils les accusent de n'avoir pas eu le courage de marcher dans le périlleux sentier où ils avoient souffert qu'on les engageât. *Le Conservateur* ne leur accorde pas le moindre regret, mais il lance ses foudres contre le maréchal Gouvion-Saint-Cyr et le

---

[1] In order to destroy them.

baron Louis, dont il connoît l'intime union, et il garde le silence sur leurs collègues, dont il ne prononce pas même le nom : petit artifice qui ne peut pas produire un long effet, et dont la seule vue est de jeter sur les autres ministres un soupçon qui pourroit inquiéter les libéraux ; mais ce piége est trop grossier, et personne ne s'y prendra.

« Les projets de loi qu'on propose dans ce moment, et les changements qui vont avoir lieu parmi les gens en place, fourniront une prompte réponse à ces insinuations, et porteront les *ultra* à donner une pleine carrière à cette furie que les plus politiques d'entre eux recommandent de tenir confinée dans les salons jusqu'à nouvel ordre.

« Le ministère est unanime dans le sentiment que le premier moyen de fortifier son autorité est dans l'obéissance de ses agents, et dans l'identité de leurs vues avec les siennes. Ainsi il est résolu à destituer les fonctionnaires qui manquent de volonté ou d'habileté pour exécuter les ordres qu'ils reçoivent ; et il y en a beaucoup de cette sorte. Trois préfets ont déjà été changés : ceux de la Vendée, des Côtes-du-Nord et de la Vienne. M. Rogniat, frère du général de ce nom, va à Bourbon-Vendée, quoique cet administrateur fût préfet durant le voyage de Gand [1]...

« Des exclusions de cette espèce cesseront lorsque tous les partis montreront le même désir de se rallier autour du trône pour l'intérêt général, et qu'ils

---

[1] During the journey to Ghent.

manifesteront l'oubli du passé pour garantir l'harmonie du présent.

« Il est question de rapporter l'ordonnance qui exclut, sans formalité, de la Chambre des pairs plusieurs membres que le roi y avoit nommés pour leur vie. Cela garantira l'existence de tout le reste, et montrera par un nouvel exemple que le roi n'a jamais rien promis en vain, comme Sa Majesté se plaît à le répéter souvent. »

Reprenons en détail cette misérable lettre :

Après les grands événements, on connoît peu à peu leur cause. Tout ce que j'ai appris sur le dernier changement du ministère prouve que le duc de Richelieu a résigné la présidence de notre ministère de la manière la plus spontanée, d'après les plus mûres réflexions, et avec la détermination la plus fixe de ne plus accepter ce poste élevé, quelque pressé qu'il en pût être. Il a cédé uniquement au sentiment de son inhabileté pour la direction des affaires, etc.

Il est difficile de renfermer dans quelque chose de plus vague un plus grand nombre de faussetés. On va voir, par le seul ordre des dates et des faits, si la retraite de M. de Richelieu a été l'effet d'une résolution spontanée, ou s'il a succombé aux intrigues de ceux qui vouloient perpétuer le système dont la France est la victime.

Dès le 12 novembre dernier, avant que M. le duc de Richelieu fût arrivé d'Aix-la-Chapelle, on commença à faire sonder les députés de la minorité de droite sur leurs dispositions relativement à la loi des élections, à la censure, et même à la liberté individuelle. Ils déclarèrent qu'ils désiroient le changement de la loi des élections, et le maintien de toutes-les libertés constitutionnelles.

Le 17 et le 18 du même mois, des négociations s'ouvrirent entre les minorités royalistes et les royalistes ministériels. Le 25 et le 26 on reçut des communications plus décisives. Des amis de quelques ministres annoncèrent que ces ministres étoient disposés à proposer le changement de la loi des élections, et que, dans ce cas, les ministres opposés se retireroient.

Le 28, le président du conseil arriva à Paris. Le bruit courut que M. le ministre de l'intérieur avoit offert sa démission.

Le 29, changement de scène : le ministère paroissoit résolu à maintenir la loi des élections, et à demander seulement le renouvellement intégral, projet que repoussoient toutes les opinions des Chambres.

Le 1er et le 2 décembre, des mutations de ministère semblèrent mettre d'accord tous les ministres.

Le 3, il survint un accident : on parla de la retraite d'un ministre en faveur. Les royalistes en furent informés.

Le 6, projet de ministère, qui ne réussit pas, par l'opposition d'un ministre.

Les deux minorités royalistes achevèrent de se réunir le 12, et montrèrent, le 13, le 14 et le 15, qu'elles formoient, par cette réunion, une majorité incontestable. Mais le 16, une démarche qui ne signifioit rien en elle-même (une visite de M. le duc de Richelieu à M. le comte Decazes) divisa un moment les royalistes ministériels, et rendit la majorité douteuse. On rentra dans les anciennes perplexités.

Le 19, on reprit l'idée d'un ministère décidé à proposer le changement de la loi des élections.

Il paroîtroit que MM. de Richelieu, Lainé et Molé, offrirent leur démission le lundi 21 : ces démissions n'ayant pas été, dit-on, acceptées, on assure qu'un de ces trois ministres voulut exiger des deux autres qu'ils ne resteroient au ministère qu'autant que M. le comte Decazes seroit éloigné, et partiroit pour l'ambassade de Pétersbourg. On ignore jusqu'où cette mesure a été poussée ; mais on tient pour certain que M. le comte Decazes travailla sérieusement à son départ.

M. le comte Decazes ne partit point ; et le jeudi 24, M. le duc de Richelieu parut seul chargé de composer un nouveau ministère. MM. de Lauriston, Mollien, Siméon et de Villèle, furent simultanément mandés le jeudi au soir chez M. le duc de Richelieu : il paroît que le premier auroit eu le portefeuille de la guerre ; le second, le portefeuille des finances ; le troisième, le portefeuille de la justice ; et le quatrième, le portefeuille de la marine. Les ministres désignés se trouvèrent en présence les uns des autres, la plupart pour la première fois. Ils ne montrèrent tous qu'un sentiment, celui de l'impossibilité d'établir un tel ministère dans de telles circonstances.

Alors et seulement alors, et point du tout *spontanément*, comme on le voit, M. le duc de Richelieu songea à se retirer des affaires. Cependant on parla encore de la composition d'un ministère qui paroissoit devoir convenir à toutes les opinions, et qui auroit mis fin aux inquiétudes de la France. M. le duc de Richelieu seroit resté aux affaires étrangères, M. Lainé à l'intérieur, M. Roy aux finances; M. Lauriston auroit pris le département de la guerre, et M. de Villèle celui de la marine.

Ce fut le samedi 26 qu'eut lieu la séance de la Chambre des députés dans laquelle M. Beugnot fit le rapport sur la demande des six douzièmes de l'impôt. L'opposition de gauche demanda la remise de cette décision au mardi : cette proposition fut adoptée.

Qui pourroit croire qu'une chose aussi peu importante en soi a fait un si grand mal? On répandit le bruit à l'instant que la majorité se prononçoit contre M. le duc de Richelieu, et que s'il s'arrêtoit au ministère projeté, il n'obtiendroit pas le vote des six douzièmes.

M. le duc de Richelieu donna sa démission, et le ministère actuel fut nommé.

Ainsi l'assertion de la *Correspondance privée* est dénuée de toute vérité. La retraite de M. le duc de Richelieu n'a point été l'effet d'une résolution spontanée, mais le résultat d'une longue intrigue par laquelle ceux qui vouloient conserver le système actuel ont fatigué cet homme de bien. Nous ignorons si M. le duc de Richelieu a fait des reproches à ses amis, s'il a écrit à l'empereur de Russie pour le *mettre sur ses gardes ;* nous ne sommes point les amis du noble duc; mais nous croyons que ses amis ne l'ont point trompé; et nous pensons aussi que M. le duc de Richelieu est trop bon François pour rendre compte au cabinet de Saint-Pétersbourg des affaires intérieures de la France. La *Correspondance privée* a ses raisons pour n'attribuer la formation du nouveau ministère qu'à la retraite volontaire de M. le duc de Richelieu, et à l'aveu qu'il auroit fait de sa propre insuffisance. Elle ne veut pas avouer que M. le duc de Richelieu sentoit la nécessité d'abandonner le vieux système, et de se rapprocher des hommes monarchiques : elle craindroit, par cet aveu, de donner du poids à l'opinion royaliste, et de condamner le système du ministère actuel; elle vient au-devant des reproches de l'Europe.

Le comte de Nesselrode, qui étoit à Paris avec M. Pozzo di Borgo, et qui a observé avec lui tout ce qui s'est passé, a pu informer l'empereur son maître de toute la suite de cette affaire ; ils doivent avoir été bien convaincus par l'évidence de leur propre sens qu'il étoit impossible de rétablir les chimères que l'ambition désespérée des ULTRA *proclamoit dans toute l'Europe.*

M. Pozzo di Borgo, au plus fort de la crise, a obtenu une audience du roi. Si des rapports fondés sur l'autorité la moins douteuse doivent être crus, il commença par quelques insinuations sur la démission non encore divulguée du duc de Richelieu, lorsque Sa Majesté, qui participoit aux regrets que lui exprimoit M. Pozzo, voulut bien lui communiquer une lettre de M. de Richelieu lui-même, etc.

A Dieu ne plaise que ces *ultra*, dont l'*ambition* est si *désespérée*, fassent jamais partie d'un ministère libre qui s'appuieroit du crédit d'un ambassadeur étranger! Où en serions-nous s'il étoit vrai que des ambassadeurs, de quelque nation qu'ils soient (lorsque nous ne sommes plus liés par des traités, lorsque ces traités accomplis ne laissent aucun prétexte de se mêler de nos affaires intérieures), où en serions-nous, s'il étoit vrai que des ambassadeurs se crussent avoir le droit de demander compte de ce que nous faisons? Quelle est donc *l'autorité* qui a pu apprendre à la *Correspondance privée* ce qui s'est passé entre le roi et M. Pozzo di Borgo? Misérables écrivains salariés, penseriez-vous faire estimer le ministère actuel, en ayant l'air de mendier pour lui la bienveillance de l'Europe d'une manière si honteuse? On découvre dans vos lâches apologies que vous êtes mal assurés : ces royalistes que vous insultez sans cesse ne font point dépendre leur sort et leur opinion du retour d'un courrier.

Ne croyez pas qu'il ait été sérieusement question du prince de Talleyrand dans nos combinaisons ministérielles ; personne ne pense à lui, etc.

Nous ne savons pas réellement s'il a été question de M. le prince de Talleyrand. Nous ne ferons point l'éloge de cet ancien ministre, par la raison que nous avons supprimé les outrages que lui adresse la *Correspondance privée*. Mais nous savons que ce n'est pas lui qui nous a donné la loi des élections et la loi du recrutement.

Vous êtes peut-être impatient de connoître l'opinion de nos ULTRA *sur notre révolution ministérielle. Au fond, ils n'aiment ni M. de Richelieu, ni M. Molé, ni même M. Lainé, auquel ils ne pourront jamais pardonner la loi des élections. . . . .
. . . . Le Conservateur ne leur accorde pas le moindre regret, etc.*

Ainsi la *Correspondance privée* soutient la loi des élections ; elle soutient aussi le ministère actuel.

Elle prétend qu'au fond les royalistes ne regrettent point l'ancien ministère ; elle a parfaitement raison. Ils ont constamment combattu ce ministère. Cela ne veut pas dire qu'ils ne se fussent joints de tout leur cœur à la partie du ministère qui vouloit abandonner un système funeste.

On voit ici la *Correspondance privée* s'occuper du *Conservateur*. Et comment ce *Conservateur*, qui ne compte pas encore quatre mois révolus, est-il déjà devenu une si grande puissance ? Comment la *Correspondance privée* le mêle-t-elle aux premiers intérêts politiques, à la chute des ministères, aux mouvements des ambassadeurs, aux dépêches des diplomates ? Il faut donc que ce *Conservateur* soit le représentant d'une opinion prépondérante. Mais, d'un autre côté, la *Correspondance privée* assure que l'opinion royaliste n'est rien en France : voilà comme les hommes de mauvaise foi se coupent, se trahissent, et laissent malgré eux percer la vérité.

Le ministère est unanime dans le sentiment que le premier moyen de fortifier son autorité est dans l'obéissance de ses agents, et dans l'identité de leurs vues avec les siennes. Ainsi, il est résolu à destituer les fonctionnaires qui manquent de volonté ou d'habileté pour exécuter les ordres qu'ils reçoivent, et il y en a beaucoup de cette sorte. Trois préfets ont déjà été changés ; ceux de la Vendée, des Côtes-du-Nord et de la Vienne. M. Rogniat, frère du général de ce nom, va à Bourbon-Vendée, quoique cet administrateur fût préfet pendant le voyage de Gand.

La Correspondance privée nous annonce donc des destitutions ? En effet, elles se multiplient sous nos yeux. Cela ne nous surprend point; il y a long-temps que nous les avons prédites. Quand toutes les autorités administratives, civiles, politiques, judiciaires et militaires seront changées, on verra ce qui adviendra. Remarquons, pour l'instruction de nos lecteurs, cette expression, le *voyage de Gand : Stupete gentes!* Ce sont les hommes qui se disent les amis du ministère, ce sont les hommes qui paroissent connoître si intimement ses projets, c'est la *Correspondance privée* qui parle ainsi : cela nous explique pourquoi nous voyons tant de voyageurs de l'île d'Elbe.

Il est question de rapporter l'ordonnance qui exclut sans formalités, de la Chambre des pairs, plusieurs membres que le roi y avoit nommés pour leur vie.

Cette ordonnance, dit-on, est rapportée. On prétend même que les pairs qui sont ou qui pourront être rappelés entreroient sur-le-champ dans la Chambre des pairs, si l'ancienne minorité de cette Chambre, devenue majorité, étoit opposée au ministère. Il faudroit faire ici deux suppositions injurieuses : l'une, que l'ancienne minorité de la Chambre des pairs appuieroit tous les actes du ministère nouveau, quels qu'ils fussent, dans la crainte de voir revenir les pairs exclus par l'ordonnance ; l'autre, que les pairs rappelés auroient engagé leur opinion aux ministres. Nous nous faisons une plus noble idée des pairs de France : tous ceux qui siégent maintenant dans la Chambre verront toujours avec respect des choix qui dépendent uniquement de la puissance et de la sagesse du roi : ils sont, de plus, persuadés que tout nouveau pair saura conserver la dignité et l'indépendance de son opinion.

Les nations voisines se laisseront-elles berner encore long-temps par la *Correspondance privée* ? Comment peuvent-elles être dupes de ces récits dont il leur est si aisé de connoître la source ? Il n'y a pas de si mince individu à Paris qui ne puisse nommer l'auteur de la *Correspondance privée* ; et les cours étrangères, et les peuples étrangers ignoreroient ce qui est en France le secret de la comédie ! L'Europe croit entendre la voix de la France, et elle n'entend que la voix de quelques hommes intéressés à défendre un système funeste par la raison que ce système favorise leurs passions, accroît leurs fortunes, et les maintient dans les places et dans les honneurs.

Mais combien ces hommes eux-mêmes sont imprévoyants ! Pensent-ils recueillir les derniers fruits de la moisson qu'ils ont semée? Illusions! Poussés par une faction puissante, quand ils seroient parvenus à chasser tous les serviteurs du roi, à écarter tous les hommes monarchiques, alors ils tomberoient eux-mêmes victimes de leur aveugle haine.

Bientôt la faction triomphante seroit elle-même trompée dans ses calculs; elle se diviseroit en civile et en militaire. Les démocrates, qui auroient cru parvenir à la liberté, arriveroient encore une fois à l'esclavage : un sabre remplaceroit leur constitution, et les généraux renverroient les écrivains indépendants dans les bureaux de la police.

Ceux qui ont langui si long-temps sous le despotisme des baïonnettes ne craignent-ils pas de voir renaître ce despotisme? Espèreroit-on trouver dans la puissance militaire un abri contre la démocratie? Ce ne seroit qu'un nouveau péril. Nous errons d'écueils en écueils, pour ne pas vouloir suivre la route du bon sens, de la justice et de la véritable liberté. Nous laissons périr la morale et la religion, comme pour rendre nos maux incurables. Buonaparte avoit tué la révolution, nous l'avons exhumée, et nous prodiguons l'encens à ses restes impurs. Restaurateurs de ses œuvres, propagateurs de ses maximes, nous enlevons la consolation à la mort, l'innocence à la jeunesse. Il semble que nous prenions surtout un soin particulier d'empoisonner les générations nouvelles : nous avons raison. Rendons la postérité complice de nos opinions ; subornons l'avenir : les criminels doivent chercher à corrompre le juge.

Paris, ce 21 janvier 1819.

C'est aujourd'hui le jour du grand sacrifice ; il semble que la Mort redouble d'activité pour augmenter la pompe de sa fête. Elle vient de frapper quatre reines ; elle continue parmi nous sa moisson. M. Hue, après avoir partagé la captivité du roi martyr, est allé le rejoindre aux pieds de ce souverain Arbitre qui casse les sentences iniques et punit les juges prévaricateurs. L'oraison funèbre de M. Hue est prononcée aujourd'hui dans toutes les églises de France : c'est Louis XVI lui-même qui l'a faite, en écrivant dans son testament le nom de son fidèle serviteur.

M. Hue est sorti de la vie avec un compagnon digne de lui. M. l'abbé Le Gris-Duval. Ce dernier avoit voulu accompagner Louis XVI à l'échafaud, comme le premier l'avoit servi dans les fers. A un vrai talent pour la parole, M. Le Gris-Duval joignoit la charité la plus active, le caractère le plus doux, les vertus les plus modestes : il est descendu de la chaire de vérité dans la tombe, où toutes les vérités chrétiennes trouvent leurs preuves.

Ces deux hommes dont la conduite, les discours et les écrits avoient combattu les doctrines modernes, n'ont été devancés que de quelques jours dans un autre monde par le dernier des amis de Voltaire, et le dernier des encyclopédistes. M. l'abbé Morellet avoit aidé à poser les premières pierres de la moderne Babel : il a été témoin de la confusion des langues et de la dispersion des peuples. Il s'en est allé quand il ne restoit plus rien de cette antique société qu'une fausse philosophie a détruite.

Représentant d'un autre siècle parmi nous, M. l'abbé Morellet avoit connu Montesquieu, Voltaire, Buffon et Rousseau. Il aimoit à nous raconter leur gloire, comme ces vieux soldats, qui, restés seuls au milieu des générations nouvelles, se plaisent à parler des généraux illustres sous lesquels ils ont combattu.

On remarque dans les écrits de M. l'abbé Morellet de la lecture, de la perspicacité, de saines doctrines littéraires. Ses derniers ouvrages ne renferment peut-être pas des jugements d'une impartialité rigoureuse ; mais l'écrivain qu'il a critiqué avec le plus d'amertume aime à reconnoître ce qu'il lui doit, et le profit qu'il a tiré de la leçon. Il faut convenir d'ailleurs que la peinture d'un amour et d'une nature sauvages devoit paroître étrange à un homme qui avoit passé sa vie dans les déserts d'Auteuil et dans le salon de madame Geoffrin.

Au reste, les bonnes actions valent mieux que les bons livres. On se rappellera toujours que M. l'abbé Morellet a plaidé et gagné la cause des enfants des condamnés. Aujourd'hui, n'aurions-nous pas encore besoin de son éloquence ? Le temps des victimes est-il passé sans retour ? C'est avec une peine réelle que nous voyons ainsi disparoître les véritables gens de lettres; car on ne peut plus appeler de ce nom ces littérateurs sans études, commis le matin, hommes du monde le soir, portant dans les affaires, avec la présomption de l'ignorance, les sentiments de haine et d'envie qui sont comme les remords ou la conscience de la médiocrité.

Ces esprits foibles, qui se nomment entre eux des hommes forts, sont depuis la restauration le véritable fléau des ministères. Ils font partager aux hommes d'État leurs petites passions, leurs basses vengeances d'amour-propre, leur faux système de politique. Le ministère nouveau n'a point échappé à l'influence des apprentis ministres : c'est la coterie qui a triomphé. Or, ouvrez les ouvrages et les journaux de la coterie, vous y verrez partout haine des royalistes, doctrines anti-monarchiques, admiration de la plupart des erreurs révolutionnaires.

Et pourtant les génies spéciaux qui fournissent au ministère ses inspirations n'ont pu rédiger un projet de loi constitutionnel et raisonnable.

Quant à la loi sur le changement de l'année financière, comment n'a-t-on pas vu qu'il y avoit un moyen bien simple de trancher la difficulté sans violer la Charte ? Faites faire sur-le-champ le budget de l'année actuelle; fermez la session au mois d'avril; convoquez les colléges électoraux au mois de mai; rassemblez les Chambres au mois de juin pour discuter le budget de 1820, et vous rentrez ainsi dans l'ordre du temps sans porter une loi, sans exposer la France à rester dix-huit mois sous la dictature ministérielle.

Mais des élections au mois de mai! s'écrie-t-on; seront-elles moins dangereuses au mois d'octobre? Vous êtes donc effrayés des élections? Comment soutenez-vous alors que la loi des élections est parfaite? Si elle est défectueuse, au contraire, que ne la changez-vous? Avec de la bonne foi, avec un désir sincère de réconciliation et de paix, tout seroit facile; tout est difficile avec des systèmes, des passions et des vanités.

Lorsque nous fûmes forcés de parler du nouveau ministère, nous nous exprimâmes avec une mesure que commandoient également le bon sens et la justice. Ce ministère nous étoit en partie inconnu; nous n'étions pas sans crainte sur la marche qu'il alloit suivre; mais nous trouvions aussi dans les intérêts mêmes de ce ministère quelques motifs d'espérance.

Notre espoir a été trompé; la modération bien connue du président du conseil, son esprit fin, son caractère conciliant, n'ont pu arrêter le mal. Nous annonçons avec douleur à la France royaliste que le nouveau ministère n'est que le continuateur des fautes du ministère qu'il a remplacé. Avec moins d'éclat, il semble avoir plus de violence. Il tâtonne, il craint; il cherche une majorité qui ne lui est pas assurée, et pourtant ses actes ont quelque chose de décidé. La Charte l'arrête peu : du premier coup il apporte deux lois inconstitutionnelles. Incertain dans sa marche, il paroît avoir un but ; indécis dans ses projets, il est fixé dans sa doctrine.

Ce que nous avions prévu des nouvelles opérations ministérielles commence à se réaliser. L'avis inséré dans le *Moniteur* du 13 janvier est la preuve du penchant irrésistible qui entraîne le ministère actuel des finances à s'occuper des intérêts de la bourse, sans trop songer à ceux des contribuables. Par cet avis, le ministre fait connoître aux porteurs de rentes que le Trésor leur paiera, à dater du 18 de ce mois, le semestre qui ne leur sera dû que le 22 mars, et qui n'auroit été payé à plusieurs que le 12 avril. Quoique cette avance soit faite sous l'escompte de 5 pour 100 l'année, nous devrions la regarder comme des *étrennes*, ou comme la joyeuse entrée de M. le ministre des finances, si cette avance ne devoit en définitive être payée par le Trésor public, c'est-à-dire par les contribuables.

Sans parler de l'idée assez bizarre de transformer le Trésor public en une espèce de caisse d'escompte, on pourroit demander à quel taux M. le ministre des finances emprunte lui-même les capitaux qu'il va prêter à 5 pour 100.

Dira-t-on qu'il n'emprunte pas ? Mais n'existeroit-il point un traité avec les receveurs généraux, qui obligeroit M. le ministre des finances à recevoir au Trésor tout l'argent qu'ils voudroient y verser d'avance, en leur tenant compte des intérêts à 6 pour 100, et leur allouant en outre un droit de commission ? M. le ministre des finances n'emprunte-t-il pas de fait à tous les porteurs de ses bons royaux et de la caisse de service ? N'emprunte-t-il pas en faisant escompter les effets à terme que lui produisent les douanes et les coupes de bois ? Il emprunte réellement tous les jours par mille opérations diverses, et le taux de ses emprunts est toujours au-dessus de 6 pour 100.

Ainsi, à moins que M. le ministre des finances n'ait remboursé à la fois tous les fonds particuliers des receveurs généraux, tous les bons royaux, tous les billets de la caisse de service, etc., etc.; à moins qu'il ne doive rien à personne, à moins qu'il ne possède aujourd'hui en numéraire 70 ou 80 millions, lesquels n'aient et ne puissent avoir aucun autre emploi, il est évident qu'il grève le Trésor de toute la différence de l'intérêt supérieur qu'il paie à l'intérêt inférieur qu'il reçoit pour escompter; il est évident qu'en chargeant le Trésor, il charge les contribuables; qu'il les charge, disons-nous, inutilement, illégalement, inconstitutionnellement.

Les principes constitutionnels ne sont-ils pas violés si un ministre peut, à sa volonté, disposer de l'argent du Trésor, en changer l'application, ou pour les sommes ou pour le temps des paiements ? L'État ne seroit-il pas compromis si un événement imprévu survenoit dans l'intervalle de la distraction des fonds, et rendoit nécessaire un autre emploi de ces mêmes fonds ? Enfin, comment se fait-il qu'une détermination aussi considérable ne soit motivée sur aucune loi, ni même autorisée par une ordonnance royale ? Que devient la responsabilité du ministère, lorsqu'un simple avis, sans signature, prescrit l'emploi d'une partie de la fortune publique? De grands dangers sont attachés à de pareilles mesures; et un ministre des finances qui paie ce qu'il ne doit pas, fait toujours craindre un ministre des finances qui ne paiera pas ce qu'il doit.

Au reste, pour soutenir ces jeux de bourse, il faudra bien en venir à la vente de nos forêts. On parle déjà d'un projet d'ordonnance qui remonteroit à une date de dix ou douze jours. Quand la France sera dépouillée, que nous restera-t-il? Une réponse horrible a été faite à cette question par un révolutionnaire: *Sept cent mille soldats payés par la confiscation des biens de vingt mille familles.*

Heureusement les soldats de la légitimité ne combattent que les ennemis et ne dépouillent point les François. Espérons que notre armée conservera le bon esprit qui l'anime. Cependant la loi de recrutement et les ordonnances qu'elle a produites font un grand mal.

Nous avons à combattre un système qui ne brise pas toujours l'obstacle qu'il rencontre, mais qui tourne la difficulté, et ne fait un pas en arrière que pour avancer de nouveau. Quand on jette un regard sur le chemin parcouru, on ne peut s'empêcher de remarquer la rapidité de la course. Depuis l'ordonnance du 5 septembre, vingt-quatre préfets ont été destitués. Quelques-uns de ces préfets ont été replacés, puis destitués encore. Quatre ont été mis à la retraite; un seul a donné sa démission (M. le comte Berthier, frère du colonel de la garde, qui vient de perdre son régiment). La plupart de ces administrateurs avoient rendu des services importants à la monarchie avant et après les Cent-Jours.

Les changements arrivés dans les tribunaux n'ont pas été moins remarquables : à Montpellier, par exemple, les magistrats qui avoient refusé de prêter serment à Buonaparte, après le 20 mars, se trouvent éloignés par une fatalité inexplicable. La Cour de Nîmes vient d'être instituée par une ordonnance du 8 décembre dernier. Parmi les magistrats qui composoient cette Cour, sept conseillers avoient eu le noble courage, dans les Cent-Jours, de refuser le serment exigé par l'usurpateur. Un seul de ces dignes conseillers a gardé sa place.

Les conseillers-auditeurs, à l'exception d'un seul, avoient suivi ce bel exemple; il en restoit cinq lors de l'installation : l'un d'eux a été éliminé; un autre a été transféré à Montpellier, en qualité de substitut du procureur général; les deux plus anciens ont été laissés dans leurs fonctions d'auditeurs; un seul a été élevé à celles de conseiller en titre, et c'est celui qui avoit prêté serment à Buonaparte.

Même chose est arrivée dans l'ordre militaire. D'une autre part, les hommes des Cent-Jours ont été appelés de préférence aux emplois; de sorte que, dans le système, non-seulement la fidélité n'a compté pour rien, mais elle semble avoir nui à ceux qui la tinrent pour quelque chose.

Nous entendons répéter qu'on en agit ainsi sous Henri IV. Il faut redresser cette mauvaise foi ou cette ignorance. L'exemple seroit mal choisi pour justifier le système, puisque enfin Henri IV fut assassiné par Jean Châtel depuis son abjuration, et qu'il finit par tomber sous le poignard d'un fanatique imbu des maximes de la Ligue. On l'avoit averti en prose et en vers de se défier de sa trop grande clémence.

> Ante, fuit ducibus magnis clementia virtus :
> Post, fuit hæc virtus, extincto Cæsare, crimen.

Ensuite, il n'est pas vrai que le ministère de Sully suivit les mesures qu'adopte aujourd'hui notre ministère; il n'est pas vrai qu'on renvoya tous les royalistes pour donner leurs places aux Ligueurs. On n'érigea point l'ingratitude en système de politique. Les partisans de l'Union à qui l'on accorda des honneurs et des emplois, ne les obtinrent point au détriment des amis d'Henri IV. Il y eut partage; il n'y eût point exclusion.

De plus, la France ne fut point remise tout entière et tout à la fois entre les mains de son prince légitime. Il fut obligé d'en faire la conquête pied à pied; et les commandants des places ne lui ouvroient leurs portes qu'après des capitulations qu'il étoit obligé de tenir : cette position explique les concessions d'Henri IV.

Enfin, Henri IV, en embrassant la religion catholique, se réunit aux deux premiers ordres de l'État, au clergé et à la noblesse; à l'archevêque de Lyon, aux évêques de Paris, de Chartres, de Reims, etc.; à MM. de Mayenne, de Nemours, de Mercœur, d'Aumale, d'Harcourt, de Brissac, de Villeroi, de Givri, et à mille autres ; c'est-à-dire qu'il abandonna le parti républicain où il s'étoit trouvé comme général, pour passer comme roi dans le parti monarchique.

Aujourd'hui, au contraire, le système ministériel tend à faire sortir la royauté de l'opinion monarchique, pour la faire entrer dans l'opinion républicaine : contre-sens qui seroit pervers s'il n'étoit stupide. Ce populaire Henri IV se joignit donc aux aristocrates. Il savoit bien qu'il ne pouvoit être roi avec des religionnaires qui se croyoient en droit d'examiner les titres de la souveraineté politique, comme de scruter les principes de la puissance spirituelle, et avec d'Aubigné qui rêvoit une république fédérative. Même dans le parti monarchique où il se plaça et dut se placer, son indulgence ne passa pas certaines bornes : l'édit de Paris, du 28 mars 1594, exclut de l'amnistie générale ceux qui auroient trempé dans l'assassinat du roi Henri III; et l'article 5 du traité de Folembray (janvier 1596) répète la même exclusion en ces termes : « Voulons que des choses dessus dites rien « soit excepté, fors l'assassinat du feu roi, notre « très honoré seigneur et frère. »

Ainsi donc, l'exemple dont on veut s'appuyer est nul, et nos ministres peuvent réclamer la gloire d'être les inventeurs de leur système : ils n'ont rien de commun avec Sully. Ce système, ils ont cru sans doute le maîtriser en s'y jetant : erreur de vanité commune à tous les hommes. Mais qu'ils sont emportés loin de ce qu'ils vouloient peut-être !

La Charte restera; elle sera notre sauvegarde. Elle nous mettra à l'abri et de ceux qui voudroient nous ramener le despotisme impérial, et de ceux qui chercheroient à nous replonger dans la république. Les honnêtes gens finiront par l'emporter; ils ne se découragent pas; ils savent que les hommes passent et que la raison demeure. Combien a-t-on gémi des fautes de l'ancien ministère ! Ce ministère est tombé ; celui-ci tombera à son tour, et plus vite encore.

Que les correspondances privées le vantent, on sait pourquoi; que tout ministère qui succède à un ministère soit toujours le plus beau et le meilleur, c'est dans l'ordre; que la France ait tremblé en apprenant qu'on alloit former une administration royaliste, on connoît la vérité de cette assertion : mais on sait aussi que deux lignes du discours du roi avoient abattu ceux qui, quelques jours après, ont levé si fièrement la tête; que leur peur étoit risible et pitoyable; que l'espoir de voir embrasser un système monarchique avoit répandu la joie dans le royaume.

Quant aux royalistes, comme ils sentent leur force, ils ne sont point du tout consternés de ce qu'un ministère se forme dans une opinion différente de la leur. En examinant l'état des partis, rien ne les effraie; ils n'aiment, ni n'estiment, ni ne craignent les révolutionnaires. Ceux-ci peuvent se tenir assurés qu'il n'y aura plus d'émigration. Les partisans de la royauté légitime défendront leur vie et leurs foyers; et si jamais on les forçoit de rentrer dans le droit naturel, on les trouveroit sur les champs de bataille, mais on ne les traîneroit plus à l'échafaud.

Les royalistes savent ensuite que la coterie qui pousse le ministère se réduit à une centaine d'hommes. Si ces hommes sortent des places, ils disparoîtront pour toujours, car ils ne sont rien par eux-mêmes; s'ils gardent ces places, ils en descendront l'un après l'autre, parce qu'ils n'ont aucun talent.

Il n'y a plus rien d'entier, hors l'opinion monarchique. La Chambre des députés, brisée en diverses sections, attend ce qui doit la réunir. On se dispute le matin des places qu'on doit perdre le soir. Les nouvelles élections nous menacent; les affaires de la religion périclitent. Les colléges sont en proie à des insurrections, résultat d'une éducation qui n'a plus la religion pour guide. Des écoliers philosophes veulent être indépendants, et souscrire pour le Champ-d'Asile. On ferme les écoles des frères de la doctrine chrétienne, où régnoient encore la soumission et la paix. On nomme, pour instruire la jeunesse, sous les Bourbons, des hommes qui ont condamné Louis XVI à la réclusion et au bannissement, et rejeté l'appel au peuple. Non content d'avoir corrompu le passé, on en veut à l'innocence de l'avenir, et l'on empoisonne les générations dans leur source. Toutes les doctrines qui nous ont perdus sont de nouveau préconisées : on cherche à ranimer les haines populaires contre les prêtres et les nobles; on invente des conspirations royalistes. Ceux qui rendirent quelque service à la couronne perdent leurs places, et sont obligés de défendre leur honneur devant les tribunaux. Le 21 janvier voit la disgrâce des anciens serviteurs de Louis XVI, et le rappel des juges de Louis XVI. On s'agite, on crie; on imprime les choses les plus abominables : hé bien ! tout cela passera. Plus le mal paroît grand, plus il sera court : *si gravis*, *brevis*. Ce sont les derniers efforts du génie révolutionnaire. Les royalistes attendent en silence, les yeux fixés sur les événements futurs. Défenseurs de la légitimité, et dépositaires des principes monarchiques, ils se souviennent qu'ils ont deux choses à sauver : le roi et la France !

Paris, 17 février 1819.

Nous marchons : si l'on pouvoit se désintéresser de la partie, se mettre à l'écart, regarder passer tous ces personnages qui courent tête baissée à leur ruine, il y auroit de quoi s'émerveiller de leur folie. Les choses en sont venues au point que, tandis que l'on remarque les fautes de détail, l'ensemble des choses périclite, et les rouages de la machine menacent de se briser ou de s'arrêter à la fois. Le danger n'est plus dans tel ou tel ministère en particulier; l'opinion n'est plus précisément dans les chambres ; ce n'est plus une loi, un discours, qui fixent l'attention publique : on a déjà dépassé tous ces intérêts, et l'on en est à savoir s'il y aura ou s'il n'y aura pas d'ordre social.

Ce seroit une chose inexplicable, si l'on ne connoissoit l'orgueil des systèmes et les fureurs de la vanité, que de voir tant d'hommes aujourd'hui effrayés, tant d'hommes maintenant éclairés sur les faux principes qui nous guident, ne rien faire néanmoins pour en arrêter les effets : loin de revenir sur leurs pas, les dépositaires du pouvoir suivent à l'envi la route tracée. Ils ont beau soutenir à la tribune, dans leurs discours, qu'ils ne veulent *semer la division ni dans la garde ni dans l'armée*, qu'ils *ne favorisent pas l'agiotage;* leur manière même de se défendre prouve qu'ils font ce qu'ils disent qu'ils ne font pas.

Au ministère de la guerre, les premiers plans ne sont point abandonnés. Les destitutions continuent ; elles tombent presque toutes sur des officiers qui ont anciennement servi dans les armées royales, ou sur des jeunes gens qui n'ont été employés que depuis la restauration. Une série d'ordonnances est jetée comme un filet sur l'armée, et enlève tour à tour les militaires qui ont donné le plus de gages à la royauté légitime. Ces ordonnances sont véritablement un chef-d'œuvre : il faut les étudier pour voir avec quelle subtilité elles expliquent la loi du recrutement au désavantage des royalistes, et au détriment de la prérogative royale. Voici une remarque qui en vaut la peine : Buonaparte faisoit tous ses efforts pour obliger les fils de famille à entrer dans son armée; il les prenoit de force; il leur envoyoit des brevets de sous-lieutenants à domicile; il les contraignoit d'entrer dans les gardes d'honneur; il vouloit remplir ses camps de propriétaires et d'hommes monarchiques. Aujourd'hui, sous l'autorité légitime, il n'y a rien que l'on ne fasse pour écarter les fils de famille qui s'empressent de solliciter du service : s'ils y sont entrés, quoi qu'on ait fait pour les en exclure, on leur dispute leur grade, on les rejette à la queue des contrôles, on les destitue au moindre prétexte, et à force de dégoût on les oblige à se retirer. Et c'est ainsi qu'on prétend reconstruire la monarchie !

Il y a de bonnes gens qui s'endorment, *carpebant somnos*. On leur dit qu'on ne changera plus rien à la garde : les voilà tout satisfaits. Oui, mais il y a des ordonnances préparées; mais tôt ou tard elles seront mises à exécution. On prétend même qu'on va changer le système entier des légions, ce qui amèneroit la dislocation des cadres des officiers et la refonte totale des états-majors de l'armée.

Lorsqu'en soutenant la loi de recrutement on a sacrifié la prérogative royale, que disoit-on pour motiver ce sacrifice? On disoit que l'armée alloit acquérir, par le nouveau mode d'avancement, la fixité des emplois; et voilà que l'on efface deux officiers d'un haut rang du contrôle actif de l'armée, sans jugement préalable, sans même s'enquérir jusqu'à quel point ces officiers étoient entrés dans la chose dont on fait le prétexte de leur destitution! Avant la révolution, nul officier ne pouvoit perdre son grade que par le jugement d'un conseil de guerre; et c'est ce qui existe encore dans tous les pays militaires de l'Europe. Et maintenant, sous notre gouvernement constitutionnel, le caprice d'un ministre, peut-être la vengeance d'un subalterne, pourra priver le militaire le plus distingué du prix de son sang et de ses longs travaux !

On a beaucoup répété que des officiers n'avoient pas le *droit* de faire ceci, de faire cela : pourquoi donc ceux qui raisonnent de la sorte nous ont-ils tant parlé des *droits des soldats*, à l'occasion de la loi du recrutement? Pourquoi nous ont-ils fait entendre que, si l'armée se souleva en 1789, c'est qu'on avoit méconnu *ces droits?* Il ne convient pas à ceux qui ont dépouillé la prérogative royale par la loi du recrutement, qui ont établi par cette funeste loi un principe démocratique dans l'armée, il ne leur convient pas aujourd'hui de nier leurs propres principes. Souvenons-nous que le système ministériel est surtout dangereux dans le département de la guerre. Ce n'est pas dans ce département une chose indifférente que des destitutions multipliées. En changeant un corps d'officiers, on peut changer en trois mois l'esprit de l'armée. Nous ne cesserons point de signaler ce péril : il est grand, il est imminent. Puisque, tôt ou tard, nous aurons, avec la loi des élections, une Chambre des députés démocratique, tâchons du moins de conserver la monarchie dans l'armée : ne donnons pas des bras à la tête révolutionnaire que nous avons modelée et façonnée de nos propres mains.

Il est d'autant plus urgent de veiller à ce danger, que le venin démocratique se glisse dans toutes les autres branches de l'administration : partout les principes de la monarchie sont méconnus. Dans les finances, on sacrifie les intérêts de la propriété à un fol esprit d'agiotage. Dans ce moment on se trouve un peu débarrassé des grosses masses de rentes qui pesoient sur la place de Paris. Il paroîtroit qu'il existe une sorte de coalition entre le ministre des finances, MM. Baring, Laffitte et autres, pour ne vendre de rentes que dans une proportion convenue, jusqu'à l'adoption de quelque grande mesure financière. Quelle sera cette mesure ? Apparemment la vente des forêts. Tout notre génie, depuis trente ans, consiste à nous dépouiller. Mais n'est-ce pas une chose inconcevable qu'on n'eût pas encore remis aux Chambres les comptes qui étoient faits il y a deux mois ? On les refaisoit, nous dit-on. S'il eût été égal aux ministres de refaire la monarchie au lieu du budget, on se seroit arrangé après.

En attendant les comptes faits et refaits de M. le ministre des finances, le propriétaire est accablé d'impôts. Nous avons sous les yeux un document qui prouve que vingt-quatre pièces et demie de vin commun, recueillies sur sept arpents de vignes, auprès de Toulouse, ont été imposées, en droits réunis ou octroi, à la somme de 880 francs. Les mêmes pièces de vin, en 1788, auroient coûté, pour tout impôt, 29 livres 16 sous : nous nous perfectionnons. Au reste, quand on charge le contribuable, l'agioteur doit prospérer ; quand on craint des révolutions, les affaires de la Bourse sont brillantes. En France aujourd'hui beaucoup de propriétés sont à vendre : chacun veut avoir sa fortune en portefeuille. Malheur au ministre qui verroit, dans la hausse des fonds produite par cette cause un signe de prospérité publique !

Mais c'est au ministère de l'intérieur que tout s'agite, s'échauffe, se remue. On assure que le chef de ce département a partagé sa dépouille entre ses amis : comme Alexandre-le-Grand partant pour la conquête du monde, il ne s'est réservé que l'espérance. Aux uns il a départi les communes, aux autres les arts et la librairie : l'héritage du frère du roi a été donné à un ancien sous-secrétaire d'État de la guerre.

Il est résulté du démembrement de cet empire une étrange confusion : entre quatre ou cinq demi-ministres, on ne sait plus à qui on a affaire. Chacune de ces petites excellences montre la ferveur du noviciat : l'une fait jeter à terre les arbres des Champs-Élysées, l'autre abat des préfets et des sous-préfets, l'autre destitue les professeurs qui se sont opposés aux insurrections des colléges. On se demande comment ces insurrections se sont propagées, comment la jeunesse a manifesté un si déplorable esprit ? A Nantes, le tumulte a été grand : trois coups de pistolet annoncèrent à minuit le soulèvement du collége. L'autorité du premier magistrat fut méconnue : il fallut attaquer de vive force les dortoirs, les salles d'étude. Ces scènes commencées à Paris se sont répétées dans plusieurs départements.

Nous allons proposer un problème à nos lecteurs.

Est-ce le ministère de la police qui s'est fondu dans le ministère de l'intérieur, ou le ministère de l'intérieur qui s'est noyé dans le ministère de la police? Le secret et l'arbitraire, qui appartiennent essentiellement à celui-ci, ont-ils envahi celui-là, ou bien la publicité et la constitutionnalité du premier ont-elles passé dans le second? Le ministère de la police est supprimé de nom; l'est-il de fait? Les divisions et subdivisions de ce ministère n'existent-elles pas encore? N'ont-elles pas à leur tête les mêmes hommes, jouissant des mêmes appointemens, exerçant les mêmes fonctions? N'y a-t-il pas dans les départements des commissaires de police qui correspondent, comme de coutume, avec leurs anciens chefs? Si cela est, n'est-ce pas une chose énorme, une chose alarmante pour la société, qu'un homme se trouve investi, dans une monarchie constitutionnelle, de deux ministères, lesquels mettent dans sa dépendance les préfets, sous-préfets, conseillers de préfecture, maires, adjoints, conseils généraux, tous les agents du commerce, tous les employés aux mines, aux ponts et chaussées, aux arts et aux métiers, toute la garde nationale, toute la gendarmerie de France, tous les agents publics et secrets, et tous les budgets secrets et publics de l'intérieur et de la police?

D'une autre part, quelle doit être la conduite du citoyen? dans quel rapport se trouve-t-il avec une police dite *supprimée*? S'il est mandé par un commissaire de police, doit-il obéir? De quelle autorité ce commissaire tient-il ses pouvoirs? Est-ce du ministre de l'intérieur ou du ministre de la justice? Quelqu'un peut avoir à se plaindre d'un acte arbitraire de la police; qui recevra sa plainte? quel ministère connoîtra du délit? Cette suppression du ministère de la police n'auroit-elle servi qu'à créer une police mystérieuse, plus dangereuse que la police avouée, parce qu'on ne connoît point sa responsabilité directe? Les commissariats de police dans les départemens deviendroient donc des espèces de tribunaux arbitraires, sous la direction d'un chef invisible? Rien ne seroit plus dangereux que cet état de choses. Ou la police générale, c'est-à-dire la police politique, est supprimée, ou elle ne l'est pas. Si elle est supprimée, qu'on détruise promptement tout ce qui en caractérise l'existence; si elle ne l'est pas, rendons-lui un chef visible qui nous réponde sur sa tête de la liberté des citoyens.

De quelque côté qu'elle arrive, cette police est assez singulière sous un gouvernement représentatif; elle se glisse dans nos maisons; elle vient s'asseoir à nos foyers avec une simplicité antique. Des hommes qu'elle ne connoît pas, sans doute, et qui abusent de son nom respectable, s'introduisent, à sa faveur, chez des habitans paisibles. Ces hommes, pour le bien des maîtres, cherchent à corrompre les serviteurs, les invitent à dérober quelque petits papiers inutiles. Nous connoissons une maison où deux hôtes de cette espèce s'étoient établis : ils s'adressèrent malheureusement à un domestique breton qui, n'entendant pas le françois, fit part à son maître des propositions des deux étrangers. Le maître dit à son domestique de traiter ces gens officieux avec toutes sortes d'égards, et de leur donner les papiers dont ils sembloient si friands. En conséquence, on leur remit des chiffons, dont on garda la note, leur promettant mieux pour l'avenir. Ils furent si transportés d'aise, qu'ils promirent au domestique de lui faire une pension de 50 francs par mois; et, pour lui prouver qu'ils étoient hommes de parole, ils voulurent sur-le-champ lui donner 100 francs de gratification. L'un des deux, étant allé à la campagne, écrivit à l'autre, touchant cette petite affaire, ce billet dont l'original est entre nos mains; nous connoissons de plus les noms et les demeures de ces deux honnêtes personnes; elles fréquentent de très bons lieux : elles vont souvent chez M. le duc de Fitz-James, pour lequel elles semblent avoir un attachement tout particulier. Voici donc le billet en question; nous supprimons, par charité, les noms des deux correspondants.

« Je vous préviens, mon cher T..., que je n'arri-
« verai que demain, à midi, à Paris, et je descen-
« drai chez M. R..., où j'ai beaucoup à écrire. Si
« vous comptez avoir quelque chose du domesti-

« que du vicomte Cha... [1] vous *pourrai* alors venir
« me trouver, et lui dire que vous lui *remettrai* les
« papiers qu'il vous remettra à l'*heure* qu'il revien-
« dra avec vous.

« Lui avez-vous donné les 100 francs que j'ai lais-
« sés chez vous samedi ? »

D...

Qu'est-ce que ce vicomte Cha... ? Seroit-ce un parent ou un ami du *Conservateur ?* un homme qui auroit écrit contre la police trois ou quatre chapitres abominables ? Il mériteroit bien qu'on lui eût *acheté secrètement* ces vilains chapitres, avant qu'ils fussent imprimés : il y auroit gagné autant que la police ; car enfin il n'auroit pas été destitué d'une place inamovible. Si ce vicomte Cha... avoit voulu continuer ce petit commerce de vieux papiers, son domestique auroit reçu d'un bienfaiteur inconnu une innocente pension de 50 francs par mois, non compris les gratifications ; mais c'est un homme intraitable, et avec lequel il n'y a rien à faire.

Après un pareil document, tout autre fait paroîtroit insipide. Abandonnons les détails, et jetons un regard sur l'ensemble de notre position.

Une agitation et une décomposition singulière se manifestent dans le corps social : la jeunesse, soulevée, demande l'indépendance ; la religion, sans appui, voit ses prêtres à la charité : neuf

---

[1] Ce nom est ainsi abrégé dans le billet.

évêques et un seul archevêque composent tout le haut clergé de France ; des artisans de destruction ne dissimulent point le projet d'abolir l'épiscopat, et de nous amener à quelque chose de moins que le protestantisme ; l'impiété et la république prêchent ouvertement leurs doctrines dans des brochures révolutionnaires : des bruits absurdes se répandent dans nos campagnes. Les paysans sont d'autant plus portés à croire ces bruits, qu'ils voient rentrer dans les places les hommes qui occupoient ces places pendant les Cent-Jours ; et qu'ils se souviennent de ce que ces hommes disoient alors des Bourbons, des proclamations qu'ils faisoient contre cette auguste famille. Puisque ces individus sont employés de nouveau, le bon sens du peuple en conclut qu'ils avoient raison alors, et que leur retour annonce quelque catastrophe prochaine. D'un autre côté un parti puissant pousse à la domination militaire, et les espérances de notre révolution cherchent à mettre à profit les souvenirs de notre gloire.

Nous demandons au père de famille qui forme aujourd'hui un plan pour l'établissement de ses enfants, si, dans les chances de son avenir, il n'admet pas les terribles chances d'une révolution, si une vague inquiétude ne se mêle pas à tous ses projets. Ce n'est point aux hommes de parti que nous adressons cette question ; c'est à celui qui, étranger aux querelles politiques, ne connoît le gouvernement que comme le protecteur de ses droits. Ceux même que des vanités blessées ont jetés dans la faction démocratique, tremblent de leur propre triomphe : ils se rappellent les échafauds où montoient ensemble les accusateurs et les victimes. Pourquoi ce malaise général ? Parce que le système adopté a rouvert la porte à tous les hommes, à toutes les doctrines révolutionnaires; parce que ceux qui ont voulu faire de ces hommes et de ces doctrines le soutien de leur puissance, sont entraînés par le torrent dont ils ont rompu les digues. Le ministère s'imagine aujourd'hui ne suivre que son propre système, et il ne s'aperçoit pas qu'il n'est plus le maître de rien ; il croit donner le mouvement, et c'est lui qui le reçoit. Veut-il faire passer une loi, il faut qu'il capitule sur les principes, qu'il donne des effets en nantissement; il escompte avec des destitutions et des places le petit succès qu'on lui prête : les intérêts le ruinent, et la monarchie paiera le capital.

Et cependant qu'il eût été facile de tout arranger ! qu'il étoit aisé, sans persécuter personne, en employant les gens de bien de toutes les opinions, de mettre la religion et la morale dans l'éducation, l'ordre et la justice dans l'administration, l'économie dans les finances, l'espoir, le bonheur et la paix partout ! On ne vouloit que le repos, on ne demandoit que le repos. Les hommes monarchiques sont toujours les plus nombreux; et néanmoins il est vrai qu'une poignée de méchants peut encore plonger la France dans la terreur : les affreuses divinités révolutionnaires qui nous ont fait périr une première fois, sont rentrées dans l'abîme, et cependant nous pouvons encore être immolés à leurs simulacres.

Les ministres peuvent-ils se dissimuler encore que ces destitutions, qui tombent sur les fidèles sujets du roi, ont des résultats funestes? Il semble que plus un homme a donné de marques de dévouement, que plus il a rempli ses devoirs, surtout pendant les Cent-Jours, plus il doit être écarté : tout cela pour donner des leçons de fidélité aux peuples, pour enseigner à chacun ses devoirs, pour faire triompher la justice, ce soutien éternel des empires.

On ne se cache plus : le système effronté marche tête levée. Aussi ce n'est plus sous le rapport de l'exclusion des royalistes qu'il faut considérer les destitutions; cela va sans dire, la chose est convenue. Ce qu'il faut voir dans ces destitutions répétées (laissant à part toute considération morale), c'est qu'elles avilissent les agents du gouvernement, leur ôtent toute autorité sur les peuples, détraquent la machine entière de l'administration, et la feront tomber en ruines.

Les ministres ne veulent pas de révolution. Que veulent-ils? On dit qu'ils rêvent toujours une suspension de la loi des élections. Ils flattent quelques ambitions particulières, et parlent de réunions qui ne réunissent personne. Ils demandent dix-huit mois d'impôts : acheminement au despotisme ministériel. Pendant ces dix-huit mois, que ne peut-on pas faire? On nous a mis en péril, et pour nous en tirer, on ne trouveroit d'autre moyen que de nous priver de nos libertés constitutionnelles : rare effort! admirable conception!

M. le garde des sceaux, qui a combattu à la tribune un beau mouvement du discours de M. de Villèle, pense qu'on ne cèderoit plus à des *soldats impies et à d'insolentes paroles;* il pourroit être dans une cruelle erreur. L'assemblée que dispersa Buonaparte étoit soutenue par les souvenirs récents de la révolution; elle étoit remplie d'esprits plus ou moins habiles, mais tous fermes dans un système politique, tous éprouvés par de longs périls : toutefois, cette assemblée fut dispersée par les baïonnettes. Qu'un général se présentât maintenant pour opprimer la liberté publique, que trouveroit-il devant lui? Seroit-il arrêté par ces hommes à principes incertains, qui, jadis soldats de la cause royale, se font aujourd'hui les apôtres des doctrines qui les ont proscrits; par ces hommes qui, tout affoiblis de l'opinion qui les abandonne, ne sont pas fortifiés de l'opinion qui les saisit, et qui, flottant entre le despotisme et la liberté, ne sont propres ni à soutenir une monarchie, ni à fonder une république?

Paris, ce 1er mars 1819.

La proposition de M. le marquis de Barthélemy a été repoussée par l'influence du ministère. L'aveuglement de ceux qui nous ont gouvernés depuis quatre ans est un miracle : toutes les fois que la Providence a voulu nous sauver, ils ont brisé entre leurs mains l'instrument de notre salut. Comme en toute progression sur une pente, le mouvement s'est accéléré à mesure que nous sommes descendus plus bas ! On a d'abord chassé un à un les royalistes; ensuite on en est venu aux destitutions générales. Ces destitutions ont passé du civil au militaire. La révolution que l'on rétablissoit dans les hommes a été reportée dans les choses : la loi des élections et celle de recrutement ont démocratisé la monarchie. Effrayé, mais trop tard, des conséquences de son système, le dernier ministère a voulu s'arrêter, et il a disparu.

Nous avons montré un rare instinct de médiocrité : si, dans les derniers rangs de l'Empire, sous Buonaparte, il existoit quelques génies secondaires dont on eût à peine entendu parler, c'est là que nous avons été chercher de grands hommes pour la monarchie légitime. Tous ces pygmées ont roidi leurs petits bras pour soutenir les ruines colossales sous lesquelles on les a placés. Sentant l'inutilité de leurs efforts, leur vanité blessée les a rendus persécuteurs. Envieux par nature, ils ont écarté le mérite, dans quelque opinion qu'il se soit trouvé. La tyrannie craint le talent; si elle est foible, elle le redoute comme la puissance; si elle est forte, elle le craint comme la liberté. Incapables de sentir les actions généreuses, ces hommes prennent la fidélité pour l'ambition, le dévouement pour la sottise, l'honneur pour l'intérêt; et, noblement armés contre le malheur, ils achèvent à terre ceux que la révolution a laissés expirants sur le champ de bataille. Pour ressembler à nos premiers révolutionnaires, il ne leur manque que le courage d'exécuter le mal dont ils ont la pensée : ils s'abstiennent, parce qu'ils sont impuissants ; leur innocence n'est qu'une lâcheté de plus.

Où allons-nous ? Chacun se le demande, personne ne le peut dire. Nous avons dépassé tous les rivages ; nous voguons à pleines voiles sur une mer inconnue. Et qu'on ne s'aille pas figurer qu'il s'agisse encore de Chambres, de ministères, de lois, de discours. Nous n'en sommes plus là. Nos institutions, debout en apparence, sont tombées. Avons-nous une loi des élections, quand des achats simulés de propriétés fictives, quand des patentes, des cartes, des locations frauduleuses, de doubles emplois d'impôts, peuvent donner des droits à ceux qui n'en ont pas ; quand des préfets changent, augmentent, diminuent à volonté la liste des électeurs ?

On discute aujourd'hui une loi sur la responsabilité des ministres. Mais y a-t-il une telle chose que cette responsabilité, lorsque vingt, trente, quarante, cinquante, soixante pairs, parents ou amis des ministres, peuvent être tout à coup introduits dans la Chambre haute, et venir s'asseoir sur le banc des juges ? Or, c'est pourtant sur la responsabilité ministérielle que roule la monarchie représentative : ôtez cette responsabilité, il n'y a plus rien.

On apporte une loi sur la liberté de la presse : nouvelle dérision. Où est cette liberté dans cette loi ?

On substituera la diffamation à la calomnie; cela s'entend; c'est pour nous empêcher d'ouvrir le *Moniteur;* c'est pour nous interdire l'histoire. Les crimes veulent faire punir les souvenirs.

Un ouvrage pourra être saisi avant le jugement. Belle liberté de la presse !

Il faudra déposer un exemplaire d'un journal, même quotidien, avant sa publication, ce qui détruit par le fait un journal quotidien.

Il sera défendu de rendre compte des séances secrètes des Chambres sans leur autorisation, et néanmoins on sera obligé d'insérer les publications officielles. Qu'entend-on par des *publications officielles?* Sont-ce tous les actes du gouvernement ? Alors les gazettes seront transformées en *Bulletin des Lois.* Sont-ce les articles politiques de la police ? Pourquoi ne pas dire alors qu'il n'y aura de journaux que pour la police ?

La loi parle des *outrages à la morale publique ou aux bonnes mœurs;* mais, pour ne pas déroger au code et à la sagesse du siècle, elle ne parle point des outrages à la religion.

Le mot vague de *provocation,* introduit dans la prétendue loi sur la liberté de la presse, la *provocation indirecte;* et le crime de lèse-majesté se trouve, pour ainsi dire, à tous les articles de la loi : c'est injure faite au pouvoir souverain que tant de précautions prises pour le mettre à l'abri; il n'y a que les mauvais rois qui aient besoin de sauvegardes. Quand un prince n'est pas défendu par ses vertus, il faut qu'il le soit par ses lois. Ce

18.

ne fut pas Marc-Aurèle, ce fut Tibère qui inventa le crime de lèse-majesté. Et, d'ailleurs, ce crime a perdu en France une partie de son application, en vertu de la Charte, qui abolit la confiscation des biens. Le rusé Tibère, tout en défendant sa personne, avoit encore trouvé le moyen de faire du crime de lèse-majesté une loi de finances. La preuve que ce crime avoit fini à Rome par être considéré comme une mesure fiscale, c'est qu'on voit des princes, en parvenant à l'empire, annoncer qu'ils ne feront mourir aucun sénateur, comme s'ils eussent déclaré qu'ils ne lèveroient aucun nouvel impôt.

Tout, dans nos nouvelles lois, détruit donc la monarchie constitutionnelle, et les trois pouvoirs de l'État ne sont pas moins ébranlés.

La couronne a cédé sa principale prérogative en abandonnant, par la loi de recrutement, son pouvoir sur l'armée.

La pairie existe t-elle, si elle est tantôt à vie et tantôt héréditaire, tantôt prescrivant un majorat, tantôt n'en exigeant plus; ici déclarée première dignité, et jouissant des premiers honneurs; là, compatible avec des fonctions qui la mettent sous la dépendance d'un commis? N'étoit-elle faite que pour être un instrument ministériel, pour être jetée à la tête du premier venu? Les Anglois sont si jaloux de l'honneur de la pairie, que le bill qui investit le prince de Galles de la régence déclare que ce prince ne pourra conférer la pairie que pour des services éminents rendus à la Grande-Bretagne.

Le premier bill proposé par M. Pitt, en 1788, portoit la même clause.

Et, si la Chambre des pairs est plus nombreuse que la Chambre des députés, il faut donc augmenter celle-ci; il faut donc revenir sur ce qu'on a fait, oublier les lois, les ordonnances, les discours! Et nous croirions avoir une constitution!

Si les trois pouvoirs de la société sont mobiles, quel respect aura-t-on pour les lois émanées de ces pouvoirs? Persuadons-nous donc que le ministère a porté, par ces dernières mesures, un coup funeste au gouvernement représentatif, de même que, par son système général, il met en péril la monarchie légitime.

Est-ce par un calcul que nous sommes arrivés à ces résultats? Calcul dans ceux-ci, instinct dans ceux-là, conspiration peut-être dans quelques-uns. Nous sommes livrés aux jacobins et aux buonapartistes: les uns détestent toute forme monarchique; les autres abhorrent toute espèce de liberté. Et, que désirent ces révolutionnaires, auxquels le ministère s'est abandonné? La république? l'empire? Ils ne savent pas exactement ce qu'ils veulent; mais ils savent très bien ce qu'ils ne veulent pas: ils ne veulent pas la légitimité. Peu leur importe à présent ce qu'ils mettront à sa place; il faut d'abord qu'ils se délivrent de l'objet de leur haine. Ils se battront ensuite entre eux, ou se réuniront pour faire la guerre à l'Europe; car une guerre avec l'Europe est encore un des rêves de la faction.

Mais le peuple, dit-on, ne se soulèvera pas. Les jacobins sont peu nombreux, leur faction n'a plus de racines : cela est vrai; mais une poignée d'intrigants sans capacité suffit, au moyen du système adopté, pour changer la face de la France : de vils et foibles animaux minent quelquefois les fondements d'un palais, ou percent un vaisseau de haut bord.

Nos petites combinaisons ne changeront point la nature des choses. Nous avons introduit mille germes de destruction dans l'État. En vain nous espérons que les maximes qui ont déjà perdu la monarchie la sauveront; notre espérance sera déçue. Préconiser ces maximes, après le mal qu'elles nous ont fait, c'est imiter les Romains, qui mettoient au rang des dieux les monstres qui les avoient dévorés. Jamais il n'a existé d'empire sans religion et sans justice; il n'en existera jamais. Or, la religion, où est-elle ? où sont ses ministres ? Le philosophisme tient lieu de sagesse; une bienfaisance de parade a remplacé sa charité. Elle n'élève point l'enfance; on ne lui confie point l'infirmité et la vieillesse; on lui dérobe l'innocence et le malheur; on la laisse seule prier pour nous dans ses temples en ruines. L'épiscopat tombe; ce n'est qu'en bravant les persécutions que les missionnaires parviennent à prêcher la parole de Dieu. La liberté de la pensée existe pour tous, excepté pour le pasteur qui instruit son troupeau. Des préfets revisent les mandements des évêques; et l'Évangile, qui a soumis le monde à sa règle, est soumis à la censure de la police [1].

Quant à la justice, où la trouverons-nous ? où sont les cœurs qu'elle a réjouis, la famille qu'elle a visitée, le serviteur fidèle qu'elle a couronné de ses mains ? Nous avons réduit l'ingratitude en système, et constitué la trahison comme un pouvoir. Telle est, nonobstant cette politique, la nécessité de la justice pour l'existence des peuples, que si l'on supposoit une société uniquement fondée sur l'iniquité, cette injustice, établissant peu à peu des droits, auroit besoin de la justice pour subsister.

Toutefois il y avoit dans la restauration une difficulté que nos hommes d'État étoient incapables d'apercevoir, et qu'ils n'ont pas même soupçonnée. Si la restauration avoit paru au temps de l'anarchie, sa tâche eût été facile. Il lui eût suffi d'appeler à elle le pouvoir, de remonter de la licence à l'ordre, progrès naturel des choses. Ne trouvant rien debout, elle eût édifié ce qu'elle eût voulu ; elle est arrivée, au contraire, au milieu de l'ordre, dans des institutions, fausses, il est vrai, mais fortes et complètes. Alors la légitimité a été obligée de prendre place parmi les illégitimités toutes classées. Au lieu de resserrer des liens, son devoir a été de les relâcher : elle est venue comme une liberté ; elle a marché du despotisme à l'indépendance légale ; et, dans ce mouvement rétrograde qui intervertissoit l'ordre naturel, il étoit difficile

[1] De cet excès on est tombé aujourd'hui dans l'excès opposé : tant nous savons peu garder un juste milieu !.

de savoir où s'arrêter. Afin de rendre la légitimité politique moins étrangère, des esprits éclairés auroient fait tous leurs efforts pour multiplier les légitimités morales : on s'est attaché, au contraire, à les détruire. L'incapacité passionnée perd les royaumes ; elle ne conspire pas toujours, mais ses petites haines sont pires qu'une conspiration véritable. Veut-elle frapper un homme, elle tue une institution. Elle renversera la pairie pour se conserver, et elle aura l'ingénuité de le dire.

Au reste, nous ne doutons point que l'Europe ne soit menacée d'une révolution générale, par la raison que le Christianisme s'affoiblit, et que toujours la chute d'une religion a entraîné la chute des empires : le faîte tombe quand la base s'écroule. Mais les insensés qui poussent à cette destruction se flattent en vain d'atteindre à leurs chimères républicaines. Les peuples européens, comme tous les peuples corrompus, passeront sous le joug militaire : un sabre remplacera partout le sceptre légitime, et ce sabre conviendra particulièrement à la France, amoureuse des armes, folle de l'égalité, mais qui de liberté ne se soucie guère [1]. Le gouvernement de fait, autrement le gouvernement des parjures, deviendra, puisqu'il prend place dans l'ordre politique, le gouvernement dominant ; il détruira toute vertu dans le cœur des hommes ; il sera le châtiment réservé à leur bassesse.

[1] Cela peut être vrai, mais pour un moment : l'espèce humaine marche à la liberté et y arrivera, quels que soient les obstacles qui arrêtent ou prolongent sa marche.

Nous assistons à la décomposition de la société, parce que le principe religieux qui la soutint pendant tant de siècles se retire. Et nous, nous pensons atteindre, par la sagesse de ces hommes dont les noms seroient ici des ridicules, à cette perfection que la sagesse des Antonins ne put obtenir! Tout stupides de révolution, tout hébétés de philosophisme, mélange de niaiserie et d'orgueil, nous nous croyons des hommes forts, parce que nous persécutons les gens de bien, que nous nous entendons en police, que nous savons combien de millions d'œufs rapportent les poules de France, et que nous rêvassons des abstractions politiques dans la poussière de nos bureaux. Et pourtant les foibles mains qui ont ouvert les écluses ne peuvent plus les fermer : le torrent se précipite et nous emporte. Ce qui étoit hier une affaire principale ne l'est plus aujourd'hui; ce qui eût paru impossible ce matin, ce soir n'est plus qu'une chose naturelle et facile. On s'étonnoit des injustices particulières : on ne s'étonne plus que de ce qu'elles ne sont pas encore toutes accomplies. Chacun cherche en quoi il a bien mérité de la légitimité pour connoître ce qu'il a à perdre : on descend dans son for intérieur; on s'examine; on compte ses vertus passées pour deviner ses souffrances à venir. Quand on est frappé, on peut toujours dire: « C'est pour tel service! » comme le proscrit romain s'écrioit : *C'est pour ma maison d'Albe!*

Eh bien! achevez votre ouvrage; mais sachez que votre jugement sera prononcé avant le nôtre.

Quoi qu'il arrive, nous autres royalistes, nous serons exempts de reproches; toujours sur la brèche, toujours avertissant du danger, nous le voyons arriver sans crainte, parce que nous l'avons jugé depuis long-temps. Il n'y a d'extraordinaire dans tout ceci que les ministres chargés du salut de l'État : la position, du reste, est naturelle. Les jacobins veulent renverser le trône, les honnêtes gens veulent le soutenir : c'est dans l'ordre. *Les révolutionnaires font leur métier; les royalistes font leur devoir.* Cette belle parole, que le prince de Talmont prononça en allant à l'échafaud, explique les hommes et les doctrines qui continuent à diviser la France.

Paris, le 3 mai 1819.

Hier dimanche, 2 mai, a commencé, au Mont-Valérien, la retraite annuelle pour la fête de l'Invention de la sainte Croix; fête qui semble aujourd'hui plus particulière à la France, où la Croix, après tant de bouleversements, a été retrouvée. Les anciennes congrégations religieuses du Mont-Valérien sont remplacées maintenant par ces missionnaires que poursuivent de leurs anathèmes et de leurs insultes les écoliers de Diderot et les singes de Voltaire. La tradition fait remonter à près de huit cents ans l'établissement du premier solitaire sur cette montagne; du moins le frère François donne sept cents ans d'antiquité à l'ermitage du Calvaire, dans une lettre qu'il écrivoit, vers l'an

1539, à Guillaume Coeffeteau, commentateur des *Psaumes* de David [1].

Ce qu'il y a de certain, c'est qu'en 1400 il y avoit sur le Mont-Valérien un reclus nommé Antoine. Nous avons encore une lettre qui lui fut adressée par le célèbre Jean Gerson, à qui l'on a quelquefois attribué mal à propos l'*Imitation de Jésus-Christ*.

Depuis le solitaire Antoine jusqu'à la révolution, la succession des ermites au Mont-Calvaire n'avoit point été interrompue. Jean du Houssay, Jean le Comte, Pierre de Bourbon, le frère François, et Nicolas de La Boissière, donnèrent tour à tour, dans cette retraite, l'exemple de la douceur et de la pauvreté évangéliques. Il se forma autour d'eux une société de ces hommes qui, dans tous les temps, chassés du monde par des passions ou des malheurs, ne peuvent retrouver la paix que dans la religion et la solitude. Hubert Charpentier, prêtre, et bachelier de Sorbonne, établit, en 1633, auprès des anciens solitaires, une congrégation nouvelle : il fit construire une église et un séminaire ; et, consacrant son institution au plus grand mystère des chrétiens, il bâtit les chapelles des stations, et éleva la croix, qui firent donner au Mont-Valérien le nom de la *Montagne du Calvaire*. Les peuples confondirent bientôt les deux ordres des prêtres et des solitaires, et montèrent plus fervemment à l'ermi-

[1] Il ne faut pas le confondre avec Nicolas Coeffeteau, évêque de Marseille, et auteur de divers Traités commandés par Henri IV et le pape Clément.

tage, depuis qu'ils y étoient attirés par le signe du salut.

Les tableaux de la création que l'on découvre du sommet des montagnes augmentent dans le cœur de l'homme le sentiment religieux ; à la vue de tant de merveilles, on se trouve naturellement disposé à adorer la main qui les tira du néant. Plus on s'élève vers le ciel, moins il semble que la prière ait d'espace à franchir pour arriver à Dieu : les anciens Perses sacrifioient sur les hauteurs, et les Grecs avoient couronné de leurs temples les cimes de l'Olympe, du Cythéron et du Taygète. Les rochers des Alpes étoient consacrés par les divinités du Capitole ; mais si les Romains avoient un Jupiter Pœnnin sur le Saint-Gothard, ils n'y avoient pas un hospice : personne ne s'y enterroit vivant pour secourir le voyageur ; ce sont là les œuvres du Christianisme.

Lorsque le philosophisme troubloit parmi nous les notions du bon sens, on déclamoit contre les croix et les ermitages. Si l'on eût consulté les peintres, ils auroient été d'un autre avis que les philosophes, qui pourtant se piquoient d'aimer les arts. Que de paysages en France ont été gâtés par la destruction des futaies, des vieilles abbayes, des monuments religieux ! Et quel mal y avoit-il donc que, du sein d'une grande ville, l'homme qui marchoit peut-être à des crimes, ou qui poursuivoit des vanités, aperçût, en levant les yeux, des autels sur le sommet de nos collines ? La croix, déployant l'étendard de la pauvreté aux yeux du luxe, rappelant le riche à des idées de souffrances et de misère, étoit-elle donc si déplacée auprès de nos parcs et de nos châteaux ? Les solitaires avoient à leur tour, du haut de leurs montagnes, le spectacle des orages du siècle, et s'applaudissoient de l'abri qu'ils avoient trouvé. Ce commerce de sentiments religieux et d'idées morales entre le monde et la solitude avoit bien son prix. Convenons surtout que nos poëtes connoissoient peu leur art lorsqu'ils se moquoient de ces monts du Calvaire, de ces missions, de ces retraites, qui retraçoient parmi nous les sites de l'Orient, les mœurs des solitaires de la Thébaïde, les miracles de la religion, et les souvenirs d'une antiquité qui n'est point effacée par celle d'Homère.

Il y a quelques années que nous allâmes en pèlerinage au Mont-Valérien. Arrivés à l'ermitage dont il existoit encore des ruines, nous nous assîmes sous une avenue de tilleuls qui couronnoit le coteau. Nous avions à notre droite les bois de Saint-Cloud et de Meudon, devant nous Paris; à gauche Montmartre, Saint-Denis et les collines qui bordent les vallées de Montmorency; derrière nous les hauteurs de Saint-Germain et de Marly où se termine le cercle de l'horizon. La Seine, coulant au milieu de ce beau bassin parmi des bois, sous des ponts, le long des villages, sembloit, par ses détours multipliés, vouloir toucher à tous les lieux célèbres dans notre histoire.

Nous songions aux révolutions, aux siècles, aux hommes qui s'étoient succédé sur ces bords; nous

nous représentions les Gaules, et ce grand espace couvert de forêts; nous voyions ensuite arriver les Romains, les rois chevelus paroissoient: la Gaule devenoit France : alors passoient les trois races.

Au milieu de cette fuite éternelle, de ce changement sans fin de la face de la société et même de la nature, au milieu de ce tableau dont les aspects ont été tant de fois renouvelés, où les champs de rosiers ont succédé aux forêts, les chaumières aux palais, les palais aux chaumières, où les hommes ont paru cent fois avec des langages, des mœurs et des coutumes divers, une seule chose étoit restée la même : une croix de bois, élevée au sommet du Mont-Valérien, avoit vu tomber autour d'elle les monuments en apparence les plus durables, sans être ébranlée de leur chute. Un petit royaume de solitaires, placé au haut d'une colline, toujours gouverné par le même monarque, toujours attaché aux mêmes principes, s'étoit perpétué sans révolution, tandis qu'au pied de la montagne, la grande monarchie françoise avoit changé de maîtres, d'opinions et de malheurs. Tout passe; la religion seule demeure. Les solitaires du Mont-Valérien n'avoient vu qu'une seule chose aussi invariable que leur existence : c'étoit le pèlerinage des infortunés qui vinrent, dans tous les siècles, conter leurs diverses douleurs au pied de la même croix.

Aussi les retraites qu'on avoit ouvertes à la piété n'étoient-elles que des stations des souffrances de Jésus-Christ. Les rois montoient au Mont-Valérien avec la foule : Henri IV se reposa dans la cellule d'un des pauvres frères ; la femme de Louis-le-Grand se prosterna au pied de la croix, et, en 1789, S. A. R. madame la comtesse d'Artois fit chanter un *Salve* solennel dans la chapelle des ermites. C'étoit la veille de nos malheurs : les bénédictions que demandoit la princesse ne devoient être accordées qu'à son auguste époux et à ses fils, lorsque, après trente années d'exil, ils sont venus rendre hommage pour le trône rétabli à la croix relevée.

Les ermites du Mont-Valérien ne faisoient que des vœux simples : le livre qui contient leur règle est touchant par sa naïveté. Ils recevoient les malades et les hommes du monde qui consacroient quelques moments à la retraite. Si la grandeur cherchoit quelquefois chez eux une consolation à ses ennuis, la philosophie y trouvoit un remède à ses dégoûts : Bernardin de Saint-Pierre raconte qu'il alla un jour demander à dîner aux ermites du Mont-Valérien avec J. J. Rousseau. « Nous arrivâmes chez eux, « dit-il, un peu avant qu'ils se missent à table, et « pendant qu'ils étoient à l'église. J. J. Rousseau « me proposa d'y entrer, et d'y faire notre prière. « Les ermites récitoient alors les litanies de la Pro- « vidence, qui sont très belles. Après que nous eûmes « prié Dieu dans une petite chapelle, et que les er- « mites se furent acheminés à leur réfectoire, Jean- « Jacques me dit avec attendrissement : « Maintenant « j'éprouve ce qui est dit dans l'Évangile : *Quand* « *plusieurs d'entre vous seront rassemblés en mon* « *nom, je me trouverai au milieu d'eux.* Il y a ici un « sentiment de paix et de bonheur qui pénètre

« l'âme. » Je lui répondis : « Si Fénelon vivoit, vous « seriez catholique. » Il me repartit, hors de lui et les « larmes aux yeux : « Oh! si Fénelon vivoit, je cher- « cherois à être son laquais pour mériter d'être « son valet de chambre. »

En 1789, il y avoit au Calvaire environ quarante ermites et quatre ou cinq prêtres; en 1790, le Calvaire fut détruit, et les prêtres renvoyés; en 1792, on chassa les ermites; en 1793, Merlin de Thionville acheta le Calvaire, et loua à quatre à cinq ermites le petit bâtiment actuellement existant : il détruisit l'église des prêtres, et ne laissa subsister que celle des solitaires; il abattit les stations. En 1803, Merlin vendit le Calvaire à M. Gouai, curé de l'Abbaye-aux-Bois. Un jardin anglois avoit remplacé le jardin potager des ermites au Mont-Valérien. Le dimanche, au lieu des offices divins, on entendoit les tambours et les violons d'un bal public : la *nouvelle religion* faisoit naître un moment un rire insensé parmi les malheureux dont l'ancienne essuyoit les larmes. Rapprochement singulier : les païens avoient élevé un temple à Adonis sur le véritable Calvaire.

Voilà qu'au milieu des triomphes de notre sagesse, au milieu de ces joies nées de nos pleurs, voilà que la croix reparoît tout à coup! Le nouveau propriétaire, le curé de l'Abbaye-aux-Bois, rétablit le culte du Calvaire : les vieilles statues de saint Antoine et de saint Paul ermite sortent des réduits où elles étoient cachées, et viennent reprendre leurs places. Lorsque nous fîmes au Mont-Valérien le pèlerinage dont nous avons parlé, la croix étoit plantée vis-à-vis d'un kiosque, et l'on voyoit une tête de saint Antoine sur la voûte d'un souterrain qu'on avoit transformé en glacière. M. Hondouart, ancien supérieur des ermites, étoit encore vivant à cette époque. Pendant la révolution, cultivant une vigne au pied de la montagne, et couvert de l'humilité chrétienne comme d'un voile, il avoit échappé aux yeux des bourreaux. Nous le trouvâmes au Calvaire; nous visitâmes avec lui l'ermitage en ruine. On lisoit encore sur les murs quelques sentences à demi effacées, telles que celle-ci qui promettoit une société aux solitaires : *Deliciæ meæ esse cum filiis hominum.* « J'ai fait mes délices d'être avec les « enfants des hommes »; et celle-ci qui convient aux voyageurs chrétiens : « Qui me donnera les ailes de « la colombe ? je prendrai mon vol et me reposerai; » et celle-ci encore si formidable à ceux qui prétendent étouffer leurs remords : « Le ver qui les ronge « ne mourra point. »

En 1805, le curé de l'Abbaye-aux-Bois mourut, et ses héritiers vendirent le Calvaire à un négociant. Le culte de la croix continua d'être public. En 1808, les curés de Paris rachetèrent le Calvaire du nouveau possesseur, et proposèrent à Buonaparte un établissement que le ministère rejeta. Ils furent alors obligés de rendre le Calvaire à celui qui le leur avoit vendu, en lui payant un dédit de 10,000 francs. Le négociant ne put à son tour effectuer le paiement primitif, et les héritiers du curé de l'Abbaye-aux-Bois rentrèrent dans leur propriété. Ce fut alors qu'ils cédèrent le Calvaire à l'abbé de la Trappe. Mais en 1811, à l'époque du concile de Paris, la publication du bref d'excommunication dans la communauté des Trappistes, près de Gênes, entraîna la suppression de l'ordre et la confiscation du Calvaire. Trente ouvriers furent envoyés de nuit au Mont-Valérien, et celui qui avoit gagné tant de batailles à la face du soleil crut devoir se cacher dans l'ombre pour abattre une croix. Pendant trois ans tout culte fut interdit; l'église des ermites, qui restoit encore, fut abattue : on se proposoit de la remplacer par une autre église dont le dôme feroit le pendant de celui des Invalides. Une maison d'éducation pour les orphelines des officiers de la Légion-d'Honneur s'éleva sur les ruines de l'ermitage : l'ancien asile de la paix devoit servir de retraite aux victimes de la guerre. Au moins dans ce projet les grossiers plaisirs révolutionnaires ne succédoient pas aux nobles pénitences de la foi. Il y a une alliance secrète entre la religion et les armes; dans tous les pays, et surtout en France, berceau de la chevalerie, les militaires sont naturellement religieux : ce ne sont pas les baïonnettes de nos soldats, ce sont les plumes de nos révolutionnaires qui ont égorgé les prêtres.

Au moment de la restauration, tout étoit abandonné sur le Calvaire : l'abbé de Janson, qui venoit, de concert avec M. l'abbé de Rauzan, de former l'établissement des Missions de France, détermina le gouvernement à prendre des arrangements avec l'abbé de la Trappe. Ensuite il sollicita et obtint la jouissance des emplacements du Mont-Valérien, et il y rétablit le culte de la croix.

Les stations qui viennent de s'ouvrir cette année sont d'autant plus intéressantes, que M. l'abbé de Janson arrive de Jérusalem, et qu'il a pu montrer au pied du calvaire du Mont-Valérien de pieux objets apportés du véritable Calvaire. La solennité d'hier étoit admirable : les missionnaires signalant la vanité du monde devant un monument élevé par l'homme de gloire sur les débris de l'asile d'un obscur ermite, ce monument non achevé, et n'étant lui-même qu'une ruine, le conquérant qui l'entreprit exilé sur un rocher au milieu des mers, le prêtre jadis exilé revenu dans sa patrie et annonçant la perpétuité de la religion sur un monceau d'anciennes et de nouvelles ruines, quel sujet de sentiments et de réflexions ! Qu'on y joigne la grandeur et la beauté du site, l'éclat du soleil, la verdure du printemps ; qu'on se représente la pompe religieuse ; cette tente formant l'église de la Mission, comme aux premiers jours du Christianisme ; ces trois croix élevées dans les airs ; ce mélange de prédications et de chants ; cette foule couvrant les flancs de la colline, tantôt marchant en procession avec les prêtres, tantôt s'arrêtant aux stations, tombant à genoux, se relevant, recommençant sa marche en chantant des cantiques nouveaux, ou les vieilles hymnes de l'Église, et l'on concevra comment il étoit impossible d'échapper à l'impression de cette scène. On a surtout remarqué le moment où, parvenus à la dernière station, les archevêques et les évêques présents à la cérémonie se sont réunis sur le rocher au pied de la croix. Le groupe religieux se dessinoit seul sur le ciel avec la croix et la crosse d'or, tandis que les fidèles étoient prosternés. Ces vénérables pasteurs, vieux témoins de la foi décimés par la révolution, sembloient tenir une espèce de concile en plein air; et, confessant la religion pour laquelle ils avoient souffert, ils rappeloient ces anciens Pères de l'Église composant, après la persécution de Dioclétien, le symbole de Nicée.

Le succès des missionnaires étonne les hommes de parti. Il est dur, en effet, d'avoir pendant trente ans bouleversé la France pour déraciner la religion, et d'avoir perdu son temps; il est dur pour ceux qui nous ont régénérés de n'avoir pu établir ni un gouvernement, ni une institution, ni une doctrine, durables, et de voir d'*ignorants* missionnaires échappés au martyre, pauvres, nus, insultés, calomniés, charmer le peuple avec un crucifix et une parole de l'Évangile. Ce démenti donné à la sagesse du siècle n'est-il pas intolérable? Comment souffrir des apôtres qui rétablissent les droits de la conscience, et qui prêchent la soumission à l'autorité légitime? On fait des chansons abominables, on étale des caricatures où les missionnaires prennent pour autel un bûcher: reste à savoir si ces chants ne sont pas semblables à ceux que l'on faisoit entendre autour de la guillotine; si ces bûchers ne sont pas ceux que l'on alluma pour y jeter les ecclésiastiques. Non, il faut être juste: on n'a pas brûlé le clergé; on l'a seulement envoyé mourir à

Cayenne et dans les cachots; on n'a fait que massacrer les capucins dans leur couvent à Nîmes, qu'égorger les prêtres dans la glacière à Avignon, que les noyer dans les bateaux à soupapes à Nantes, que les massacrer à Paris aux Carmes et dans la prison de l'Abbaye. Un témoin oculaire nous a raconté comment la chose se passoit, pour le plus grand triomphe des lumières sur la superstition et les préjugés. « A dix heures, dit M. Journiac Saint-
« Méard, l'abbé Lenfant, confesseur du roi, et
« l'abbé Chapt de Rastignac, parurent dans la tri-
« bune de la chapelle qui nous servoit de prison,
« et dans laquelle ils étoient entrés par une porte
« qui donnoit sur l'escalier. — Ils nous annoncèrent
« que notre dernière heure approchoit, et nous invi-
« tèrent à nous recueillir pour recevoir leur béné-
« diction. — Un mouvement électrique, qu'on ne
« peut définir, nous précipita tous à genoux, et,
« les mains jointes, nous la reçûmes. — A la veille
« de paroître devant l'Être-Suprême, agenouillés
« devant deux de ses ministres, nous présentions
« un spectacle indéfinissable. L'âge de ces deux vieil-
« lards, leur position au-dessus de nous, la mort
« planant sur nos têtes, et nous environnant de
« toutes parts, tout répandoit sur cette cérémonie
« une teinte auguste et lugubre : elle nous rap-
« prochoit de la Divinité; elle nous rendoit le
« courage; tout raisonnement étoit suspendu; le
« plus froid et le plus incrédule en reçut autant
« d'impression que le plus ardent et le plus sen-
« sible. Une demi-heure après, ces deux prêtres

« furent massacrés, *et nous entendîmes leurs cris.* »

Quel est l'homme qui lira les détails suivants sans que ses yeux se remplissent de larmes, sans éprouver les crispations et les frémissements de la mort? Quel est celui dont les cheveux ne se dresseront pas d'horreur?

« Notre occupation la plus importante étoit de
« savoir quelle seroit la position que nous devions
« prendre pour recevoir la mort le moins doulou-
« reusement possible, quand nous entrerions dans
« le lieu des massacres. Nous envoyions de temps à
« autre quelques-uns de nos camarades à la fenêtre
« de la tourelle, pour nous instruire de celle que
« prenoient les malheureux qu'on immoloit, et pour
« calculer, d'après leur rapport, celle que nous fe-
« rions bien de prendre. Ils nous rapportoient que
« ceux qui étendoient leurs mains souffroient beau-
« coup plus long-temps, parce que les coups de sabre
« étoient amortis avant de porter sur la tête; qu'il y
« en avoit même dont les mains et les bras tomboient
« avant le corps, et que ceux qui les plaçoient der-
« rière le dos devoient souffrir beaucoup moins.....
« Hé bien! c'étoit sur ces horribles détails que nous
« délibérions. Nous calculions les avantages de cette
« dernière position, et nous nous conseillions réci-
« proquement de la prendre quand notre tour d'être
« massacrés seroit venu. »

Chantez maintenant de joyeux refrains; imaginez des caricatures bien bouffonnes sur les sujets précédents; faites l'éloge de la Convention quand vous serez en verve, ne vous gênez pas. Il est si courageux aujourd'hui d'attaquer le reste de ces prêtres échappés aux pamphlets de Marat et aux héros de septembre ! Il faut tant d'esprit pour rire de ces hommes qui n'ont ni pain ni asile, et qui ne demandent que la permission de consoler les misérables ! Lorsque l'*Esprit* vous saisira, nous seconderons en vous l'inspiration révolutionnaire, en vous lisant quelque beau passage du *Journal des Jacobins* vos illustres devanciers. Nous ouvrirons le *Moniteur*, et puisqu'il vous plaît de parler d'échafauds et de massacres, nous compterons.

Dans vos caricatures, vous prétendez que les missionnaires ont un tarif pour leurs services : oui, ce tarif des fautes est un seul repentir. Est-ce trop cher ? Mais vous-mêmes n'avez-vous pas eu vos tarifs ? Les *bons* avec lesquels vous payiez chaque assassinat aux Carmes et à l'Abbaye n'existent-ils pas encore ? Vous êtes des esprits positifs ; vous aimez les faits : voilà un fait.

Les missionnaires vous déplaisent ; leurs solennités vous importunent. Mais n'avez-vous pas eu aussi vos fêtes ? Le bourreau marchoit à la tête de ces pompes de la Raison : puis venoit un âne couvert des habits pontificaux ; puis on traînoit les vases sacrés et la sainte hostie ; puis on mitrailloit les citoyens. Il est vrai que les missionnaires n'ont rien à présenter de pareil : ils portent aussi la sainte hostie, mais elle n'est pas souillée : ils ne prêchent pas la haine, mais la charité ; ils ne fomentent pas les divisions, ils recommandent l'oubli des injures ; c'est surtout à la *station du pardon* qu'ils s'arrêtent ;

et à la fin de leurs cérémonies, au lieu d'égorger des hommes, ils montrent au peuple la victime pacifique offerte pour le salut des persécuteurs comme pour celui des persécutés.

Hommes de révolution, vous feriez mieux de vous taire : vous échouerez dans vos projets, et ne réussirez qu'à vous rendre odieux. Grâce à votre audace, qui n'est surpassée que par votre foiblesse, on commence à ouvrir les yeux. Les honnêtes gens de toutes les nuances d'opinion sentent la nécessité de se réunir. Les tribunaux font parler les lois, et ce réveil de la justice ranime l'espérance. C'est aujourd'hui le 3 mai, jour qui a rendu à la France son roi et son père. Cette seule date devroit avertir les petits impies du moment que, s'ils ne parviennent à renverser le trône, c'est en vain qu'ils prétendent détruire la religion. Le trône de saint Louis sans la religion de saint Louis est une supposition absurde; la légitimité politique amène de force la légitimité religieuse. On ne peut reconstruire l'ordre social qu'en le fondant sur les mœurs, et on ne rétablit les mœurs qu'en rétablissant la religion.

Paris, le 12 mai 1819.

Il y a un jeu qu'on appelle le *petit bonhomme vit encore*, jeu que les anciens connoissoient sous un nom plus noble, et dont Lucrèce a emprunté cette belle comparaison de la vie que les hommes se transmettent dans leur course rapide ici-bas :

Quasi cursores vitai lampada tradunt.

Il a paru ces jours derniers une caricature qui représentoit le jeu du *petit bonhomme* : ce n'est point le flambeau de la vie que les personnages se passoient mutuellement, mais celui de la monarchie, qui pourroit bien s'éteindre entre des mains ennemies, si l'on s'obstine à l'y laisser plus longtemps.

On voyoit, dans la caricature, le personnage le plus auguste ; après lui deux femmes ; après les deux femmes un homme qui ressembloit à Buonaparte ; ensuite une autre femme, ensuite un enfant, ensuite un militaire dont les traits rappeloient les portraits du prince Eugène ; enfin, un autre militaire qui veut fuir le jeu, et que le militaire, son voisin, retient par la main. Cette caricature a été vendue avec profusion. On la dit aujourd'hui arrêtée par la police : mieux vaut tard que jamais.

Malgré les tentatives du parti révolutionnaire, et les négligences de la police ; malgré le système ministériel ; malgré les destitutions de presque tous les royalistes, malgré les impiétés et les calomnies qu'on imprime de toutes parts, nous pouvons apprendre à nos lecteurs, avec une vive satisfaction, que l'opinion royaliste fait des progrès considérables. Ils nous permettront, pour dédommagement de nos sacrifices, de nous attribuer une partie de l'honneur de ce changement. Avant l'établissement du *Conservateur*, l'opinion royaliste étoit sans organe ; on n'avoit, pour connoître la *vérité*, que les journaux jacobins et les gazettes ministérielles. La censure tenoit dans l'oppression les feuilles royalistes : à peine pouvoient-elles faire entendre quelques plaintes. Le découragement étoit général. *Le Conservateur* parut, et tout se ranima. La France vit avec épouvante qu'on n'alloit à rien moins qu'à la replonger dans des révolutions ; que les hommes qui, depuis trente ans, font tous ses maux, recommençoient à agir et à écrire, et que la conséquence de ces déclamations éternelles contre les nobles et les prêtres, la féodalité et la religion, seroit de nous ramener au règne de la fraternité et de la mort. Or, la France, qui ne veut plus de révolution, s'est réveillée, les honnêtes gens de toutes les nuances d'opinion ont senti qu'il falloit se réunir, pour opposer une digue à l'invasion démocratique trop favorisée par le système ministériel. D'autres feuilles royalistes se sont établies à l'ombre du *Conservateur*; et si l'on compare l'époque où cet ouvrage a pris naissance, à l'époque où nous sommes arrivés, on verra que l'opinion s'est singulièrement améliorée.

Les ministres ne pourront pas nous dire qu'ils sont pour quelque chose dans cette amélioration; à moins que ce ne soit par le résultat même de leurs fautes. Ces fautes, tout énormes qu'elles sont, pourroient néanmoins se réparer, n'étoit l'effet de la loi du recrutement sur l'armée.

Qu'on se souvienne toujours qu'une assemblée démocratique produite par la loi des élections, et une armée démocratisée obéissant à cette assemblée, amèneroient une révolution infaillible. L'opinion publique auroit beau être excellente, elle n'empêcheroit rien, parce que l'opinion ne peut rien contre le canon.

Grace à Dieu, la garde, si violemment travaillée, n'a point encore été rompue. Tantôt on a voulu donner de l'avancement aux officiers, et les officiers, par un dévouement admirable, ont préféré servir dans un grade inférieur pour avoir l'honneur de rester plus près du roi; tantôt on a parlé de réunir les régiments d'infanterie de cette garde, ce qui entraîneroit la suppression de la moitié des officiers. Aujourd'hui on met en avant un nouveau raisonnement : Nous sommes, dit-on, environnés de puissances militaires; il faut augmenter notre armée. Or, les régiments de la garde coûtent autant que coûteroit l'entretien d'un corps deux fois plus considérable : donc la garde est bonne à détruire, afin d'acquérir un plus grand nombre de soldats.

Ceci est une règle d'arithmétique, et non pas un raisonnement; les hommes ne sont pas, comme les chiffres, d'une valeur invariable, et les choses sont encore moins soumises que les hommes aux résultats absolus. Si un corps d'élite attaché à la personne du roi, animé par tous les objets d'émulation, par tous les motifs de gloire, rend autant de service qu'un corps deux fois plus nombreux, mais qui, bien qu'aussi vaillant sans doute, est moins exercé, moins bien armé, moins bien entretenu, quel avantage trouvez-vous alors à obtenir par la quantité ce que vous avez par la qualité? Et peut-on nier que les corps d'élite n'aient souvent décidé du sort de la victoire? Tous les souverains de l'Europe n'ont-ils pas des gardes à qui ils doivent particulièrement leurs derniers succès ? La maison militaire des rois de France s'est toujours fait remarquer par sa bravoure, depuis les sergents à massue de Philippe-Auguste, les archers du corps de Charles VII, les gentilshommes au bec-de-corbin de Louis XI, les gardes du corps de Charles VIII et de François Ier, les gardes françoises de Charles IX, les gendarmes de Henri IV, jusqu'aux mousquetaires et aux grenadiers à cheval de Louis XIII et de Louis XIV. La maison du roi contribua à tous les succès et soutint tous les revers de Louis-le-Grand : on sait qu'elle triompha à Fleurus, fit capituler Lille, emporta miraculeusement Valenciennes et Condé, vainquit à Cassel, et sauva l'honneur à Malplaquet. Après avoir sous Louis XV, ramené la victoire à Fontenoy, elle disparut sous Louis XVI dans les foudres révolutionnaires. Du milieu de la tempête sortit cette fameuse garde impériale qui a rempli le monde de la renommée de ses exploits, et dont les vétérans font aujourd'hui la force et l'orgueil de la garde royale. Quels ennemis de l'honneur de la France pourroient répudier un si bel héritage de gloire ? Les considérations politiques ajoutent une nouvelle force aux considérations militaires : après vingt-sept années d'illégitimité, après la trahison des Cent-Jours, toute théorie doit céder à la nécessité de mettre en sûreté le monarque. Le trône est la clef de la voûte : vous défendrez en vain le royaume, si vous ne sauvez pas le roi.

Puisque nous parlons de soldats et de gloire, n'oublions pas que c'est demain l'anniversaire de la mort de M. le prince de Condé. Nous lisons ces paroles dans le testament de ce prince : « Ceci est « mon testament, et s'il n'est pas exactement légal, « d'après les anciennes lois françoises et celles du « pays dans lequel je l'écris, ou de celui que j'ha-« biterai le jour de ma mort, je prie mon fils de « ne point s'arrêter à ces formes.

« Je connois trop le cœur de mon roi pour croire « avoir besoin de recommander mon fils à ses bon-« tés.... J'ose répondre que le dernier des Condés est « aussi digne de son estime et de ses bontés, que « l'étoit son trop malheureux fils, et que son père « a tâché de l'être. »

Grand Dieu! le prince de Condé ne sachant pas quel *pays il habiteroit le jour de sa mort*, cette recommandation d'un Condé pour le *dernier des Condés*, le souvenir de *ce trop malheureux fils*, voilà la révolution tout entière! Que Bossuet n'eût-il point ajouté au dernier chef-d'œuvre de son éloquence, si, lorsqu'il pleuroit sur le cercueil du grand Condé, il eût pu prévoir l'avenir!

Il seroit bien temps de mettre un terme à cette révolution si féconde en crimes. Par quelle fatalité cherchons-nous à en perpétuer l'esprit? Chaque ministre, avec les meilleures intentions du monde sans doute, suit un chemin qui ne peut le conduire qu'à de dangereuses erreurs. Si de la guerre nous passons aux finances, nous voyons un plan qui semble être celui d'un avare : entasser des écus, supputer trop haut les dépenses, et trop bas les recettes, afin de thésauriser, c'est tout le système. On s'est si bien trouvé de ce système au 20 mars, lorsqu'il est arrivé un homme qui s'est emparé des coffres ! Nous autres qui cheminions vers Gand, par monts et par vaux, il nous eût été très agréable d'avoir un bon de M. le ministre des finances pour payer la poste; mais le trésor étoit resté fidèlement à Buonaparte : il n'y manquoit pas une obole, sauf quelques centaines de mille francs donnés à quelques personnages qui se retirèrent avec *le vivre et le couvert*, comme le rat dégoûté du monde.

Des lettres de Russie annoncent que la nouvelle de la nomination des soixante pairs n'a pas été reçue du public à Pétersbourg avec plus de faveur qu'à Londres. Quand nos ministres nous faisoient entendre à la tribune et dans leurs journaux censurés, que les étrangers approuvoient leur conduite, nous n'avons cessé de réclamer contre cet abandon de la dignité nationale : nous aimons à croire qu'elle est mieux sentie aujourd'hui. Pour nous, nous n'hésitons point à déclarer que le jour où il s'agiroit de l'honneur et de l'indépendance de la patrie, il n'y a point d'opinion politique qui nous empêchât de nous réunir à quiconque, combattant pour le trône légitime, voudroit vivre et mourir François.

Ce seroit une chose utile de savoir combien il faudroit de sots ministres pour composer un ministère d'esprit; nous savons à merveille combien il faut de ministres d'esprit pour former un pauvre ministère. Tous les hommes n'ont pas tous les talents : le ministère actuel réunit sans doute à l'art de l'administration et des négociations diplomatiques la connoissance des finances et de la guerre, mais il n'a pas reçu l'éloquence en partage; chose assez fâcheuse dans un gouvernement représentatif.

Cependant M. le garde des sceaux a soutenu, sinon disertement, du moins vaillamment, la discussion sur la liberté de la presse, et ses collègues l'ont laissé seul dans la mêlée. Grâce à ses efforts, les trois lois sur la liberté de la presse ont passé à la Chambre des députés. Filles du ministère et de la minorité de gauche, elles tiennent de leur père cet esprit de police, et de leur mère ce caractère démocratique, si bien en harmonie avec les libertés constitutionnelles et les principes monarchiques.

Dans les années précédentes, on avoit ouvert franchement, et sans préambule, la discussion sur la liberté de la presse; mais cette année, le ministère étant tombé à des hommes supérieurs, on a posé des principes. On a découvert que la presse ne faisoit pas de mal, mais qu'elle pouvoit devenir la cause du mal, ce qui éclaircit prodigieusement la question. Tout étant devenu si lumineux, il en est résulté trois lois embrouillées, renforcées de quelques amendemens obscurs, sans compter ceux qui ont été rejetés. Jadis on faisoit peu de lois, et seulement dans le cas d'une nécessité absolue : on ne songeoit alors qu'à les approprier au besoin du moment, et l'on s'abstenoit de tout raisonnement superflu. Venoient ensuite les magistrats et les jurisconsultes qui, chargés d'appliquer ces lois, en développoient les principes. Aujourd'hui nous sommes bien plus habiles : nous commençons par faire l'esprit d'une loi qui n'est pas faite, et d'après cette opération théorique élaborée dans notre cerveau, nous créons la loi pratique. Ainsi nous disons gravement à l'écrivain : « Savez-vous ce que vous faites quand vous écrivez ? — J'écris. — Ce n'est pas cela. Votre écrit est-il coupable, ou donne-t-il occasion d'être coupable ? — Je n'en sais rien. — Ne voyez-vous pas que la presse n'est que l'instrument d'un crime, et n'est pas le crime lui-même ? — Et qu'est-ce que cela prouve ? — Qu'est-ce que cela prouve ! ne sentez-vous pas que cela change tout *l'esprit de la loi ?* »

M. Jourdain auroit été un grand ministre de nos jours. « Sais-tu ce que tu fais, dit-il à Nicole, quand tu dis un U ? — Je dis U, répond Nicole. — Oui, réplique M. Jourdain; mais quand tu dis U, qu'est-ce que tu fais ? — Je fais ce que vous me dites. — Oh, l'étrange chose que d'avoir affaire à des bêtes ! U, vois-tu ? je fais la moue, U. »

On est fâché, comme M. Jourdain, de n'avoir pas étudié plus tôt pour apprendre tout cela.

La discussion, commencée d'une manière si brillante dans la Chambre des députés, s'est terminée d'une manière plus éclatante encore. L'orateur du gouvernement, niant les principes généraux dont il est ordinairement le champion, a dit : « Que la « révolution nous ayant légué une société toute « nouvelle, il est résulté de l'égalité introduite « dans les replis de l'ordre civil, qu'il n'y a plus « aujourd'hui en France que le gouvernement et « des individus; que d'un côté la puissance publi- « que est la seule qui soit réelle et forte, parce « qu'il n'y a plus de puissances intermédiaires, de « patronages aristocratiques, de corporations, de « priviléges particuliers ; et que de l'autre, cette « puissance publique, si réelle et si forte, sera sin- « gulièrement exposée par la liberté de la presse, « vu que cette puissance est partout vulnérable « dans une multitude d'agents dont on ne sauroit « raisonnablement espérer que la conduite ne don- « nera lieu à aucun reproche légitime. » De sorte que de la constitution nouvelle de l'ordre social qui doit produire de si beaux développements, il résulte que le peuple n'a aucun moyen de défendre sa liberté contre le gouvernement, ni le gouvernement son existence contre l'opinion. Étoit-ce ce que l'orateur vouloit prouver ?

Après la discussion de la presse est venue la discussion du budget. Celle-ci s'est ouverte avant-hier, tant par un rapport sur le règlement des comptes des exercices 1815, 1816 et 1817, que par la réponse de M. le commissaire du roi à un précédent rapport relatif au budget définitif de 1815, 1816 et 1817. Il ne se trouvoit qu'une petite différence de 191 millions entre les calculs du ministre et ceux de la commision de la Chambre des députés. M. le commissaire du roi pense que cette inconcevable disparité tient à ce qu'on n'a pas bien entendu une phrase du ministre ; il réduit, par un éclaircissement, la différence entre les calculs du ministre et ceux portés dans le rapport à 58,461,000 francs. Cette différence, a-t-il ajouté, n'est qu'apparente, et tient seulement à des opinions diverses en matière de comptabilité. Ces opinions sont un peu chères.

Un membre de l'opposition de gauche a parlé contre le projet de loi d'une manière piquante et spirituelle ; mais comme le budget est matière pesante pour les contribuables, nous ne voulons pas le discuter légèrement, et nous nous proposons d'y revenir.

Avant qu'on s'occupât de cet objet principal de la session, des pétitions avoient amené des questions importantes. Deux ex-substituts près le tribunal de première instance de Paris ont demandé le paiement de leur traitement pendant les Cent-Jours.

Un membre de la minorité de gauche, soutenant les pétitionnaires, et combattant les adversaires de la pétition, a avancé que ceux qui blâment ce qui s'est fait à l'époque des Cent-Jours, auroient été bien malheureux si ces honnêtes gens ne s'étoient chargés de conduire la France. Ce fut sans doute cette nécessité de conduire la France qui porta un député de la Chambre des Cent-Jours à demander avec tant de chaleur l'élévation de Napoléon II au trône de Louis XVIII. Mais, en vérité, les hommes des Cent-Jours eussent-ils été mieux traités sous l'usurpation que sous la légitimité ? De quoi se plaint-on ? il n'y a pas jusqu'aux musiciens du Champ-de-Mai dont on n'ait payé les gavottes et les rigodons arriérés.

Ceux qui appuieront les pétitions pour le rappel des bannis seront également bons logiciens. Il est bizarre en effet que des hommes soient bannis, tandis que d'autres hommes qui ont eu une conduite toute semblable occupent les premières places de l'État, et sont comblés de pensions et d'honneurs. Si l'on eût suivi le premier système, les bannis auroient eu tort de réclamer : ils auroient dû attendre, en un respectueux silence, les effets toujours certains de la miséricorde royale; mais dès lors que les hommes des Cent-Jours sont préférés aux amnistiés de Gand et aux compagnons de La Rochejaquelein ; dès lors qu'on rappelle, par une décision ministérielle, les régicides éloignés par une loi, un système de rigueur, qui n'est suivi que pour quelques individus, devient une sorte d'injustice. Il y auroit une chose raisonnable à faire; ce seroit d'envoyer les royalistes prendre la place des bannis: ils ont l'habitude de l'exil et du malheur ; leur présence est un contre-sens et un reproche au milieu du système ministériel.

La minorité de droite s'est tue pendant le cours de toutes ces discussions, ou du moins elle n'y a pris part que rarement, et toujours pour proposer des choses justes et généreuses. A la diminution des idées saines et des bonnes raisons, on s'est bien aperçu de son silence. En revanche, si elle a peu parlé, elle a écrit. Les opinions imprimées de M. Bellart sont pleines de sens et de chaleur. M. de Bonald a répandu un petit écrit intitulé *Réflexions sur la séance de la Chambre des députés du 17 avril 1819*. C'est là qu'on trouve, non une métaphysique obscure et stérile, mais une métaphysique féconde et lucide qui prend sa source dans la morale et sa lumière dans le ciel. M. de Bonald, homme de génie, est de plus un homme de bien : c'est une chose fâcheuse pour *la bonne vieille cause* de la révolution que la minorité royaliste renferme tant de nobles caractères, de talents et de vertus.

Cette minorité peut maintenant reprendre la parole : elle a prouvé ce qu'elle a voulu prouver : l'expérience est faite. On ne cessoit de dire : Ce sont les discours des royalistes qui aigrissent la minorité opposée, et qui forcent les ministres à s'appuyer sur cette minorité. Maintenant, que l'on juge. Le calme est-il revenu? les ministres ont-ils été moins ardents dans la poursuite des royalistes ? ont-ils fait moins de concessions à l'opinion démocratique ? a-t-on entendu professer des principes moins opposés à ceux de la monarchie légitime ? Un très grand bien a donc été obtenu, puisque la France a été éclairée : cette nouvelle manière d'instruire la patrie par le silence a réussi au-delà de ce qu'on en pouvoit espérer.

Les *Correspondances privées*, qui vont enfin être détruites par la suppression de la censure, parce qu'elles perdront leur autorité lorsqu'elles seront traduites et flétries dans nos journaux, les *Corres-*

pondances privées font aujourd'hui l'éloge de l'assassin de Kotzebuë; elles le comparent à Charlotte Corday, d'où il résulte que Kotzebuë est Marat. Cependant Marat étoit un grand ennemi des rois et des prêtres, ce qui devoit le faire chérir des *Correspondances privées*, et Kotzebuë étoit le défenseur du trône et de l'autel. Mais dans les premiers transports de la reconnoissance pour Sand, on a sacrifié la mémoire de Marat par une comparaison injurieuse à ce demi-dieu, quitte à rétablir ses statues quand la religion des frères et amis aura relevé les échafauds fraternels.

Les mêmes *Correspondances privées* crient contre les Suisses et insultent nos tribunaux : c'est dans l'ordre. Elles annoncent des épurations dans notre armée : c'est dans l'ordre. Elles s'épuisent à dire que nos ministres vivent dans la meilleure intelligence : c'est encore dans l'ordre. Les jacobins en France tiennent les mêmes discours; ils invitent surtout M. le ministre de l'intérieur à ne pas se ranger du côté des royalistes, qui, disent-ils, ne lui pardonneront jamais l'ordonnance du 5 septembre. Les royalistes, à qui l'on n'a jamais pardonné leurs malheurs, ont toujours oublié le mal qu'on leur a fait. Les mêmes hommes qui appellent à leur secours M. le ministre de l'intérieur lui ont-ils pardonné les lois d'exception, le bannissement des régicides, et ces fameuses lettres que nous avons, où M. le ministre de l'intérieur s'exprime avec tant d'énergie, et donne des ordres si sévères contre ces hommes *auxquels le remords est étranger, que le pardon ne peut ramener, que la clémence offense, que l'on ne peut rassurer, parce qu'il est des consciences qui ne sauroient l'être?* C'est à lui d'examiner, l'histoire de la révolution à la main, de quel côté l'on oublie et l'on pardonne.

Il est vrai de dire pourtant que les divisions qui sembloient exister dans le ministère ont cessé, du moins momentanément. On en assigne plusieurs causes, et en particulier celles qui peuvent naître de l'affaire de Bruxelles : dans le danger on serre les rangs.

Juste retour des choses d'ici-bas : l'année dernière, quelques-unes des personnes qui se sont dévouées à l'établissement du *Conservateur* virent leur nom compromis dans la prétendue *Conspiration du bord de l'eau;* et voilà que l'ancien chef de cette police où retentissent tant de conspirations se trouve à son tour impliqué dans une de ces conspirations : il est obligé aujourd'hui de se défendre dans le *Moniteur*, comme nous nous défendions dans *le Conservateur*.

Tels sont les graves inconvénients que produit notre police générale, née, comme on l'a dit, dans la fange révolutionnaire, de l'accouplement de l'anarchie et du despotisme. Tous les mauvais sujets de l'Europe, tous les espions se croient obligés de s'adresser à cette police quand ils méditent quelque crime : ils déposent dans son sein leurs abominables secrets. Si la justice déjoue leurs complots, alors, pour se sauver, ils sont obligés de compromettre le nom et la dignité de la France.

Il est temps que les ministres qui n'ont point été élevés à une école de délation et de turpitude cessent d'accorder leur confiance aux anciens agents de la police du Directoire et de Buonaparte. Ces hommes qui réussissoient sous le despotisme, parce que la puissance absolue servoit à cacher leurs trames, ces hommes ont cru qu'ils pouvoient suivre leur marche accoutumée sous le règne de la liberté et de la légitimité. Ils étoient trop bornés pour s'apercevoir qu'avec des jugements publics et la liberté de la presse, toutes leurs machinations seroient déjouées; ils n'ont pas songé qu'appartenant à la révolution, et ne voulant pas inventer de conspirations révolutionnaires, ils seroient obligés de continuer à faire comme sous Buonaparte des conspirations royalistes, ce qui, sous le roi, deviendroit une odieuse absurdité. Qu'est-il résulté de ces menées ? on n'a trompé personne, et partout on n'a trouvé de conspirateurs que ceux qui avoient imaginé des conspirations.

Veut-on savoir jusqu'à quel point la manie de faire et de découvrir des conspirations a été portée ? Tandis que M. le ministre de la police étoit compromis dans une conspiration à Bruxelles, un autre personnage grave étoit également compromis en Bretagne : l'histoire est curieuse.

A quelques lieues de Dinan, sur les bords de la Rance, s'élève un château gothique. M. de..., ancien seigneur de ce château, avoit dans toutes les occasions périlleuses pris les armes pour la cause royale. Long-temps chef de chouans, et connu comme tel dans le pays, il étoit par conséquent devenu suspect depuis le retour de la légitimité. Son manoir, flanqué de tours féodales, étoit surveillé par ces hommes qui, depuis l'an 1793 jusqu'à ce jour, ont dénoncé les royalistes à la Convention, au Directoire, à Buonaparte, et qui continuent à les dénoncer au gouvernement royal, par habitude. Le château depuis long-temps sembloit tout-à-fait abandonné; cependant on avoit entendu dans ses cours, ses jardins et ses bois, une voix qui crioit : *Vive le roi! aux armes! marche! en avant les Gars!* Il faut remarquer que ce dernier commandement des chefs de la Vendée étoit jadis celui de Du Guesclin, et que le cœur du héros breton étoit déposé dans un couvent de bénédictins à Dinan. *En avant les Gars* étoit donc un vieux cri de loyauté et de victoire, connu de toute antiquité dans les bois des Côtes-du-Nord.

Grande dénonciation, rapport circonstancié, rassemblement de chouans dans le château, exercice à feu, évolutions, cocardes vertes, telles que celles indiquées à la Chambre des pairs et niées par M. le ministre de l'intérieur. Le jour est pris pour attaquer la forteresse. On marche avec précaution la nuit, par des sentiers déserts. On arrive au lever du jour au pied du donjon. On somme le gouverneur d'abaisser le pont-levis; rien ne paroît. On se disposoit à donner l'assaut, lorsqu'une porte vient à s'ouvrir, et l'on voit sortir un paysan avec sa charrue et ses bœufs. Arrêté par les assiégeants, il est conduit à leur capitaine, qui l'interroge sur le cri séditieux de *vive le roi!* entendu dans le château. Le chouan, démêlant l'affaire, répond dans son langage breton : « Mes biaux messieurs, vous ne trouverez pas les Gars; mais si vous voulaz entrer, vous prendraz le général. » On se jette dans le château, on se saisit des passages. Au milieu de tout ce bruit, un vieux corbeau effarouché prend sa volée, et le paysan de crier : « Le général s'envole, vous avaz fait trop de tapage. » C'étoit un corbeau privé à qui M. de.... avoit appris à répéter : « Vive le roi ! en avant les Gars ! » On ne put jamais forcer le général à descendre de l'arbre où il s'étoit réfugié : il avoit la prudence de sa race; et, quoiqu'il fût blanc comme neige de toute cette conspiration, il savoit bien que la calomnie s'obstineroit à le noircir.

———

Paris, 25 mai 1819.

Les trois projets de loi sur la liberté de la presse ont passé aux Chambres. Deux ont reçu la sanction royale; et, au moment où nous écrivons cet article, le troisième est peut-être sanctionné. Il a paru nécessaire de hâter la publication de cette XXXVI° livraison du *Conservateur*, pour faire cesser les bruits divers relatifs à cet ouvrage.

Le Conservateur ne changera rien à sa forme; il restera sous la nouvelle législation tel qu'il étoit sous l'ancienne. Il fournira son cautionnement comme ouvrage semi-périodique : il a acheté les cinq mille livres de rentes exigées par la loi.

M. le baron Trouvé, homme distingué par son caractère, sa belle conduite pendant les Cent-Jours, par ses talents administratifs et littéraires, va devenir l'éditeur responsable du *Conservateur*. Toutes les personnes qui se sont fait un devoir de soutenir *le Conservateur* continueront à parler à cette tribune publique des royalistes. Elles aiment trop leur pays pour ne pas achever le bien qu'elles ont si heureusement commencé; elles ne cesseront de faire le sacrifice de leur repos que quand ce sacrifice ne sera plus nécessaire. Vivement touchées de l'empressement honorable avec lequel la saine opinion de la France a répondu à leur appel, elles n'abandonneront point cette opinion, et seront toujours prêtes à défendre la religion, le trône et les libertés publiques.

Loin donc de se dissoudre et de se démembrer, comme on s'étoit plu à le dire, *le Conservateur* s'organise et prend une nouvelle stabilité. Nous avons quelquefois parlé du bien qu'il a fait, nous devons en parler encore, afin de montrer quelle sera maintenant sa tâche au milieu des journaux devenus libres.

Qu'on veuille bien se rappeler l'époque où *le Conservateur* a paru l'année dernière : les journaux royalistes étoient opprimés par la censure; les journaux d'une opinion opposée, et soumis pourtant à cette même censure, jouissoient de la plus grande liberté. Les principes religieux, les principes moraux, les choses et les hommes monarchiques étoient journellement attaqués. Aucune réfutation n'étoit possible, ou du moins la censure mettoit de telles restrictions à la réponse, qu'il étoit aussi expédient de se taire. D'une autre part, des feuilles semi-périodiques, affranchies de tous les jougs, répandoient tous les poisons. Il y avoit de ces feuilles pour toutes les classes de la société, pour tous les genres de calomnie : elles faisoient à la France le même mal que la *Correspondance privée* faisoit à l'Europe. On avoit la foiblesse d'en avoir peur : les niais admiroient, les poltrons trembloient, les méchants se réjouissoient ; une poignée d'hommes se disoit un parti, prétendoit représenter l'opinion de la France ; et, chose déplorable ! on sollicitoit l'alliance de ces hommes.

Ce fut au milieu de cette crise que se forma l'association du *Conservateur*. Ceux qui en conçurent l'idée croient avoir bien mérité de leur pays. Ils ont fait voir qu'avec de la constance et de la fermeté on peut, par les plus petits moyens, obtenir de grands résultats. Les ennemis même sont obligés de reconnoître nos succès et les changements heureux opérés par *le Conservateur*. Les journaux révolutionnaires déclinent ; nous les avons chassés de poste en poste. Le courage est revenu aux honnêtes gens ; au dehors nous avons porté un coup mortel à la *Correspondance privée*, et *le Conservateur*, traduit en toutes langues, lu en tous pays, réimprimé en Suisse, a servi à détromper l'Europe comme à éclairer la France.

Enfin il a produit un dernier bien : il a forcé la main aux ministres sur la liberté de la presse.

Lorsque ceux-ci ont vu qu'ils ne pouvoient plus enchaîner l'opinion royaliste, que d'autres feuilles s'établissoient à l'ombre du *Conservateur*, ils ont abandonné la censure.

Nous n'avons jamais varié sur la nécessité d'établir la liberté de la presse. Ceux des royalistes qui, par les motifs les plus respectables, craignoient l'usage de cette liberté, sont-ils convaincus aujourd'hui que leur frayeur étoit sans fondement? Nous ne cessions de leur dire que la censure étoit la licence pour une opinion, et la servitude pour une autre; qu'elle donnoit le moyen de l'attaque et refusoit celui de la défense. Voient-ils maintenant la vérité de cette asertion? Les journaux révolutionnaires sont-ils plus violents, plus mauvais, plus impies, plus anti-monarchiques qu'ils ne l'étoient sous la censure? Pas davantage; au contraire, ils semblent même plus modérés; et quel essor n'ont point pris les journaux royalistes!

Et voyez comme les ministres ont été réduits à l'instant même à leur propre force, comme on a connu sur-le-champ la mesure de leur pouvoir. Il ne leur reste que deux journaux, le *Moniteur* et le *Journal de Paris* : tout le reste est contre eux, car les feuilles qui leur sourient quand ils font l'éloge de la Convention, qui les gourmandent quand ils frappent les régicides, sont leurs ennemies autant et plus que les feuilles royalistes.

Il est évident que *le Conservateur*, au milieu de l'indépendance des journaux quotidiens, a changé de position. Il cesse d'être soldat; mais, sans s'ériger en chef, il ne doute point que l'opinion royaliste ne lui accorde cette attention qu'il a méritée par son dévouement dans un temps critique; il a droit encore à cette attention, par la position plus indépendante des hommes qui l'ont établi, et qui vont le soutenir. Ces hommes ont accepté l'honneur de l'inimitié que les ministres leur ont si gratuitement et si libéralement accordée, et ils sont à l'abri de toute séduction comme de toute crainte. *Le Conservateur* veillera donc sur la bonne direction des opinions royalistes, et les empêchera de s'égarer dans leurs succès, comme il les a ranimées dans leurs revers.

Jusqu'ici les journaux royalistes marchent dans une excellente direction; ils se montrent amis du roi, amis de la Charte. L'Europe va voir enfin où sont les vrais constitutionnels, les hommes qui veulent réellement la monarchie sans oppression, la liberté sans licence.

Le *Journal des Débats*, jadis le plus entravé par la censure, a repris ses bonnes doctrines et sa supériorité; *la Quotidienne*, qui a lutté si courageusement contre cette même censure, redouble de zèle et de talents; la *Gazette de France*, revenue franchement au royalisme, s'est fait remarquer dernièrement par des articles aussi bien pensés que bien écrits; le brave et brillant *Drapeau blanc* continue de se battre aux avant-postes; la *Bibliothèque Royaliste* répond victorieusement à la *Bibliothèque Historique*, et garde le *Trésor* des Chartes révolutionnaires. Nous espérons que la *Bibliothèque*

Religieuse, *l'Oracle François*, *le Panache Blanc*, se soutiendront à Paris, et que *la Ruche d'Aquitaine*, à Bordeaux, *le Provincial*, à Nîmes, *l'Ami du Roi*, à Toulouse, et plusieurs autres, continueront à maintenir la bonne opinion des provinces. Au reste, si le cautionnement faisoit disparoître quelques feuilles royalistes, il est probable qu'il nous débarrasseroit de quelques journaux révolutionnaires. Quant aux feuilles ministérielles, comme elles sont réduites à deux, il ne sera pas difficile à qui de droit de les soutenir : mais elles n'obtiendront pas plus de faveur que les ministres n'obtiennent de succès.

Paris, 1er juin 1819.

Un fait resté invinciblement démontré d'après les débats qui viennent d'avoir lieu dans la Chambre des députés, c'est que le ministère actuel est le plus foible de tous les ministères qui ont paru depuis la restauration. Des hommes d'État qui ont pris leur parti sur un système, quelque funeste qu'il soit, peuvent encore se soutenir s'ils ont du talent : ils perdent leur pays, il est vrai, mais sans se perdre eux-mêmes. Il leur reste, au milieu des calamités publiques, la réputation d'esprits dangereux et cependant habiles : mais quand on joint à des doctrines périlleuses une insuffisance reconnue, on est jugé.

Qu'est-ce que des hommes qui tantôt repoussent de nos lois le nom de la religion, tantôt font l'éloge de la Convention d'exécrable mémoire, puis maudissent les régicides, et parlent de l'assassinat du Juste couronné, laissent ensuite des journaux ministériels faire amende honorable ou *déshonorable* pour ces dernières paroles, et finissent par rappeler ces mêmes régicides qu'ils avoient à *jamais* condamnés : tout cela dans l'espace de quelques jours ! Et qui pensent-ils satisfaire par une variation aussi déplorable ? Croient-ils que la révolution leur pardonne le fameux *jamais ?* En vain ils feroient rentrer le dernier des ex-conventionnels ; en vain ils sacrifieroient le dernier des royalistes : l'expiation seroit insuffisante. Si les ministres vouloient emprunter l'appui du parti révolutionnaire, ils ont perdu désormais cet appui. Ils repoussent d'un autre côté l'assistance des royalistes : l'inconséquence et la foiblesse ne sauroient aller plus loin.

Le monde civilisé avoit vu, avec la satisfaction que donne toujours la justice, le bannissement des régicides relaps. La peine d'ailleurs étoit peu proportionnée à l'offense. Aller vivre dans les pays voisins, en emportant sa fortune, n'est pas un si grand châtiment, lorsqu'on a commis un si grand crime. Quand la fidélité a langui vingt ans dans la terre étrangère ; quand le roi lui-même a connu les chagrins de l'exil, les régicides qui ont été prendre sa place pensent-ils exciter une commisération qu'ils n'accordoient pas au petit-fils de saint Louis, à la double majesté de l'innocence et du malheur ? Ces hommes qui ont émis un vote horrible; ces hommes qui, au moment du procès de Louis XVI, ont prononcé des discours qui font frémir, ces mêmes hommes n'ont-ils pas, pendant les Cent-Jours, signé l'acte additionnel, et conséquemment signé le bannissement perpétuel de Louis XVIII, comme ils avoient décrété la mort de Louis XVI? N'ont-ils pas juré foi et hommage à l'usurpateur qui avoit remis en vigueur les lois contre les émigrés; lois en vertu desquelles on auroit pu verser le sang de notre roi, de nos princes, et traîner MADAME à l'échafaud de son père et de sa mère? Quand il n'existera plus en France un seul honnête homme misérable; quand on se sera bien assuré qu'aucun Vendéen blessé avant ou pendant les Cent-Jours ne manque des premières nécessités de la vie, qu'aucun soldat de l'armée de Condé ne tend la main comme Bélisaire, alors on pourra appliquer aux régicides relaps ce qui restera de surabondant dans la charité. Mais tant que l'on n'aura pas essuyé les pleurs du dernier royaliste, la pitié pour les hommes qui ont assassiné Louis XVI et proscrit Louis XVIII sera un outrage à l'infortune, une insulte à la vertu. Que feroit-on aujourd'hui en rappelant les anciens régicides dont le cœur a été réchauffé par la trahison des Cent-Jours? On déclareroit implicitement à l'Europe que juger un monarque est une action comme une autre, une action indifférente en soi, susceptible d'interprétations diverses; on reconnoîtroit par cela même le principe de la souveraineté du peuple; l'on prépareroit la chute des rois.

Détournons les yeux de ce spectacle affligeant; portons nos regards, en finissant cet article, sur une scène consolante : contemplons les royalistes. Que leur position est belle ! Spectateurs de ces débats, auxquels ils sont si heureusement étrangers, ils voient leurs ennemis se disputer entre eux, se faire des reproches mutuels, se réunir, se diviser, pour se réunir encore, et pour ne jamais s'entendre. Tandis que tout s'agite, les royalistes, invariables dans leurs principes, fidèles à Dieu, fidèles au roi, poursuivent tranquillement leur noble carrière. Le présent est forcé de leur accorder son estime, l'avenir ne leur refusera pas quelque gloire. Si plusieurs d'entre eux n'ont aujourd'hui d'autre champ d'asile que leur conscience, c'est un abri sûr qu'aucune révolution ne peut leur enlever. Mais, enfin, des jours plus sereins se lèveront pour eux; leur constance sera couronnée. Déjà leur opinion fait de toutes parts des conquêtes : on commence à reconnoître que là se trouvent les talents, là où se rencontre la probité. Encore quelque temps, et l'on ne cherchera plus les sauveurs de la France dans les restes impurs de la Convention, dans les anciens agents de la police; on n'opposera plus aux hommes de vertu et de liberté les échappés de nos crimes et de nos servitudes.

Paris, 15 juin 1819.

« *Nous* LE *changerons*, » disoient en riant les députés sortant de la séance du 9 juin. De qui parloient-ils? De M. le ministre des finances. Celui-ci, avec une naïveté digne d'un meilleur siècle, s'étoit écrié, au sujet d'une proposition royale : *Nous* LA *changerons!* Or, comme il est plus constitutionnel de changer un ministre qu'une proposition royale, les députés se contentoient de faire une légère correction à la phrase. Il y a cependant une chose à dire en faveur de M. le ministre des finances : c'est qu'il étoit à Gand, ainsi que M. le comte Beugnot. Ils n'y étoient pas l'un et l'autre, il est vrai, comme volontaires royaux, mais comme médecins, venus après la mort du malade pour procéder à l'ouverture du corps, et examiner cette pauvre monarchie, qui étoit morte entre leurs mains. Espérons, puisque ce royaume ressuscité a été confié de nouveau à des docteurs si habiles! Aussi, avec quelle force l'un propose le budget, avec quelle dextérité l'autre le soutient, et comme tout va!

Jusqu'à présent il reste prouvé, par les débats sur les finances, que l'augmentation des recettes s'élève à 45 millions; les économies faites par la Chambre des députés, sur les différens ministères, montent à la somme de 20 millions 424,000 francs. On pourroit donc diminuer les impôts de la somme de 65 millions 424,000 francs. Le *déficit* supposé de 56 millions n'existe pas. Le ministère ne paroît disposé qu'à consentir à une réduction de 17 millions d'impôts. Il s'avise un peu tard, et la réduction est loin de la somme à laquelle on a le droit de prétendre. Il falloit au moins céder de bonne grâce, et ne pas disputer avec acharnement, non-seulement les millions, mais le denier, mais l'obole qu'on vouloit laisser dans la poche du contribuable. Désormais la popularité de la réduction est perdue pour les ministres; elle restera tout entière aux députés. Mais les ministres se vengeront bien de l'opinion publique; ils destitueront M. Bricogne, et casseront quelques receveurs royalistes, qui périront par représailles pour le budget. Il faut que justice se fasse.

Quand on voit les ministres assis sur leur banc à la Chambre des députés, on ne sauroit se défendre d'une sorte d'attendrissement. Nous nous épargnons ce spectacle, parce que, connoissant notre penchant à nous jeter du côté des victimes, nous évitons la seule tentation assez forte pour nous entraîner aux erreurs ministérielles. Il faut en convenir, on ne peut pas être plus battu que le ministère. Les hommes de talent de toutes les nuances d'opinion se sont réunis pour l'accabler.

M. le comte de La Bourdonnaye a attaqué le budget du ministère de la guerre; son discours a vivement frappé: la force alarme toujours la foiblesse. Quelques criailleries n'arrêteront pas M. de La Bourdonnaye; il en est dédommagé par l'estime publique: le marché est bon. A propos des discours de l'honorable député, on a parlé de *notes secrètes, de tutelle des alliés*, et l'on a laissé de côté et la note secrète de M. Bignon, et la note secrète de la *Correspondance privée*, et les certificats de bonnes vie et mœurs que les ambassadeurs étrangers donnoient, dans leurs notes diplomatiques, à nos ministres, lesquels étoient tout fiers de cette approbation européenne. Si la *Correspondance privée* crie aujourd'hui contre certains ambassadeurs, qu'elle se rappelle les temps où elle parloit avec jubilation du bon accueil que ces mêmes ambassadeurs avoient fait à telles propositions de lois, à tels personnages ministériels. Il ne convient point à ceux qui descendoient si bas de le prendre aujourd'hui sur un ton si haut. Jamais on n'a vu les royalistes faire leur cour aux envoyés des puissances alliées, et nos ministres nous ont souvent donné ce spectacle. A la tribune, les royalistes se sont élevés avec force contre toute menace de l'opinion diplomatique. Et combien de fois nos nobles gouvernants n'ont-ils pas usé de cette menace! Quiconque ne voudroit pas l'indépendance de la France seroit indigne du nom de royaliste. Qu'on s'exprime sans détour : la patrie est-elle menacée ? Demain, s'il le faut, le côté droit va voter 600 millions et 600 mille soldats; la Vendée tout entière offrira ses bras et ses armes; mais cela ne veut pas dire qu'il soit bon de chasser de l'armée les militaires connus par leur attachement au trône; qu'il soit juste, qu'il soit politique de préférer l'officier de Waterloo à l'officier vendéen. Servez-vous du premier, mais n'excluez pas le second; ne traitez pas la fidélité comme vous traiteriez la poltronnerie : chez un peuple aussi amoureux des armes que les François, la légitimité seroit en péril si la fidélité pouvoit fermer le chemin de la gloire.

On se demande comment le ministère sortira de la crise où il se trouve : il est amusant de le voir s'attribuer l'amélioration de cette opinion ; ce seroit de l'esprit, si ce n'étoit de la bonhomie.

Que fera-t-il donc ? qu'imaginera-t-il de nouveau ? De quelle ordonnance sommes-nous menacés ? Les ministres garderont-ils la Chambre actuelle des députés, comme on leur en soupçonne l'envie ? Mais il leur faudroit violer toute la Charte ; mais, dans cette Chambre, ils ne sont pas même sûrs de la majorité. Néanmoins le temps presse, la session finit ; les élections approchent.

Autre question : Si les ministres se retirent, qui prendra leur place ? Peut-être le petit ministère : il est probable qu'il nous faudra épuiser cette série d'écoliers qui se disent des maîtres. Nous avons déjà vu passer bien des renommées : nous verrons encore passer celles-là. Il en sera de nos petits grands hommes comme de nos petits grands livres : on dira qu'ils sont essentiels à la prospérité de la France, que rien ne peut aller sans eux ; une fois arrivés, personne n'en voudra ; et peut-être alors ira-t-on chercher les hommes de talent pour en finir.

Il y a pourtant une autre espérance : la *Correspondance privée* nous indique la route que nous devrions prendre pour notre bonheur ; elle nous invite à créer un premier ministre autour duquel les cinq ou six autres viendroient se grouper.

Les indépendants ont conçu la crainte de voir les royalistes arriver au pouvoir. Un homme de beaucoup d'esprit et de talent vient de prouver doctement que les royalistes sont de pauvres diables qui n'ont jamais su profiter de leurs avantages. Selon lui, en 1814, ils ont tout gâté par leur orgueil, tout aliéné par leur puissance en 1815, tout exaspéré par leur rage en 1816 : bref, ils ne sont bons à rien. Voyons.

Premièrement : Les royalistes n'ont pu montrer ce qu'ils auroient été comme gouvernants pendant le cours de la révolution, puisque ceux qui échappoient à la mort languissoient dans les cachots ou dans l'exil. *Que l'abbé musqué et le capucin fétide*, comme l'a dit éloquemment un indépendant, *tombent sous le rasoir national*. Pendant que ce vœu patriotique étoit exaucé, il étoit assez difficile aux royalistes de montrer leur capacité administrative.

Secondement : Depuis la restauration, les royalistes ont toujours eu contre eux la majorité du gouvernement. Or, par principe, devoir, honneur, amour, ils ne peuvent rien contre le gouvernement du roi, car ils ne seroient plus royalistes ; donc on n'a pas pu savoir s'ils avoient ou n'avoient pas ce qu'il faut pour conduire les hommes.

Voici donc un singulier résultat : Depuis vingt-cinq ans, les royalistes, dépouillés, proscrits, massacrés, subsistent toujours. Aujourd'hui, après tant de calamités, chassés de toutes les places, calomniés par les ministres et les révolutionnaires, opprimés par une opinion qui a parlé seule pendant quatre années, ils se relèvent plus nombreux, plus fermes, moins découragés que jamais. Il faut cependant qu'il y ait une certaine force de caractère, une certaine élévation d'âme, une certaine vigueur de principes et de génie dans ces hommes si *foibles* et si *médiocres*, pour avoir résisté à des épreuves si longues, si multipliées, si diverses Pour anéantir les capables indépendants, que faudroit-il faire? Les oublier pendant quinze jours.

Le genre d'attaque dirigé cette fois par les indépendants, contre les royalistes, est gauche et maladroit; car, précisément, ce qui fait le caractère distinctif des indépendants, c'est leur impuissance démontrée à conserver le pouvoir. Depuis trente ans ils n'ont jamais pu garder cette liberté dont ils font tant de bruit. Pourquoi ne sont-ils pas restés les maîtres en 1789? Que sont-ils devenus en 1793 sous Marat, en 1795 sous le Directoire? Buonaparte mit un bon nombre d'entre eux à la police, qui n'est pas, ce nous semble, l'école de Brutus. Quelques-uns de ceux qui crient si fort à la *Charte* aujourd'hui n'étoient-ils pas dans la domesticité du tyran, ne se tenoient-ils pas à la portée de la sonnette, le tout pour être plus libres, et pour mieux attester les droits de l'homme? La vérité est que les indépendants ont parmi eux des gens d'esprit, mais qu'il n'y a dans leur parti ni un orateur, ni un homme d'État, ni un homme de tête. S'ils arrivoient au pouvoir, ils le perdroient comme ils l'ont toujours perdu; ils feroient de nouvelles révolutions sans obtenir la liberté qu'ils prétendent chercher, parce qu'ils sont incapables de liberté par leur caractère, leurs habitudes, et principalement par leurs doctrines subversives de tout ordre comme de toute forme de gouvernement. Nous les verrions, criant à l'indépendance, recevoir encore, ou tout au plus se choisir un maître. Qui prendroient-ils? Dieu le sait. Dans les états-généraux de la satire *Ménippée*, le docteur Rose donne sa voix, pour l'élection d'un souverain, à *Guillot Fagotin*, marguillier de Gentilly, et le cardinal de Pellevé opine en faveur du marquis *des Chaussons*. Ces deux familles royales existent peut-être encore parmi les indépendants.

Nous autres royalistes, si nous devenions des hommes puissants, nous n'exécuterions pas de si grandes choses, car notre choix est tout fait: nous dirions aux indépendants, avec d'Aubray, député du tiers-état, dans la même satire: « Nous sommes « François; allons avec les François exposer notre « vie et ce qui nous reste de bien pour assister notre « roi, notre bon roi, notre vrai roi. »

Dans ce fameux numéro de la *Correspondance privée*, dont les indépendants se sont alarmés, que nos journaux quotidiens royalistes ont fait connoître; dans ce numéro, où les deux minorités de gauche et de droite sont grossièrement insultées, il est encore parlé d'une *expérience récente*, « la-« quelle prouve que de petits succès de tribune « n'ont rien de commun avec la *science du cabinet*

« *et les talents de l'administration.* » On entend assez ce que veut dire cette expérience *récente*. Il s'agit d'un homme pour lequel le ministère ne crut pas avoir assez d'honneurs à prodiguer. Et quels éloges ce même homme n'a-t-il pas reçus dans la même *Correspondance privée!* Quand cet homme de bien entra au ministère, nous le connoissions mieux, et nous avions plus travaillé, dans un temps, à le porter aux affaires que ceux qui l'employoient alors. Nous le combattîmes lorsqu'il fut entraîné dans une fausse route, sans méconnoître son talent, sans cesser d'aimer et d'estimer sa personne. Comment avoit-il pu croire que les buonapartistes et les révolutionnaires qui feignoient de le caresser lui pardonneroient jamais sa fermeté sous Buonaparte, et sa belle conduite pendant les Cent-Jours? Il voit aujourd'hui quel fond on doit faire sur l'amitié de pareilles gens. Qu'il se console. La *Correspondance privée* peut calomnier, mais elle ne peut déshonorer personne : c'est une chose remarquable, que tout ce qui est vil n'a pas le pouvoir d'avilir, et que l'honneur seul peut infliger le déshonneur.

On ose, dans cette *Correspondance*, on ose parler de sentiments françois; on ose accuser les royalistes de rechercher l'opinion étrangère, quand cette *Correspondance* traduit au tribunal de l'Angleterre nos querelles domestiques, et prend pour juge de ses diffamations le public de Londres! N'est-ce pas la *Correspondance privée* qui a annoncé la première des conspirations imaginaires? N'est-ce pas elle encore qui, depuis l'ordonnance du 5 septembre, n'a cessé d'insulter au malheur et à la vertu ? Pas un beau nom qu'elle n'ait essayé de flétrir : elle a quelquefois lancé ses traits à des hauteurs qu'il ne lui était pas donné d'atteindre.

A peine a-t-on repoussé ses outrages, qu'elle vous en adresse de nouveaux. Voici qu'un dernier numéro de cette *Correspondance* répète et aggrave toutes les calomnies, déjà renouvelées à propos du discours de M. de La Bourdonnaye. Le *Correspondant* ajoute à ses invectives des absurdités telles que les laquais de Paris rougiroient de les avancer, même dans les antichambres de la police. Il prétend expliquer le secret de M. Bignon, et il n'explique rien, ou plutôt il dissimule mal la frayeur que lui inspire ce secret. Il invite M. le ministre des finances *à ne pas s'abandonner lui-même.* D'après cela, nous faisons nos compliments de condoléance à M. le baron Louis; son arrêt est prononcé. A en croire le *Correspondant*, « les royalistes « n'ont jamais déployé plus d'audace. » Il y a des gens qui prennent la bonne conscience pour de l'audace : ils n'auront jamais cette audace-là. « La maison de M. de Chateaubriand doit être *le quartier général* des royalistes ! M. le comte de Bruges doit avoir fourni le cautionnement du *Conservateur!* ». Les fonds nécessaires au cautionnement du *Conservateur* ont été pris dans la caisse de M. Le Normant, éditeur du *Conservateur*, sur une partie du produit du trimestre actuel des abonnements au *Conservateur* : c'est fâcheux, mais c'est exact.

M. de Chateaubriand a dit que le public regardoit la Correspondance privée du *Times* comme écrite sous la direction particulière d'un ministre. Un journal ministériel a cru répondre en faisant entendre que l'on pourroit, si l'on vouloit, soupçonner M. de Chateaubriand d'être pour quelque chose dans la rédaction de la Correspondance du *New Times*. Eh bien! M. de Chateaubriand déclare QUE NI LUI, NI SES AMIS, NE SONT POUR RIEN DANS CETTE CORRESPONDANCE, QUELLE QU'ELLE SOIT.

Il y a long-temps que M. de Chateaubriand souffre pour la cause royale. Trop heureux de l'avoir utilement servie, il pouvoit tout supporter, hors d'être accusé de trahison envers un roi qu'il venoit de suivre pour la seconde fois dans l'exil. Non-seulement la *Correspondance privée* a avancé cet odieux mensonge, mais un juge d'instruction criminelle (sans doute par l'ordre de qui de droit ou *sans droit*) a osé faire porter sur le nom de M. de Chateaubriand d'outrageants interrogatoires.

Les ministres ont donc, de leur plein gré (quelques-uns en reconnaissance d'importants services), fait la guerre, et une guerre cruelle à M. de Chateaubriand : il n'a point refusé le combat ; mais il ne s'est point caché dans des *Correspondances privées*; il a tout publié à la face du soleil, et n'a jamais calomnié personne. Telle est sa DÉCLARATION FORMELLE.

Si la Correspondance privée du *Times* n'est pas rédigée par un homme occupant une haute place en France, alors elle n'est rien qu'un misérable libelle, qui perd son autorité en Europe, et par conséquent son pouvoir de nuire : si au contraire elle est l'ouvrage d'un homme en pouvoir, il est important de connoître le personnage.

Le journal ministériel dit aujourd'hui qu'il est possible que le « *Correspondant* tienne au ministère, que c'est là le *secret des dieux.* » De quels dieux ? on en compte trente-six mille, et il y en a d'une singulière espèce. Le secret des dieux seroit-il celui de la comédie ?

Encore une fois, quiconque peut avoir le malheur d'être soupçonné de diriger une pareille Correspondance se doit à lui-même de démentir un bruit aussi peu honorable. En attendant qu'on ait pris ce parti loyal, nous poursuivrons sans relâche les auteurs inconnus de la Correspondance privée du *Times*. Nous mettrons le public en garde contre cette machine à calomnies. Hâtons-nous d'avertir que cette même Correspondance existe aussi en Allemagne. On la retrouve dans les feuilles de Weimar et d'Augsbourg ; un homme important à Strasbourg la fait porter à Kehl par un exprès.

Calomniateurs anonymes, payants ou payés, la presse est libre en France aujourd'hui. Que n'imprimez-vous dans les journaux de Paris ce que vous publiez dans les gazettes de l'Allemagne et de l'Angleterre ? Montrez-vous du moins François en quelque chose : renfermez vos mensonges dans votre patrie. Ayez le courage de dire qui vous êtes : un peu de honte est bientôt passé. Ajoutez votre nom à vos articles : ce ne sera qu'un mot méprisable de plus.

FIN DE LA POLÉMIQUE.

TABLE.

POLÉMIQUE.

	Pages.
Mélanges politiques.	1
Opinion sur le projet de loi relatif à la police de la presse.	3
Préface de la deuxième édition.	5
Marche et effets de la censure.	95
Avertissement	97
Les amis de la liberté de la presse.	99
Postscriptum	132
Dernier avis aux électeurs.	137
Polémique.	153
Préface.	155

FIN DE LA TABLE.

www.ingramcontent.com/pod-product-compliance
Lightning Source LLC
Chambersburg PA
CBHW060648170426
43199CB00012B/1707